최신 개정판

개념4주 다이어트

합격길라잡이

중학교 졸업자격 검정고시

합격길라잡이

중학교 졸업자격 검정고시

C·O·N·T·E·N·T·S

01 국어

문학

1 시

1. 시 : 인간의 생각이나 감정을 운율이 있는 언어로 압축하여 표현한 운문 문학

1) 말하는 이의 정서가 느껴진다.

2) 함축적 의미가 있다.

3) 언어의 리듬을 느낄 수 있다.

2. 시의 형식에 따른 종류

1) **정형시** : 일정한 형식에 따라 쓴 시 예 시조

2) **자유시** : 일정한 형식이 없이 자유롭게 쓴 시

3) **산문시** : 행의 구분 없이 줄글로 쓴 산문 형식의 시

3. 시의 3요소

1) **주제** : 시를 통해 작가가 말하고자 하는 중심 내용

2) **운율** : 시를 읽을 때 느껴지는 말의 가락

① 외형률 : 일정한 형식을 통해 규칙적인 리듬이 시의 표면에 드러나는 운율 – 정형시

② 내재율 : 일정한 규칙이 겉으로 드러나지 않고, 시 속에서 은근하게 느껴지는 운율 – 자유시

3) **심상** : 감각적으로 느껴지는 이미지

① 시각적 심상 : 눈을 통해 모양이나 빛깔 등을 보는 듯한 심상

예 반짝이는 금모래빛

② 청각적 심상 : 귀를 통해 소리를 듣는 듯한 심상

예 뒷문 밖에는 갈잎의 노래

③ 미각적 심상 : 혀를 통해 맛을 보는 듯한 심상

예 달콤 쌉싸름한 초콜릿

④ 후각적 심상 : 코를 통해 냄새를 맡는 듯한 심상

예 향그러운 꽃지짐

⑤ 촉각적 심상 : 피부를 통해 감촉을 느끼는 듯한 심상

예 부드러운 고양이의 털

⑥ 공감각적 심상 : 한 감각을 다른 감각으로 전이시켜 표현함으로써 둘 이상의 감각이 어우러져 이루어지는 심상

예 푸른 휘파람 소리가 나거든요

4. 시의 표현법

1) **직유법** : '~같이, ~처럼, ~인 듯, ~인 양' 등의 연결어를 써서 비유

예 어머니의 마른 손 같은 조팝꽃

2) **은유법** : 'A는 B이다' 식의 은근한 비유

예 나는 나룻배, 내 마음은 호수요

3) **의인법** : 사람이 아닌 것을 사람처럼 감정이나 인격을 담아 표현

예 삼각산이 일어나 덩실 춤이라도 추고

4) **풍유법** : 속담이나 격언으로 표현

예 호랑이 굴에 들어가도 정신만 차리면 된다.

5) **반복법** : 같은 말을 반복해서 의미를 강조함

예 해야 솟아라, 해야 솟아라

6) **영탄법** : 감탄사나 감탄어미를 통해 감정을 고조시킨 표현

예 아아, 참으로 맑은 세상 저기 있나니

7) **도치법** : 말의 순서를 바꾸어 표현

예 가자, 우리의 집으로

8) **대구법** : 비슷한 구조의 말을 나란히 씀

예 돌담에 속삭이는 햇발같이
풀아래 웃음짓는 샘물같이

9) **반어법** : 상황이나 마음과는 반대로 말함

예 운수 좋은 날 (실제로는 운수 나쁜 날)

10) **역설법** : 표면적으로는 말의 뜻이 모순되지만 진리를 담은 표현

예 이것은 소리없는 아우성
길이 끝나는 곳에서도 길이 있다.

5. 시의 용어

1) **시의 화자** : 시 속에서 말하는 사람

2) **시의 어조** : 시를 감상할 때 느껴지는 화자의 목소리

3) **수미상관** : 시의 처음과 끝을 반복하여 의미를 강조하고 운율을 강화함

4) **시적 허용** : 문법상 틀린 표현이라도 시적인 효과를 위하여 허용하는 것

6. 현대시 작품 정리

1 우리가 눈발이라면

① 주제 : 이웃과 더불어 따뜻한 삶을 살자.

② 대비되는 시어 : 진눈깨비 ↔ 함박눈, 편지, 새살

③ 특징

㉠ 인간의 삶의 태도를 눈으로 가정하여 표현

㉡ 청유형의 문장을 사용하여 소외된 이웃에 대한 사랑을 호소
'우리가 눈발이라면'이라는 구절의 반복

2 봄은 고양이로다

① 주제 : 고양이에게서 느껴지는 봄의 생명력

② 시에 쓰인 표현법

㉠ 은유법 : 봄은 고양이로다

㉡ 직유법 : 꽃가루와 같이 부드러운 고양이의 털
금방울과 같이 호동그란 고양이의 눈

③ 시에 나타난 심상

㉠ 촉각적 심상 : 부드러운 고양이의 털, 포근한 봄의 졸음

㉡ 후각적 심상 : 봄의 향기

㉢ 시각적 심상 : 푸른 봄의 생기

④ 특징

㉠ 각 연이 유사한 문장 구조로 이루어짐

㉡ 1·3연에는 정적인 이미지, 2·4연에는 동적인 이미지가 나타남

3 엄마 걱정

① 주제 : 시장에 간 엄마를 기다리던 어린 시절을 떠올리며 느끼는 슬픔

② 시에 쓰인 표현법

㉠ 직유법 : 나는 찬밥처럼 방에 담겨
배춧잎 같은 발소리

③ 시에 나타난 심상

㉠ 촉각적 심상 : 찬밥, 내 눈시울을 뜨겁게 하는, 유년의 윗목

㉡ 청각적 심상 : 발소리 타박타박, 고요히 빗소리

㉢ 시각적 심상 : 해는 시든 지 오래, 금간 창 틈

④ 특징

㉠ '엄마 안 오시네'라는 구절의 반복

㉡ 과거 회상 → 현재로의 시간의 흐름

4 동해 바다 - 후포에서

① 주제 : 남에게는 너그럽고 자신에게는 엄격한 태도로 삶을 살고 싶은 소망

② 대비되는 시어 : 돌 ↔ 바다

㉠ 돌 : 너그럽지 못한 자신의 마음을 비유

㉡ 바다 : 너그러움과 포용의 상징으로 화자가 추구하는 삶의 태도

5 청포도

① 주제 : 조국 광복에 대한 염원

② 중심 시어 : 내가 바라는 손님 - 조국 광복을 상징

③ 시의 표현법

㉠ 의인법 : 먼 데 하늘이 꿈꾸며
하늘 밑 푸른 바다가 가슴을 열고

④ 특징

㉠ 색채의 대비가 뚜렷하다. (시각적 심상)

㉡ 계절적 배경이 나타난다. (칠월 - 여름)

㉢ 음성상징어가 쓰였다. (주저리주저리, 알알이)

6 봄 길

① 주제 : 절망적인 현실에서도 희망을 잃지 않고 살아가는 삶의 가치

② 시의 표현법

㉠ 역설법 : 길이 끝나는 곳에서도 길이 있다

③ 화자가 바람직하게 생각하는 삶의 태도를 의미하는 구절 : 한 없이 봄길을 걸어가는 사람

④ 시의 운율을 느끼게 하는 요소 : 유사한 시구나 문장의 반복

7 독은 아름답다

① 주제 : 자식에 대한 부모의 사랑은 가치 있고 아름답다.

② 중심 시어 : 은행나무 열매의 구린내, 밤송이, 복어의 독, 친구의 독한 마음

→ 자식을 보호하기 위한 부모의 사랑을 의미함

③ 시의 표현법

㉠ 역설법 : 구린내가 향기롭다
날카로운 가시가 너그럽다
복어의 독이 복어의 사랑이다
친구의 독한 마음이 아름답다

④ 특징

㉠ 일상에서 접할 수 있는 소재에서 발견한 가치를 노래함

㉡ 부정적으로 인식되는 사물의 속성을 긍정적 속성으로 전환시켜 형상화함

8 봄은

① 주제 : 자주적 통일에 대한 염원

② 대비되는 시어 : 봄(통일) ↔ 겨울(분단)
남해와 북녘, 바다와 대륙 밖(외세)
↔ 제주에서 두만, 아름다운 논밭, 삼천리 마을, 강산(한반도)

③ 시의 표현법

㉠ 직유법 : 눈 녹이듯 녹여 버리겠지

9 성북동 비둘기

① 주제 : 자연 파괴와 비인간화되어 가는 현대 문명에 대한 비판

② 중요 구절 : 성북동 산에 번지(인간의 문명)가 새로 생기면서 본래 살던 성북동 비둘기만이 번지(자연)가 없어졌다.

③ '비둘기'의 상징적 의미 : 인간에 의해 파괴된 자연

④ 특징

㉠ 문명에 의한 자연 파괴를 청각적 심상으로 표현 → 새벽부터 돌 깨는 산울림, 채석장 포성

㉡ 비둘기를 의인화하여 문명 비판적 내용을 우회적으로 표현함

7. 시조 : 고려 말에 형성되어 현재까지 창작되고 있는 우리나라 고유의 정형시

8. 시조의 형식

1) 초장, 중장, 종장의 3장으로 이루어진다.

2) 각 장은 2개의 구로 구성된다. (3장 6구)

3) 일반적으로 각 장을 네 마디로 끊어 읽는다. (4음보)

4) 종장의 첫 음보는 세 글자로 글자 수가 고정된다.

예 [초장] 이 몸이∨죽고 죽어∨일백 번∨고쳐죽어

[중장] 백골이∨진토되어∨넋이라도∨있고 없고

[종장] 임 향한∨일편단심이야∨가실 줄이∨있으랴.

9. 시조의 종류

1) **평시조** : 3장 6구 45자 내외의 기본 형식으로 된 시조

2) **사설시조** : 평시조보다 2구 이상 더 긴 시조, 조선 중기 이후 평민에 의해 많이 지어짐

10. 시조 작품 정리

1 하여가 (이방원)

> 이런들 어떠하며 저런들 어떠하료
> 만수산(萬壽山) 드렁칡이 얽어진들 어떠하리
> 우리도 이같이 얽어져 백 년까지 누리리라

① 성격 : 회유적, 설득적, 우의적

② 특징 : 새 나라를 건설하여 함께 잘 살아 보자는 회유를 비유법으로 효과적으로 표현함

③ 주제 : 조선 건국에 협력하도록 회유

2 단심가 (정몽주)

> 이 몸이 죽고 죽어 일백 번 고쳐 죽어
> 백골이 진토(塵土)되어 넋이라도 있고 없고
> 임 향한 일편단심(一片丹心)이야 가실 줄이 있으랴

① 성격 : 의지적, 직설적

② 특징

㉠ 고려 왕조에 대한 충성심이 극명하게 드러남

㉡ 작가 자신의 의지를 직설적으로 표현함

③ 주제 : 고려에 대한 충성과 절개

3 오우가 (윤선도)

내 벗이 몇이나 하니 수석(水石)과 송죽(松竹)이라.
동산에 달 오르니 그 더욱 반갑구나.
두어라, 이 다섯밖에 또 더하여 무엇하리. (제1수)

구름 빛이 좋다 하나 검기를 자주 한다.
바람 소리 맑다 하나 그칠 때가 많구나.
좋고도 그칠 때 없기는 물뿐인가 하노라. (제2수)

꽃은 무슨 일로 피면서 쉬이 지고
풀은 어이하여 푸른 듯 누르느냐.
아마도 변치 않는 것 바위뿐인가 하노라. (제3수)

더우면 꽃 피고 추우면 잎 지거늘
솔아 너는 어찌 눈서리를 모르느냐.
구천에 뿌리 곧은 줄을 그로 하여 아노라. (제4수)

나무도 아닌 것이 풀도 아닌 것이
곧기는 누가 시켰으며 속은 어찌 비었는고,
저렇게 사철에 푸르니 그를 좋아하노라. (제5수)

작은 것이 높이 떠서 만물을 다 비추니
밤중의 광명이 너만 한 이 또 있느냐.
보고도 말 아니하니 내 벗인가 하노라. (제6수)

① 성격 : 예찬적, 자연 친화적

② 다섯 벗 : 물, 바위, 소나무, 대나무, 달

③ 특징

㉠ 의인법, 설의법, 대구법 등 다양한 표현 방법을 활용

㉡ 자연물을 통해 바람직한 인간상을 제시

④ 주제 : 다섯 벗에 대한 예찬

4 두꺼비 파리를 물고 (작가 미상)

> 두꺼비 파리를 물고 두엄 위에 뛰어올라 앉아
> 건너편 산을 바라보니 백송골이 떠 있거든 가슴이 섬뜩하여 펄쩍 뛰어내리다가 두엄 아래 나자빠졌구나.
> 다행히 날랜 나였기에 망정이지 피멍이 들 뻔하였구나.

① 갈래 : 사설시조

② 성격 : 풍자적, 우의적, 해학적

③ 특징

㉠ '두꺼비', '파리', '백송골' 등을 의인화하여 인간 사회를 풍자함

㉡ 풍자적인 수법을 통해 지배 계층을 희화화함

④ 주제 : 양반의 이중성과 허세를 비판

2 소설

1. 소설 : 현실 세계에 있을 법한 일을 작가가 상상하여 꾸며 쓴 산문 문학

2. 소설의 특성

1) **허구성** : 실제 있었던 일이 아니라 작가가 상상을 통해 꾸며 낸 이야기

2) **개연성** : 실제로 일어날 만한 이야기

3) **진실성** : 꾸며낸 이야기이지만 인생의 진리와 삶의 진솔한 모습을 담음

4) **서사성** : 사건의 내용이 일정한 시간의 흐름에 따라 전개됨

3. 소설의 갈등

내적 갈등	한 인물의 마음 속에서 상반된 심리가 대립하는 갈등	
외적 갈등	인물과 인물	인물과 인물 간의 가치관이나 성격의 차이 때문에 일어나는 갈등
	인물과 사회	인물이 자신이 속한 사회의 관습 및 윤리, 제도와의 충돌로 인해 겪는 갈등

4. 소설의 시점

1인칭	주인공 시점	소설 속 주인공인 '나'가 자신의 이야기를 서술함
	관찰자 시점	소설 속 인물인 '나'가 주인공의 행동과 사건을 관찰하여 서술함
3인칭	관찰자 시점	소설 밖 서술자가 객관적인 태도로 인물의 행동이나 사건을 관찰하여 서술함
	전지적 작가 시점	소설 밖 서술자가 모든 것을 아는 입장에서 인물과 사건에 대해 서술함

5. 현대 소설 작품 정리

1 옥색 고무신

전체 줄거리

남이가 식모로 일하고 있는 주인집의 아이인 영이와 윤이는 남이가 아끼는 옥색 고무신을 엿과 바꿔 먹었다. 남이는 마을에 온 젊은 엿장수에게 옥색 고무신을 돌려달라고 하고 엿장수는 남이의 옷섶에 붙은 벌을 쫓으려다 침에 쏘인다. 그 후 엿장수는 남이가 보고 싶어 마을에 자주 나타나 오래 머물고 영이와 윤이에게 공짜 엿을 주기도 한다. 그러던 어느 날 남이의 아버지가 남이를 더 늦기 전에 시집보내겠노라고 데리러 온다. 남이는 정든 주인집을 떠나고 싶지 않지만 아버지의 뒤를 따라 옥색 고무신을 신고 떠나고 엿장수는 울음 고개에서 바라본다.

① 주요 소재

㉠ 옥색 고무신

· 남이와 엿장수가 만나게 되는 매개체

· 남이와 엿장수의 사랑과 추억, 이별을 상징

㉡ 벌 : 남이와 엿장수가 서로에게 호감을 갖게 해 주는 소재

② '고무신'에서 알 수 있는 당시의 사회상

㉠ 귀환동포 : 일제 강점기 고향을 떠났던 사람들이 광복 후 돌아옴

㉡ 식모아이 : 가정 형편이 어려운 소녀들이 숙식을 해결하기 위한 일자리로 당시 가난한 집이 많았음

㉢ 남이 아버지 : 딸의 의사와 상관없이 혼사를 결정함, 봉건적이고 가부장적인 사회 분위기

③ 배경 : 1940년대 후반 바다가 보이는 산기슭 마을

④ 시점 : 전지적 작가 시점

⑤ 주제 : 젊은 남녀의 애틋한 사랑

2 자전거 도둑

> **전체 줄거리**
>
> 청계천 세운상가 전기용품 도매상의 점원으로 일하는 수남이는 바람이 몹시 불던 날, 물건을 배달하고 돌아가는 길에 신사에게 붙잡힌다. 세워놓은 자전거가 쓰러지면서 신사의 자가용을 긁었기 때문이다. 신사가 자리를 뜬 틈을 타 자전거를 들고 도망친 수남이는 야단을 치기는 커녕 오히려 잘했다고 칭찬하는 주인 영감님에게 실망하고 자기를 도덕적으로 견재해 줄 어른이 필요하다고 느끼며 고향으로 돌아갈 결심을 한다.

① 수남이의 내적 갈등

㉠ 양심의 가책을 느끼면서도 한편으로는 자신의 행동을 두둔함

㉡ 도덕성과 부도덕성 사이에서 갈등함

② '누런 똥빛'의 의미

㉠ '수남'을 칭찬하던 '주인 영감'의 얼굴빛

㉡ 내적 갈등을 해결하기 전 '수남'의 얼굴빛 → 비양심, 부도덕성을 상징함

③ '수남'의 갈등 해결 과정을 통해 드러난 이 글의 주제

'수남'의 결심
도덕적으로 자신을 견재해 줄 '아버지'가 계신 고향으로 돌아가기로 결심

↓

주제
도덕적 삶을 선택한 수남을 통해 물질적 이익만을 중시하는 세태를 비판하고, 도덕적 양심 회복의 중요성을 강조

④ 배경 : 1970년대, 서울 청계천 세운 상가

⑤ 시점 : 전지적 작가 시점

⑥ 주제 : 물질적 이익만을 추구하는 도시 사람들에 대한 비판

3 소음공해

전체 줄거리

중년 주부인 '나'는 장애인 시설에서 봉사활동을 하고 집에 돌아와 휴식을 취하려 한다. 하지만 위층에서 들리는 소음으로 인해 방해를 받는다. 우리 가족은 한 달 전에 위층 주인이 바뀌면서부터 정체를 알 수 없는 소음에 시달렸다. '나'는 경비원을 통해 간접적으로 항의하지만 소음은 멈추지 않는다. 결국 인터폰을 통해 위층 여자와 말다툼을 한 나는 발소리를 죽이라는 메시지를 담은 슬리퍼를 선물하기 위해 직접 찾아간다. 문이 열리는 순간 나는 휠체어를 탄 여자를 발견하고 이웃에게 무관심했던 자신을 반성하며 슬리퍼를 등 뒤로 감춘다.

① 주요 소재 : 휠체어

㉠ 소음을 유발하여 '나'와 위층 여자의 갈등의 원인이 됨

㉡ 위층 여자의 처지를 알게 함

㉢ 위층 여자에 대한 '나'의 생각이 바뀌는 계기가 됨

② 배경 : 시간적-현대 / 공간적-도시의 한 아파트

③ 시점 : 1인칭 주인공 시점

④ 주제 : 이웃에 무관심한 현대인의 삶에 대한 비판과 반성

4 소나기

> 전체 줄거리
>
> 소년은 집으로 돌아가는 개울에서 소녀를 처음 만난다. 수줍은 소년에 비해 소녀는 적극적으로 같이 산에 놀러 가자고 제안한다. 산에서 놀던 중 갑자기 쏟아지는 소나기를 피하면서 소년과 소녀는 점점 가까워진다. 그 후 며칠 째 보지 못한 소녀를 개울에서 다시 만나서 반가운 소년은 소녀네가 이사간다는 소식을 듣고 마음이 아프다. 소녀에게 줄 호두를 몰래 서리하고 소녀를 만날 날을 기다리던 소년은 잠결에 마을에서 돌아온 아버지로부터 소녀의 죽음에 관해 듣게 된다.

① 주요 소재

㉠ 조약돌 - 소녀를 그리워하는 소년의 마음을 간접적으로 드러냄

㉡ 소나기 - 소년과 소녀의 짧고 순수한 사랑을 상징

- 소설의 불행한 결말을 암시함

② 결말의 특징과 효과

특징	· 주변 인물의 대화를 통해 소녀의 죽음을 간접적으로 제시 · 생략법을 사용함
효과	· 독자에게 여운을 줌 · 안타까움과 애틋한 감정을 불러일으킴

③ 배경 : 늦여름에서 초가을의 농촌

④ 시점 : 3인칭 관찰자 시점

⑤ 특징

㉠ 향토적 배경으로 서정적인 분위기가 느껴짐

㉡ 간결하고 압축적인 문장으로 산뜻한 느낌을 줌

⑥ 주제 : 소년과 소녀의 짧고 순수한 사랑

5 동백꽃

전체 줄거리

내가 나무를 하러 가는 길에 보니 우리 닭과 점순네 닭이 싸우고 있다. 이 닭싸움은 나흘 전 점순이가 준 감자를 내가 받지 않자 점순이가 우리 닭을 괴롭히면서 시작되었다. 나는 닭을 닭장 속에 넣어두고 산에서 나무를 하고 내려오는데 다시 두 닭이 싸우고 있고 그 앞에서 점순이는 천연덕스럽게 풀피리를 불고 있다. 화가 난 나는 점순네 닭을 때려 죽이고 점순이는 닭 죽은 것을 눈 감아 주겠다고 내게 약속하며 나를 안고 노란 동백꽃 속으로 쓰러진다.

① 주요 소재

㉠ 감자 - 점순의 애정 표현이자 갈등의 원인이 됨

㉡ 닭싸움 - 나에 대한 점순의 애정을 반어적으로 드러냄

- 나와 점순의 갈등을 심화시키면서 동시에 화해하는 계기를 마련해 줌

㉢ 노란 동백꽃 - 나와 점순의 사랑이 시작되었음을 암시

- 낭만적이고 향토적인 분위기를 조성

- 산골 남녀의 순박한 사랑과 어울림

② 배경 : 1930년대 봄, 강원도 산골 마을

③ 시점 : 1인칭 주인공 시점

④ 특징

㉠ '현재-과거-현재'의 역순행적 구성 방식을 취함

㉡ 닭싸움을 매개로 하여 갈등의 심화와 화해를 보여 줌

㉢ 강원도 사투리의 사용으로 토속적 분위기를 형성하고 작품의 현장감과 생동감을 높임

⑤ 주제 : 산골 마을 젊은 남녀의 순박한 사랑

6 사랑 손님과 어머니

전체 줄거리

'나'(옥희)의 어머니는 24살 과부이다. 우리 집 사랑방에 손님이 새로 오셨는데 돌아가신 아버지의 친구다. 그래 그런지 몰라도 나는 아저씨가 좋다. 어느 날 아저씨가 삶은 달걀을 좋아한다는 얘기를 듣고 나는 어머니에게 말했는데 어머니는 별 관심이 없는 것 같다.

그런데 그 다음부터 달걀을 꼬박 사서 아저씨 상에 올려 놓는다. 어느 날 나는 아저씨에게 아버지였으면 좋겠다고 말하고 아저씨는 얼굴이 빨개진다. 아저씨에게서 편지를 받은 어머니는 며칠을 잠을 이루지 못하고 내가 이해할 수 없는 말들을 한다. 그리고는 내게 손수건을 아저씨에게 갖다 주라고 하는데 손수건을 받은 아저씨는 어딘가 힘이 없고 슬퍼 보인다. 아저씨는 집으로 돌아가고 어머니는 나와 뒷동산에 올라가 아저씨가 타고 간 기차가 사라질 때까지 보다가 집으로 돌아와 아저씨가 준 것으로 알고 있는 마른 꽃을 버린다. 그리고 달걀 장수가 와도 더 이상 달걀을 사지 않는다.

① 배경 : 1930년대, 어느 작은 도시

② 시점 : 1인칭 관찰자 시점

③ 어린아이를 서술자로 내세운 효과

㉠ 천진난만한 말투로 독자의 웃음을 자아냄

㉡ 어른들의 사랑 이야기를 순수하고 아름답게 전달함

㉢ 어린아이라 알지 못하는 내용을 독자가 상상하며 읽는 즐거움을 줌

④ 특징 : 어른들의 애정과 심리를 어린아이의 눈을 통해 그려 냄

⑤ 주제 : 사랑과 보수적 윤리관 사이에서 갈등하는 어머니와 사랑손님의 사랑과 이별

7 운수 좋은 날

전체 줄거리

인력거꾼인 김 첨지는 오랜만의 행운으로 돈을 벌자 아픈 아내에게 설렁탕을 사다줄 수 있다며 기뻐한다. 한편으로는 일하는 내내 그 날 아침 제발 나가지 말라고 애원한 아내 생각에 불안하고 마음이 무겁다. 일을 마친 후 선술집에서 친구 치삼이와 술을 마시면서 김 첨지는 아내가 죽었을지도 모른다는 불안감에 이상한 언행을 한다. 취중이지만 아내가 먹고 싶어 했던 설렁탕을 사 가지고 집으로 돌아간 김 첨지는 아내의 죽음을 확인하고 오열을 한다.

① 주요 소재

㉠ 설렁탕 - 아내에 대한 김 첨지의 사랑을 드러내는 소재

- 비극적 상황을 심화시키는 소재

② '운수 좋은 날'의 반어적 성격

㉠ 다른 날과 달리 많은 돈을 번 날 ↔ 병든 아내가 죽은 불행한 날

㉡ 제목과 다른 결말을 통해 일제 강점기 하층민의 비참한 삶을 효과적으로 부각함

③ 배경 : 일제 강점기(1920년대), 비 오는 겨울날, 서울 동소문 주변

④ 시점 : 전지적 작가 시점

⑤ 특징

㉠ 구체적이고 사실적인 묘사로 사건을 현실감 있게 표현하고 있음

㉡ 비속한 말과 욕설 등 당대 하층민의 생활상을 보여 주는 어휘를 구사함

⑥ 주제 : 일제 강점하의 하층민의 비참한 삶

8 기억 속의 들꽃

전체 줄거리

6·25 전쟁 중 우리 마을에 피난민들이 며칠씩 머물다가 떠나고 난 자리에 명선이는 혼자 남겨졌다. 명선이는 나의 어머니에게 금반지를 주고 우리 집에서 머물게 되는데 구박이 심해지자 또 금반지를 하나 내놓는다. 그러자 나의 부모는 물론 마을 사람들도 명선이가 더 갖고 있을지도 모르는 금반지에 대해 욕심을 내기 시작한다. 어느 날 전쟁으로 끊어진 다리에 앙상하게 드러난 철근 위에서 놀다가 명선이는 떨어져 죽고 나는 그 자리에서 명선이가 감춰둔 금반지를 발견하지만 놀라서 강물에 떨어뜨린다.

① 주요 소재

㉠ 금반지 - 명선이 생존하기 위한 수단

- 명선과 나의 부모님의 갈등을 유발함

- 어른들의 탐욕을 자극함

㉡ 쥐바라숭꽃 - 전쟁 중에도 꿋꿋이 살아가는 명선이의 강인한 생명력

- 다리에서 떨어져 죽음을 맞이한 명선을 의미

② 배경 : 1950년대 6·25 전쟁 중, 만경강 다리 근처의 어느 시골 마을

③ 시점 : 1인칭 관찰자 시점

④ 특징 : ㉠ 과거를 회상하는 형식임

㉡ 어린 아이의 눈을 통해 전쟁의 비극성을 부각함

㉢ 사투리와 비속어로 향토성과 사실성을 높임

⑤ 주제 : 전쟁으로 인한 인간성 상실의 비극

6. 고전 소설의 특징

1) **주제** : 권선징악 - 착한 사람은 복을 받고 나쁜 사람은 벌을 받는다.

2) **구성** : 일대기적 구성

3) **결말** : 행복한 결말

4) **사건**

① 비현실적 : 현실에서 일어나기 어려운 사건들이 전개됨

② 우연적 : 이야기의 앞뒤 사건이 어떠한 이유 없이 우연히 맞아떨어지는 방식으로 전개됨

5) **시점** : 전지적 작가 시점

7. 고전 소설 작품 정리

1 홍길동전

> 전체 줄거리
>
> 홍 판서와 종 춘섬 사이에서 태어난 길동은 천한 출생으로 인해 호부호형을 하지 못하는 한이 깊었다. 자신을 음해하려는 곡산 댁의 계략으로 인해 집을 나가게 된 길동은 활빈당의 두목이 되어 불의한 재물을 훔쳐 가난한 백성을 돕는다. 조정에서는 길동을 잡으려고 여러 방도로 힘을 쓰지만 신출귀몰한 길동을 잡지 못해 길동에게 병조판서를 제수하겠다고 유인하여 잡으려고 한다. 길동은 그 계략을 알면서도 평생의 소원인지라 스스로 궁궐에 나타나 임금으로부터 병조판서를 제수 받고 즉시 조선 땅을 떠나겠다고 약속하고 하늘로 치솟아 올라간다. 그 후 길동은 고국을 떠나 율도국을 발견하고 그곳의 왕이 되어 이상국을 건설한다.

① 길동의 갈등의 원인

㉠ 천한 출생으로 인해 호부호형을 하지 못함

㉡ 개인과 사회제도로 인한 갈등

② 홍길동전에 나타난 당시 사회 · 문화적 상황

㉠ 양반과 천민이 있는 신분제 사회였다.

㉡ 적자와 서자에 대한 차별이 존재했다.

㉢ 무인보다 문인을 더 우대했다.

㉣ 입신양명을 중시하는 유교 사회였다.

③ 갈래 : 고전 소설, 한글 소설, 사회 소설, 영웅 소설

④ 성격 : 현실 비판적, 전기적(傳奇的-기이하여 세상에 전할 만한 이야기)

⑤ 시점 : 전지적 작가 시점

⑥ 특징

㉠ 사회 제도의 불합리성을 비판하고 그에 대한 저항 정신을 드러냄

㉡ 영웅 일대기라는 서사적 구조가 드러나며, 전기적 요소가 강함

㉢ 우연적, 비현실적 사건이 발생함

⑦ 주제 : 적서 차별에 대한 저항과 입신양명에의 의지

2 토끼전

전체 줄거리

용왕의 병에 토끼의 간이 약이 된다는 말에 별주부(자라)는 자청하여 육지에 나가 토끼를 유혹하여 용궁으로 데리고 온다. 용궁에 가면 부귀영화를 누릴 수 있을 줄 알았던 토끼는 간을 내놓으라는 명령에 절망하지만 이내 꾀를 내어 간을 육지에 두고 왔다고 한다. 육지 사정에 어두운 용왕은 토끼의 말에 속아 다시 별주부에게 명령하여 토끼를 데리고 육지에 나가 간을 가져오라고 한다. 육지에 닿자 토끼는 어리석은 용궁의 군신을 비웃으며 숲 속으로 총총히 사라진다. 간을 구하지 못한 별주부는 스스로 목숨을 끊고 용왕은 자신의 어리석은 욕심을 후회한다.

① 갈래 : 고전 소설, 판소리계 소설, 우화 소설

② 배경 : 용궁, 산 속

③ 시점 : 전지적 작가 시점

④ 특징 : 동물을 의인화하여 인간 사회를 풍자한 우화적 수법을 사용함
(용왕 - 지배층, 토끼 - 피지배층)

⑤ 주제

표면적 : 위기를 극복하는 지혜, 헛된 욕심에 대한 경계
이면적 : 지배 계층에 대한 비판과 풍자

3 양반전

> 전체 줄거리
>
> 정선군에 사는 한 양반이 관가에서 곡식을 타다 먹었는데, 그것이 천 석에 달했다. 강원도 감사가 이 사실을 알고 노하여 그 양반을 잡아들이라고 하지만, 갚을 도리가 없는 양반은 밤낮 울기만 한다. 이때 부자 평민이 양반의 환곡을 대신 갚아 주고 양반 신분을 산다. 이 사실을 안 군수는 부자의 행위를 칭송하며 매매 증서를 써 주겠다고 한다.
>
> 군민들이 모인 자리에서 양반이 지켜야 할 사항을 적은 증서를 낭독한다. 하지만 부자는 기대와 다른 내용에 실망하며 증서를 고쳐달라고 한다. 이에 군수는 다시 양반이 누릴 수 있는 특권을 열거한 매매 증서를 작성한다. 결국 부자는 양반의 삶이 도둑과 마찬가지라며 양반이 되기를 포기한다.

① 양반전에 반영된 조선 후기 사회의 상황
  ㉠ 경제적으로 몰락한 양반의 출현
  ㉡ 경제적 부를 쌓은 평민 계층의 출현
  ㉢ 신분 매매로 인한 신분 질서의 혼란

② 첫 번째 증서에 담긴 작가의 의도 : 지나치게 체면과 격식을 중시하고, 형식적인 겉치레에 얽매여 있는 양반의 모습을 폭로하고 비판함

③ 두 번째 증서에 담긴 작가의 의도 : 권세를 이용해 무위도식하며, 부정부패를 저지르고, 백성들에게 횡포를 부리는 양반의 부도덕한 모습을 폭로하고 비판함

④ 갈래 : 고전 소설, 풍자 소설, 단편 소설

⑤ 배경 : 시간적-조선 후기 / 공간적-강원도 정선군

⑥ 시점 : 전지적 작가 시점

⑦ 특징
  ㉠ 양반 신분의 매매 사건을 통해 양반들의 위선적인 모습을 풍자함
  ㉡ 신분 질서가 흔들리는 조선 후기의 사회상을 사실적으로 드러냄

⑧ 주제 : 양반들의 허례허식과 무능함, 위선에 대한 비판

4 박씨전

> 전체 줄거리
>
> 조선 인조 때 이득춘의 아들 이시백과 금강산에 사는 박 처사의 딸 박씨는 혼인을 한다. 하지만 시백은 박씨의 용모가 박색인 것에 실망하여 박씨를 보려고 하지 않는다. 박씨는 시아버지에게 부탁해서 후원에 피화당(화를 피하는 집)을 짓고 몸종 계화와 함께 지낸다. 비록 시아버지를 제외한 시댁 식구들로부터 박대를 당하지만 박씨는 비범한 재주로 시댁의 살림을 풍족하게 하고 이시백이 과거에 급제하도록 돕는다. 그 후 이득춘의 집을 찾아온 박 처사는 딸의 액운이 끝났다며 허물을 벗게 해 준다. 시백은 지난 날을 후회하며 사죄한다. 박씨는 시백을 용서하고 이후 부부 간의 정은 날로 깊어 간다.
>
> 청나라 왕이 조선을 침략하기 위해 자객 기홍대를 이시백의 집으로 보내지만 비범한 박씨는 이 사실을 미리 알고 남편을 지킨다. 청나라는 다시 용골대와 동생 용울대를 앞세워 조선을 침략한다. 용골대는 남한산성으로 피신한 왕의 항복을 받고, 돌아가는 길에 동생 용울대가 박씨의 손에 죽었다는 말을 듣고 박씨에게 보복하러 피화당으로 온다. 하지만 박씨의 비범한 재주를 이기지 못한 용골대는 무릎을 꿇고 용서를 빌어 간신히 살아남는다.

① 여성을 주인공으로 내세운 효과
  ㉠ 당대 남존여비 관습을 비판함
  ㉡ 병자호란 때 나라를 지키지 못한 남성들을 간접적으로 질타함
  ㉢ 여성 영웅의 활약을 보여 주어 남성에게 억눌려 있었던 여성들에게 대리 만족을 줌

② 소설의 창작 의도
  ㉠ 청나라에 패배한 우리나라의 역사를 승리로 바꿈으로써 백성들의 고통과 분노를 위로함
  ㉡ 문학적 상상 속에서나마 청나라에 복수하고자 했던 당대 민중들의 소망을 이루고, 민족적 자존심을 회복하고자 함

③ 갈래 : 고전 소설, 역사 소설, 영웅 소설, 군담 소설

④ 성격 : 전기적, 비현실적, 영웅적

⑤ 배경 : 조선 인조 때 병자호란

⑥ 시점 : 전지적 작가 시점

⑦ 특징
  ㉠ 여성의 능력을 부각하고 남성 중심 사회를 비판함
  ㉡ 전기적, 비현실적 요소를 지님

㉢ 실존 인물을 등장시켜 사실성을 높임

㉣ 병자호란의 패배라는 역사적 사실을 승리하는 허구로 바꾸어 민족의 자긍심을 고취함

⑧ 주제

㉠ 박씨 부인의 영웅적 기상과 재주

㉡ 청나라에 대한 적개심과 대리 만족

3 극문학

1. 희곡 : 무대 상연을 목적으로 하는 연극의 대본

2. 시나리오 : 영화나 드라마 제작을 목적으로 하여 쓴 대본

3. 희곡과 시나리오의 특징

<table>
<tr><th>희곡</th><th>시나리오</th></tr>
<tr><td>① 무대 상연을 전제로 함
② 막과 장을 기본 단위로 함
③ 시간과 공간, 등장인물의 수에 제약을 받음</td><td>① 영화나 드라마 상영을 전제로 함
② 장면(Scene)을 기본 단위로 함
③ 시간과 공간, 등장인물의 수에 제약이 거의 없음</td></tr>
<tr><td colspan="2">④ 등장인물의 대사와 행동(지시문)을 통해 사건이 전개됨
⑤ 대립과 갈등을 중심으로 이야기가 전개되는 산문 문학임
⑥ 현재화된 인생의 표현</td></tr>
</table>

4. 희곡의 구성 요소

대사	대화	등장인물 사이에 주고받는 말
	독백	상대역 없이 혼자 하는 말
	방백	관객에게 직접 하는 말
지시문	무대 지시문	무대 장치, 효과음, 조명 등을 지시함
	동작 지시문	등장인물의 행동, 표정, 말투 등을 지시함

5. 시나리오 용어

S#(씬 넘버)	장면 번호, 장면을 나누는 단위
F.I.(페이드 인)	어두운 화면이 점점 밝아지는 기법
F.O.(페이드 아웃)	밝은 화면이 점점 어두워지는 기법
Ins.(인서트)	화면과 화면 사이에 다른 화면을 끼워 넣는 것
O.L.(오버랩)	한 화면에 다른 화면을 겹쳐서 장면을 전환하는 것
C.U.(클로즈업)	어떤 특정 부분을 강조하기 위해 크게 확대해 찍는 것
E. (이펙트)	효과음. 화면 밖의 소리
NAR.(내레이션)	해설자의 목소리

6. 희곡과 소설의 비교

희곡	소설
시간과 공간의 제약이 많음	시간과 공간의 제약이 없음
주로 대사와 지시문으로 표현됨	묘사, 서술, 대화 등 다양한 방법으로 표현됨
서술자가 없음	서술자가 있음
작가가 꾸며 낸 허구의 이야기로 사건과 갈등이 있는 문학	

7. 극문학 작품 정리

1 챔피언

전체 줄거리

'챔피언'은 KBS2에서 방영된 반올림이라는 드라마의 한편이다. '옥림'이 속한 8반이 농구경기에서 7반을 이겼다. 7반은 마지막 3점 슛을 넣는 순간 '욱'이 선을 밟았다며 재경기를 요구하고, 공교롭게도 옥림이 찍은 동영상에 욱이 선을 밟은 것이 확실하게 찍혔다. 하지만 경기는 이미 끝났으며 동영상은 지워버렸다. 이대로 그냥 마무리될 수 있는 일이건만 욱은 학급회의 시간에 재경기를 제안한다. 대부분의 아이들은 재경기는 말도 안 된다고 하지만 옥림의 제안으로 투표를 하기로 한다. 재경기를 반대하는 뻔한 결과를 예상했지만 의외로 투표의 결과는 압도적으로 재경기를 하자는 것으로 결정이 난다. '챔피언'은 승리의 결과만을 중시하는 세상에서 양심을 지키며 정정당당하게 임하는 사람이 진정한 챔피언이라는 교훈을 준다.

① 갈래 : 드라마 대본(시나리오)

② 특징

㉠ 승부에 민감한 청소년들의 심리를 잘 드러냄

㉡ 갈등의 원인과 진행 과정이 뚜렷하게 드러남

③ 주제 : 진정한 챔피언은 경기의 승자가 아니라 양심을 지키며 떳떳한 경기를 한 사람이다.

2 들판에서

전체 줄거리

부모님이 물려주신 들판에서 평온하게 살던 형제가 갑자기 나타난 측량 기사의 농간에 빠져 우애를 잃게 되지만, 민들레꽃을 보며 다정했던 시절을 되돌아보고 마침내 우애를 회복하게 된다는 내용의 희곡이다. 형제 간의 갈등과 우애의 회복을 한반도의 상황과 관련지어 해석할 수 있는 작품이다.

① 주요 소재

㉠ 민들레꽃 : 우애의 증표이며 화해의 매개체

㉡ 말뚝과 밧줄 : 형제 간의 갈등을 초래함, 갈등의 시작

㉢ 벽 : 의사소통의 단절, 분단을 상징

② 날씨의 상징성

화창한 날씨	구름, 바람	천둥, 번개	비	한 줄기 햇빛
평화로운 들판	갈등의 시작	갈등의 고조	후회와 반성	화해의 암시

③ 갈래 : 희곡

④ 특징

㉠ 의도적인 날씨 설정으로 분위기를 조성하고 갈등 상황의 변화를 일으킴

㉡ 벽, 총, 민들레 등과 같은 소재를 사용하여 남북의 분단 현실을 상징적으로 표현함

⑤ 주제 : 형제 간의 우애 회복(남북 분단의 현실과 그 극복 의지)

3 오아시스 세탁소 습격 사건

> 전체 줄거리
> 강태국은 2대째 오아시스 세탁소를 운영하고 있다. 어느 날 안 패거리가 자신들의 어머니가 맡긴 것을 내놓으라며 난동을 부린다. 그날 밤 할머니가 남긴 재산을 탐하는 사람들이 세탁소에 도둑 고양이처럼 돌아다니고 강태국은 그들을 세탁기에 넣고 깨끗이 빨아서 빨랫줄에 걸어놓는다. 비현실적인 결말을 통해 물질만을 중요시하고 인간성을 상실해가는 현대인의 모습을 비판하고 탐욕스러운 사람들의 마음이 정화되기를 바라는 작가의 의도가 담겨 있다.

① 인물들의 대조적인 모습

강태국		나머지 사람들
할머니의 재산을 욕심내지 않고 묵묵히 자신의 일을 함	⇔	할머니의 재산을 찾기 위해 세탁소에 잠입함

⇒ '강태국'은 작가가 지향하는 순수한 인물로 탐욕적이고 비인간적인 인물들과 대조적임

② 세탁 장면의 상징성

㉠ 비현실적인 상황을 가정하여 갈등 상황을 정리함

㉡ 빨래의 때가 빠지듯이 사람들의 마음이 순수하게 바뀌는 과정을 상징함

③ 오아시스 세탁소의 의미 : 물질 만능주의가 팽배한 세상에서 탐욕스러운 사람들의 마음을 깨끗하고 순수하게 만들어 주는 공간

④ 갈래 : 희곡

⑤ 성격 : 현실 비판적, 풍자적, 교훈적

⑥ 주제 : 이기적이고 탐욕스러운 인간에 대한 풍자 및 순수한 인간성에 대한 지향

4 수필

1. 수필 : 생활 속의 체험에서 얻은 생각이나 느낌을 형식에 얽매이지 않고 자유롭게 쓴 글

2. 수필의 특징

1) 형식이 자유롭다.

2) 소재나 내용에 제한이 없다.

3) 누구나 쓸 수 있는 비전문적인 글이다.

4) 자기 고백적이고 주관적이다.

5) 글쓴이의 개성과 가치관(인생관)이 잘 나타난다.

3. 수필과 소설의 공통점과 차이점

	수필	소설
공통점	· 줄글 형식의 산문 문학 · 독자에게 감동과 즐거움을 줌	
차이점	· 직접 경험한 사실을 씀 · 글 속의 '나'는 글쓴이 자신임 · 정해진 형식이 없음 · 글쓴이의 생각이 직접적으로 드러남	· 허구적으로 꾸며낸 이야기임 · 글 속의 '나'는 글쓴이가 만들어 낸 인물임 · 구성 단계에 따른 형식이 있음 · 글쓴이의 생각이 이야기를 통해 간접적으로 드러남

4. 수필 작품 정리

1 괜찮아

① 작가의 경험과 깨달음

경험	깨달음
· 초등학교 시절 친구들이 '나'를 배려했던 일 · 깨엿 장수에게 '괜찮아'라는 말을 들었던 일	· 세상은 살 만한 곳이며, 선의와 사랑, 용서와 너그러움이 있는 곳이라고 믿게 됨 · 세상을 긍정적으로 보게 됨

② 성격 : 회상적, 체험적

③ 특징

㉠ 어린 시절 경험에서 얻은 깨달음을 진솔하게 표현함

㉡ 자신의 체험과 보고 들은 일화를 제시하여 말하고자 하는 바를 강조함

④ 주제 : 타인의 처지를 이해하고 배려하는 자세의 소중함

2 이옥설

① 갈래 : 고전 수필, 설(說)

② 성격 : 경험적, 비판적, 유추적, 교훈적

③ 제재 : 행랑채를 수리한 일(집수리)

④ 특징

· '집-사람-나라의 정치'를 연관시켜 논지를 확대하고 있음

· 경험한 내용을 먼저 제시하고 그에 대한 의견을 덧붙이는 방식으로 내용을 전개하고 있음

⑤ 주제 : 잘못을 알고 그것을 고쳐 나가는 자세의 중요성

독서

1 설명문

1. 설명문 : 어떤 사물이나 사실, 현상, 지식 등에 대한 정보를 읽는 이가 알기 쉽게 풀어 쓴 객관적인 글

2. 설명문의 특징

1) **객관성** : 있는 그대로의 사실을 정확하게 전달함

2) **사실성** : 정보나 지식을 사실에 근거하여 전달함

3) **평이성** : 독자들이 이해할 수 있도록 쉽게 씀

4) **체계성** : 일정한 구조(처음-가운데-끝)에 따라 내용을 짜임새 있게 구성함

3. 설명문의 특징

1) **정의** : 대상의 개념이나 뜻을 풀이하여 밝히며 설명하는 방법

예 발효란 곰팡이나 효모와 같은 미생물이 탄수화물, 단백질 등을 분해하는 과정을 말한다.

2) **예시** : 대상에 대한 구체적인 예를 들어 설명하는 방법

예 발효 식품은 건강식품으로 널리 알려져 있다. 또한 다양한 발효 식품이 특유의 맛과 향으로 사람들의 입맛을 사로잡고 있다. 앞에서 소개한 요구르트, 하몬, 된장을 비롯하여 달콤하고 고소한 향으로 우리를 유혹하는 빵, 빵과 환상의 궁합을 자랑하는 치즈 등을 그 예로 들 수 있다.

3) **비교** : 둘 이상의 대상을 견주어 공통점이나 유사점을 중심으로 설명하는 방법

예 미생물이 유기물에 작용하여 물질의 성질을 바꾸어 놓는다는 점에서 발효는 부패와 비슷하다.

4) **대조** : 둘 이상의 대상을 견주어 차이점을 중심으로 설명하는 방법

예 발효는 우리에게 유용한 물질을 만드는 반면에, 부패는 우리에게 해로운 물질을 만들어 낸다는 점에서 차이가 있다.

5) **분류** : 대상을 일정한 기준에 의해 나누어 설명하는 방법

예 방언에는 지역 방언과 사회 방언이 있다.

6) **과정** : 일의 순서를 설명

예 간장을 만드는 과정을 살펴보자. 콩을 푹 삶아서 찧은 다음, 덩어리로 만든다. 이 콩 덩어리가 바로 메주이다. 메주를 따뜻한 곳에 두어 발효하고 소금물에 담가 우려낸다. 그 국물을 떠내서 달이면 간장이 완성된다.

4. 설명문 정리

1 조상의 슬기가 낳은 석빙고의 비밀

① 중심 내용 : 석빙고의 얼음 저장 원리

㉠ 냉각의 원리 : 석빙고의 출입문 옆 날개 벽에 부딪힌 바람이 소용돌이로 변하여 석빙고 내부 깊숙이 들어가 내부의 온도를 낮춤

㉡ 저온 유지의 원리 : 더운 공기를 에어 포켓에 가두어 환기구를 통해 내보내는 천장 구조와 배수로, 방수층, 단열재, 잔디 등을 이용함

② 특징

㉠ 석빙고의 얼음 저장 과정에 담긴 과학적 원리를 구체적으로 설명함

㉡ 처음 부분에 질문을 제시하여 독자의 흥미와 궁금증을 유발함

③ 주제 : 석빙고의 얼음 저장 원리

2 지혜가 담긴 음식, 발효 식품

① 중심 내용 : 우리나라 전통 발효 식품인 김치, 간장, 된장의 우수성과 가치를 설명함

② 글에 사용된 설명 방법 : 정의, 예시, 비교, 대조, 과정

③ 특징

㉠ 다양하고 구체적인 예를 통해 발효 식품의 우수성을 설명함

㉡ 발효 식품을 만드는 과정을 순서대로 나열함

④ 주제 : 우리나라의 전통 발효 식품의 우수성

2 논설문

1. 논설문 : 글쓴이가 자신의 주장이나 의견에 대해 타당한 근거를 들어 독자를 설득하는 글

2. 논설문의 특징

1) **주관성** : 글쓴이의 주장과 의견이 뚜렷하게 드러남

2) **설득적** : 독자를 설득하는 것을 목적으로 함

3) **타당성** : 글쓴이의 주장을 뒷받침하는 근거는 합리적이고 타당해야 함

3. 논설문을 읽는 방법

1) 글의 내용을 주장과 근거로 구분하며 읽는다.

2) 주장을 뒷받침하는 근거가 타당한지 판단하며 읽는다.

4. 논설문 정리

1 냉장고의 이중성

① 중심 내용 : 냉장고의 문제점을 나열하여 우리의 냉장고 사용습관을 돌아보게 한다.

② 성격 : 논리적, 비판적

③ 특징

㉠ 일상생활에서 일어나는 일을 예로 들어 주장을 뒷받침하고 있음

㉡ 구체적인 연구 결과를 들어 주장을 뒷받침하고 있음

④ 주제 : 우리의 냉장고 사용 습관을 되돌아보자.

2 도시의 밤은 너무 눈부시다.

① 중심 내용 : 야간의 인공 불빛으로 인한 피해를 제시하고 야간의 인공 불빛을 줄이자는 주장의 글이다.

② 성격 : 설득적, 비판적

③ 특징

㉠ 야간의 인공 불빛으로 생기는 문제점을 제시함

㉡ 믿을 만한 자료를 인용하여 글의 신뢰성을 높이고 문제의 심각성을 강조함

④ 주제 : 생물체의 건강한 삶을 위해 야간의 인공 불빛을 줄이자.

3 보고서

1. **보고서** : 어떤 주제에 대하여 관찰, 조사, 실험한 과정과 결과를 체계적으로 정리하여 보고하기 위해 쓴 글이다.

2. **보고서 쓰기 윤리** : 인용한 자료는 반드시 출처를 밝힌다.

문법

1. **음운** : 말의 뜻을 구별해 주는 소리의 가장 작은 단위를 말하며, 자음과 모음이 있다.

1) **자음** : 목 안 또는 입 안의 어떤 자리가 완전히 막히거나, 공기가 간신히 지나갈 만큼 좁혀지거나 하여 발음 기관의 장애를 받고 나는 소리

소리나는위치 / 소리의 성질		입술소리	잇몸소리	센입천장소리	여린입천장 소리	목청소리
안울림소리	예사소리	ㅂ	ㄷ, ㅅ	ㅈ	ㄱ	ㅎ
	된소리	ㅃ	ㄸ, ㅆ	ㅉ	ㄲ	
	거센소리	ㅍ	ㅌ	ㅊ	ㅋ	
울림소리	비음	ㅁ	ㄴ		ㅇ	
	유음		ㄹ			

2) **모음** : 발음 기관의 아무런 장애를 받지 않고 순조롭게 나는 소리

① 단모음 : 아무리 길게 내더라도 그 소리를 발음하는 도중에 입술이나 혀가 고정되어 움직이지 않는 모음

ㅏ, ㅓ, ㅗ, ㅜ, ㅐ, ㅔ, ㅚ, ㅟ, ㅡ, ㅣ (10개)

② 이중 모음 : 소리를 내는 도중에 입술 모양이나 혀의 위치가 달라지는 모음

ㅑ, ㅕ, ㅛ, ㅠ, ㅒ, ㅖ, ㅘ, ㅙ, ㅝ, ㅞ, ㅢ (11개)

2. 음운의 변동

1) 음절의 끝소리 규칙

우리말에서는 'ㄱ, ㄴ, ㄷ, ㄹ, ㅁ, ㅂ, ㅇ'의 7자음만이 음절의 끝소리로 발음된다. 그 이외의 받침은 이 7자음 중의 하나로 바뀌어 발음됨

예 부엌[부억], 낫[낟], 낮[낟], 밭[받], 꽃[꼳], 숲[숩]

2) 자음 동화

자음과 자음이 만났을 때, 서로 영향을 주고받아 한쪽이나 양쪽 모두 비슷한 소리로 바뀌는 음운의 변동 현상

① 비음화 : 받침 'ㄱ, ㄷ, ㅂ'이 'ㄴ, ㅁ' 앞에서 각각 [ㅇ, ㄴ, ㅁ]으로 바뀌는 음운 현상

ㄱ, ㄷ, ㅂ + ㄴ, ㅁ

↓ ↓ ↓

ㅇ, ㄴ, ㅁ

예 국민[궁민], 듣는[든는], 밥물[밤물]

② 유음화 : ‘ㄴ’이 ‘ㄹ’ 앞 또는 뒤에서 [ㄹ]로 바뀌는 음운 현상

ㄴ + ㄹ 또는 ㄹ + ㄴ

↓ ↓

ㄹ ㄹ

㉠ 신라[실라], 논리[놀리], 달님[달림]

3) 구개음화

자음 ‘ㄷ, ㅌ’이 모음 ‘ㅣ’나 반모음 ‘ㅣ’를 만나 구개음 ‘ㅈ, ㅊ’으로 변하는 현상

예 굳이[구지], 해돋이[해도지], 같이[가치], 붙이다[부치다]

4) 음운의 축약

두 음운이 합쳐져서 하나의 음운으로 줄어 소리 나는 현상

ㄱ, ㄷ, ㅂ, ㅈ + ㅎ → [ㅋ, ㅌ, ㅍ, ㅊ]

예 국화[구콰], 맏형[마텽], 굽히다[구피다], 젖히다[저치다]

5) 음운의 탈락

두 음운이 만나면서 한 음운이 사라져 소리 나지 않는 현상

예 솔 + 나무 → 소나무, 딸 + 님 → 따님, 바늘 + 질 → 바느질

6) 된소리 현상

두 개의 안울림소리가 만나면 뒷소리가 된소리로 발음된다.

ㄱ, ㄷ, ㅂ + ㄱ, ㄷ, ㅂ, ㅅ, ㅈ

↓

ㄲ, ㄸ, ㅃ, ㅆ, ㅉ

예 목동[목똥], 앞길[압낄], 먹고[먹꼬]

3. 단어

1) 단어의 짜임

단일어	하나의 어근으로 이루어진 단어 예 강, 가을, 하늘	
복합어	합성어	어근 + 어근 예 봄바람, 밤나무, 뛰놀다
	파생어	어근 + 접사 / 접사 + 어근 예 맨손, 풋사랑, 일꾼, 덮개

2) 품사

<table>
<tr><th>형태</th><th>기능</th><th>의미</th><th>뜻</th></tr>
<tr><td rowspan="7">불변어</td><td rowspan="3">체언</td><td>명사</td><td>사람이나 사물의 이름을 나타냄
예 자동차, 연필, 홍길동, 평화 등</td></tr>
<tr><td>대명사</td><td>사람, 사물, 장소 등의 이름을 대신 나타냄
예 너, 그녀, 이것, 여기 등</td></tr>
<tr><td>수사</td><td>사물의 수량이나 순서를 나타냄
예 하나, 둘, 첫째, 둘째 등</td></tr>
<tr><td rowspan="2">수식언</td><td>관형사</td><td>문장에서 체언을 꾸며 주는 말
예 새, 헌, 모든, 무슨 등</td></tr>
<tr><td>부사</td><td>문장에서 용언이나 다른 부사, 문장 전체를 꾸며 주는 말
예 갑자기, 과연, 결코, 매우 등</td></tr>
<tr><td>관계언</td><td>조사</td><td>주로 체언 뒤에 붙어서 그 말과 다른 말과의 문법적 관계를 나타내는 말
예 이/가, 을/를, 이다, 에게 등</td></tr>
<tr><td>독립언</td><td>감탄사</td><td>말하는 사람의 느낌이나 놀람, 부름, 대답 등을 나타내는 말
예 어머, 와, 네, 아니요 등</td></tr>
<tr><td rowspan="2">가변어</td><td rowspan="2">용언</td><td>동사</td><td>사람이나 사물의 움직임이나 작용을 나타내는 말
예 가다, 먹다, 놀다, 자다 등</td></tr>
<tr><td>형용사</td><td>사람이나 사물의 상태나 성질을 나타내는 말
예 예쁘다, 높다, 슬프다, 덥다 등</td></tr>
</table>

3) 단어들의 의미 관계

① 유의 관계 : 의미가 비슷한 낱말

예 나라 - 국가, 밥 - 진지

② 반의 관계 : 의미가 상반되는 낱말

예 높다 - 낮다, 낮 - 밤

③ 상하 관계 : 한 단어의 의미가 다른 단어의 의미에 포함되는 단어

예 과일 - 사과, 나무 - 소나무

4. 문장

1) 문장 성분

주성분	주어	서술의 주체가 되는 성분으로 '누가', '무엇이'에 해당하는 말 예 하늘이 아름답다. 나뭇잎이 떨어진다.
	서술어	주어의 행위나 상태를 나타내는 성분으로 '어찌하다', '어떠하다'에 해당하는 말 예 하늘이 아름답다. 나뭇잎이 떨어진다.
	목적어	서술어의 대상이 되는 성분으로 '누구를', '무엇을'에 해당하는 말 예 나는 선생님을 만났다. 아이가 과자를 먹는다.
	보어	서술어 '되다', '아니다'를 보충하는 성분으로 '무엇이'에 해당하는 말 예 물이 얼음이 되었다. 저것은 수박이 아니다.
부속 성분	관형어	문장에서 체언을 꾸며 주는 성분으로 '어떤', '무슨'에 해당하는 말 예 새 모자가 예쁘구나. 빨간 사과가 있다.
	부사어	문장에서 용언을 꾸며 주는 성분으로 '어떻게'에 해당하는 말 예 꽃이 활짝 피었다. 그는 빨리 달린다.
독립 성분	독립어	문장에서 독립적으로 쓰이는 성분으로 부름, 감탄, 응답 등을 나타내는 말 예 성민아, 우리 도서관 갈까? 우와, 이 차 멋있다.

2) 문장의 종류

① 홑문장 : 주어와 서술어의 관계가 한 번만 나타나는 문장

예 해가 지다. 새가 울었다.

② 겹문장 : 주어와 서술어의 관계가 두 번 이상 나타나는 문장

- 이어진 문장 : 해가 지고 새가 울었다.
  봄이 와서 날씨가 따뜻하다.
- 안은 문장 : 우리는 그가 떠났음을 알았다.
  그는 발에 땀이 나도록 뛰었다.

3) 문장의 종결 표현

① 평서문 : 말하는 이가 듣는 이에게 특별한 의도를 드러내지 않고 평범하게 진술하는 문장 종결 방식 예 더워서 못 견디겠다.

② 의문문 : 말하는 이가 듣는 이에게 문장의 내용을 질문하여 그 대답을 요구하는 문장 종결 방식 예 너도 지금 떠나겠느냐?

③ 명령문 : 말하는 이가 듣는 이에게 어떤 행동을 하게 하거나, 하지 않도록 요구하는 문장 종결 방식 예 지체 말고 빨리 가 보아라.

④ 청유문 : 말하는 이가 듣는 이에게 어떤 행동을 함께하기를 요청하는 문장 종결 방식
예 시간이 늦었으니 빨리 떠나자.

⑤ 감탄문 : 말하는 이가 듣는 이를 의식하지 않거나 혼잣말처럼 자기의 느낌을 표현하는 문장 종결 방식 예 네가 벌써 고등학생이 되는구나.

4) 중의적 문장(두 가지 이상으로 해석되는 문장)

① 학생들이 다 오지 않았다.
- 전부 안 온 건지, 일부 안 온 건지 → 학생들이 다 오지는 않았다.

② 아름다운 고향의 하늘이 보고 싶다.
- 아름다운 고향인지, 고향의 아름다운 하늘인지 → 고향의 아름다운 하늘이 보고 싶다.

③ 나는 형과 아우를 찾아다녔다.
- 나 혼자서인지, 형과 함께 찾아다닌 건지 → 나는 형과 함께 아우를 찾아다녔다.

④ 누나는 나보다 동생을 더 좋아한다.
- 누나와 나를 비교한 건지, 나와 동생을 비교한 건지
→ 내가 동생을 좋아하는 것보다 누나가 동생을 더 좋아한다.

⑤ 선생님이 보고 싶은 학생들이 많다.
- 선생님이 학생들을 보고 싶어 하는 건지, 학생들이 선생님을 보고 싶어 하는 건지
→ 선생님을 보고 싶어 하는 학생들이 많다.

5) 바른 문장 표현

① 명수야, 선생님께서 오라고 하셔.

② 과학과 기술은 서로 다른 거야.

③ 봉투에 우표를 붙였다.

④ 우체국에 가서 편지를 부치고 왔다.

5. 높임 표현

1) **주체 높임** : 행동한 사람(주어)을 높임

예 할아버지께서 시골에 내려가신다.
아버지께서 일찍 퇴근하셨다.
어머니께서는 꽃을 좋아하신다.

2) **객체 높임** : 행동을 받은 사람을 높임

예 나는 주말에 할아버지를 뵈러 갈 예정이다.
나는 할머니를 모시고 병원에 간다.
나는 어머니께 선물을 드렸다.
나는 선생님께 모르는 문제를 여쭀다.

3) **상대 높임** : 듣는 이를 높이거나 낮춤

격식체	비격식체
여기에 앉으십시오.(하십시오체) 여기에 앉으시오. (하오체) 여기에 앉게. (하게체) 여기에 앉아라. (해라체)	여기에 앉아요. (해요체) 여기에 앉아. (해체)

6. 피동 표현 : 주어가 어떤 힘에 의해 당하는 문장

① 고양이가 쥐를 잡았다. → 쥐가 고양이에게 잡혔다.
② 바람이 문을 열었다. → 문이 바람에 열렸다.
③ 눈이 마을을 덮다. → 마을이 눈에 덮이다.

7. 사동 표현 : 주어가 다른 이에게 어떤 행위를 시킴

① 아이가 옷을 입다. → 엄마가 아이에게 옷을 입히다.
② 동생이 밥을 먹다. → 누나가 동생에게 밥을 먹이다.
③ 학생들이 책을 읽다. → 선생님이 학생들에게 책을 읽히다.

8. 글쓰기의 과정

1) 계획하기(글의 목적과 주제 정하기)

2) 내용 창안하기(자료 수집)

3) 내용 구성하기(자료 선택 및 개요표 작성)

4) 표현하기(초고쓰기)

5) 고쳐쓰기(검토와 수정)

9. 토의와 토론

1) **토의** : 공동의 문제에 대해 가장 바람직한 해결 방안을 찾기 위해 협력적으로 의견을 나눔

2) **토론** : 찬성과 반대로 나뉘는 논제를 놓고 찬성측과 반대측이 각각 자신의 주장의 타당성을 주장하며 대립

10. 관용적 표현 : 단어의 원래의 뜻에서 멀어져서 관습적으로 써온 표현

예 누나는 눈이 높다.
어머니는 손이 크다.
오락실에 발을 끊다.

11. 언어의 본질

1) **자의성** : 대상과 대상을 표현하는 기호 사이에는 아무런 필연적인 관계가 없다.

2) **사회성** : 언어는 그 언어를 사용하는 사람들 사이의 사회적 약속이므로 어느 한 개인이 마음대로 바꿀 수 없다.

3) **역사성** : 시간의 흐름에 따라 언어도 변한다.

예 새로 생긴 말 - 자동차, 우주선
사라진 말 - 진사, 어사

4) **규칙성** : 언어에는 일정한 규칙이 있다.

5) **창조성** : 인간은 새말을 만들어 쓸 수 있다.

12. 어휘의 세계

1) **고유어** : 우리말에 본디부터 있었거나 우리말에 기초하여 새로 만들어진 말

예 거울, 주머니, 사람, 길, 하늘, 바다

2) **한자어** : 한자에 기초하여 만들어진 말

예 감기(感氣), 고생(苦生), 편지(便紙), 식구(食口), 친구(親舊)

3) **외래어** : 다른 나라에서 들어와 우리말처럼 쓰이는 말

예 커피, 컴퓨터, 버스, 호텔, 고무

4) **전문어**

① 특정 분야에서 전문적인 개념을 표현하기 위해 사용하는 말

② 의미가 정밀하여 전문적인 작업을 효과적으로 수행하는 데 도움을 줌

예 어레스트, 코마, 헌법 소원, 공판

5) **유행어**

① 비교적 짧은 시기에 사람들의 입에 오르내리며 유행하는 말

② 생명이 짧고 쉽게 변하며, 당대의 사회상을 반영하는 경우가 많음

예 얼짱, 꽃미남, 득템, 깜놀

6) **은어**

① 다른 사람들이 알아듣지 못하도록 집단 구성원들끼리만 비밀스럽게 사용하는 말

② 다른 집단에 대해 무엇을 숨길 목적으로 비밀을 유지하기 위해 사용함

예 청과물 시장 상인들이 숫자를 '먹주(일)', '대(이)'로 부름

13. 시간 표현

1) **과거 시제** : 화자가 말하고 있는 시점보다 이전에 일어난 사건을 표현하는 시제

예 나는 어제 새를 잡았다. / 내가 잡은 새

2) **현재 시제** : 화자가 말하고 있는 시점에서 일어나는 사건을 표현하는 시제

예 나는 지금 새를 잡는다. / 내가 잡는 새

3) **미래 시제** : 화자가 말하고 있는 시점보다 이후에 일어날 사건을 표현하는 시제

예 나는 내일 새를 잡겠다.
(잡을 것이다) / 내가 잡을 새

14. 한글의 제자원리

1) 자음의 제자원리

기본 글자	본뜬 모양	가획자	이체자
ㄱ	혀뿌리가 목구멍을 막는 모양을 본뜸	ㅋ	ㆁ
ㄴ	혀끝이 윗잇몸에 닿는 모양을 본뜸	ㄷ, ㅌ	ㄹ
ㅁ	입의 모양을 본뜸	ㅂ, ㅍ	
ㅅ	이의 모양을 본뜸	ㅈ, ㅊ	ㅿ
ㅇ	목구멍의 모양을 본뜸	ㆆ, ㅎ	

2) 모음의 제자원리

기본 글자	기본 글자를 결합해서 만든 글자	
	초출자 (ㆍ가 한 번 결합한 글자)	재출자 (ㆍ가 두 번 결합한 글자)
ㆍ(하늘)	ㅏ, ㅓ, ㅗ, ㅜ	ㅑ, ㅕ, ㅛ, ㅠ
ㅡ(땅)		
ㅣ(사람)		

3) 한글의 창제 정신

① 자주 정신 : 우리나라 말이 중국과 다름을 인식하고 우리만의 문자를 만듦

② 애민 정신 : 문자로 의사 표현을 하지 못하는 백성의 고통을 인식함

③ 창조 정신 : 다른 글자를 모방하거나 변형하지 않고 새로운 글자 체계를 창안함

④ 실용 정신 : 모든 사람이 쉽게 익혀 편하게 문자 생활을 하도록 함

02 수학

01. 수와 연산(1)

1. 소수 : 1과 자기 자신을 약수로 갖는 수

예 2, 3, 5, 7, 11, 13, 17, 19, 23 …

2. 소인수분해 : 소수의 곱으로 표현하는 것

예 $8 = 2^3$, $12 = 2^2 \times 3$, $30 = 2 \times 3 \times 5$, …

3. 최대공약수 : 공약수 중에서 가장 큰 수

예 4와 8의 최대공약수는 4

4. 최소공배수 : 공배수 중에서 가장 작은 수

예 4와 8의 최소공배수는 8

1. 다음 중 18을 소인수분해 하면 $18 = 2 \times 3^2$이 된다. 이때 약수가 <u>아닌</u> 것은?

① 1 ② 3 ③ $2^2 \times 3^2$ ④ 2×3

2. 다음은 소인수분해하는 과정이다. a, b 안에 알맞은 수를 순서대로 나타내면?

$$\begin{array}{r|l} \square & 24 \\ \hline \square & 12 \\ \hline \square & 6 \\ \hline & \square \end{array} \qquad \therefore 24 = 2^a \times 3^b$$

① 1, 2 ② 3, 1 ③ 3, 2 ④ 5, 1

3. 10과 12의 최대공약수를 구하면?

① 1 ② 2 ③ 3 ④ 5

4. 3과 6의 최소공배수를 구하면?

① 1 ② 2 ③ 3 ④ 6

02. 수와 연산(2)

1. 정수

· 자연수(양의 정수), 0, (음의 정수)

2. 정수의 사칙연산

① 덧셈과 뺄셈

· 같은 부호면 숫자끼리 더하기

· 다른 부호면 큰 수에서 작은 수 빼기

· 계산 후, 큰 수의 부호를 붙이기

예 $-3-5=-8$, $4-7=-3$, $3+8=+11$

② 곱셈과 나눗셈

· 같은 부호끼리 곱하거나 나누면 플러스

· 다른 부호끼리 곱하거나 나누면 마이너스

예 $3\times(-2)=-6$, $-3\times(-5)=15$, $4\div(-2)=-2$

5. $(-7)+(-3)$을 계산하면?

① -4 ② 4 ③ 10 ④ -10

6. $(+2)-(+12)$를 계산하면?

① 10 ② -10 ③ -14 ④ 14

7. $(-6)\times(+2)$를 계산하면?

① 12 ② -12 ③ -8 ④ 8

8. $(-10) \div 5$를 계산하면?

① -2　　② 2　　③ 5　　④ -5

9. 다음 수 중에서 가장 큰값은?

① $|3|$　　② $|-4|$　　③ 0　　④ -2

10. 다음 중 수직선에서 점 A와 점 D의 좌표의 합은?

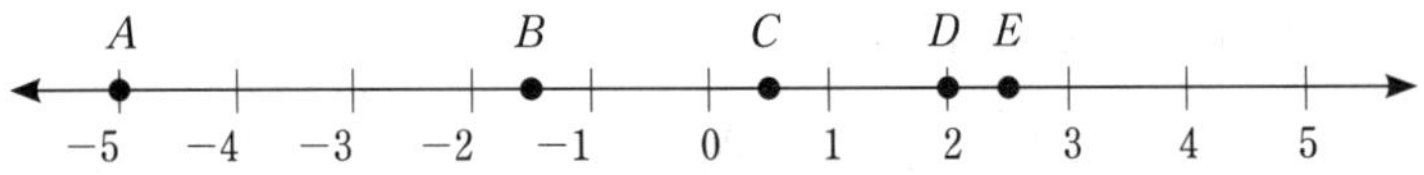

① 3　　② -3　　③ 8　　④ -8

11. 다음 정수의 개수는?

$-3,\quad -\sqrt{2},\quad 0,\quad \frac{1}{2},\quad 5,\quad \sqrt{10}$

① 1개　　② 2개　　③ 3개　　④ 없다

12. 작은 수부터 순서대로 나열했을 때 두 번째로 큰 수와 가장 작은 수와의 합은?

$-3,\quad 1,\quad 0,\quad -2,\quad 5$

① -1　　② -2　　③ 2　　④ 3

03. 수와 연산(3)

1. 유리수

- 유리수
  - 정수
    - 양의 정수(자연수) : 1, 2, 3, ⋯
    - 영(0)
    - 음의 정수 : −1, −2, −3, ⋯
  - 정수가 아닌 유리수 : $\frac{7}{3}$, $\frac{1}{2}$, 3.14, ⋯

2. 유한소수

· 나누었을 때, 소수의 끝이 존재하는 소수

· 분모의 소인수가 2 또는 5가 있는 분수

예 유한소수 $\frac{3}{2\times5}$, $\frac{1}{2}$, $\frac{3}{5}$, ⋯

3. 순환소수

· 나누었을 때, 소수점 아래로 특정숫자가 무한히 반복되는 소수

· 반복되는 숫자를 순환마디라고 부르며, 반복되는 숫자 위에 점을 찍는다.

예 $0.333\cdots \rightarrow 0.\dot{3}$, $1.121212\cdots \rightarrow 1.\dot{1}\dot{2}$, $0.153153\cdots \rightarrow 0.\dot{1}5\dot{3}$

· $0.\dot{3}=\frac{3-0}{9}=\frac{3}{9}=\frac{1}{3}$, $0.\dot{1}\dot{5}=\frac{15-0}{99}=\frac{15}{99}=\frac{5}{33}$

(소숫점 이하 점 하나당 숫자 9를 의미한다. $0.\dot{1}\dot{5}$는 점이 두 개이므로 분모가 99가 되었다.)

13. 다음 정수가 아닌 유리수의 개수는?

-5, $-\sqrt{2}$, 0.3, $\frac{1}{2}$, 5, $\sqrt{10}$

① 1개 ② 2개 ③ 3개 ④ 4개

14. 다음 분수 중에서 유한소수로 나타낼 수 없는 것은?

① $\frac{1}{4}$ ② $\frac{1}{12}$ ③ $\frac{1}{8}$ ④ $\frac{3}{15}$

15. 다음 중 유한소수가 <u>아닌</u> 것은?

① $\frac{3}{2 \times 5}$　② $\frac{1}{2^2}$　③ $\frac{3}{4}$　④ $\frac{1}{18}$

16. 다음 순환소수 $0.\dot{3}$을 분수로 바르게 고친 것은?

① $\frac{3}{10}$　② $\frac{3}{5}$　③ $\frac{1}{3}$　④ $\frac{1}{2}$

17. 다음 순환소수 $1.012121212\cdots$의 순환마디는?

① 1　② 10　③ 012　④ 12

04. 수와 연산(4)

1. 무리수

· 순환하지 않는 무한소수. 그리고, $\sqrt{\ }$ (루트) 안에 수를 써서 표현한다.

예 $\sqrt{2}$, $\sqrt{5}$, … 등등

2. 제곱근

· $a \geq 0$일 때, 제곱해서 a가 되는 수, x를 a의 제곱근이라 한다.

예 $x^2 = a \rightarrow x = \pm\sqrt{a}$, $x^2 = 4 \rightarrow x = \pm 2$

3. 제곱근의 성질

· $a \geq 0$일 때,

① $(\sqrt{a})^2 = a$　② $(-\sqrt{a})^2 = a$

③ $\sqrt{a^2} = a$　④ $\sqrt{(-a)^2} = a$

4. 무리수의 사칙연산

① 덧셈과 뺄셈

· 루트 안의 숫자가 같으면 루트 밖의 숫자로 더하거나 뺀다.

② 곱셈과 나눗셈

· 루트 안의 숫자끼리, 루트 밖의 숫자끼리 곱해주거나 나누어준다.

예 $2\sqrt{3}+\sqrt{3}=3\sqrt{3}$, $5\sqrt{2}-3\sqrt{2}=2\sqrt{2}$,

$2\sqrt{3}\times3\sqrt{5}=6\sqrt{15}$, $4\sqrt{6}\div2\sqrt{2}=2\sqrt{3}$

5. 분모의 유리화

· 분수에서 분모가 무리수(루트)이면, 반드시 루트를 벗겨내서 유리수로 만드는 것을 말한다.

예 $\frac{1}{\sqrt{2}} \Rightarrow \frac{1}{\sqrt{2}}\times\frac{\sqrt{2}}{\sqrt{2}}=\frac{\sqrt{2}}{2}$

18. 10의 제곱근은?

① 10 ② -10 ③ ±10 ④ $\pm\sqrt{10}$

19. $\sqrt{(-3)^2}$ 의 값은?

① 3 ② -3 ③ 9 ④ -9

20. $\sqrt{5}+2\sqrt{5}$ 의 값을 간단히 하면?

① $3\sqrt{5}$ ② $4\sqrt{5}$ ③ $6\sqrt{5}$ ④ $8\sqrt{5}$

21. 다음 중 옳은 것은?

① $\sqrt{2}\times\sqrt{3}=\sqrt{6}$ ② $\sqrt{5}-\sqrt{2}=\sqrt{3}$

③ $\sqrt{4}+\sqrt{2}=\sqrt{6}$ ④ $\sqrt{12}\div\sqrt{6}=2$

22. $\sqrt{12}=a\sqrt{b}$ 로 고치면?

① $2\sqrt{6}$ ② $2\sqrt{3}$ ③ $3\sqrt{2}$ ④ $4\sqrt{3}$

23. $2\sqrt{2} = \sqrt{a}$로 고치면?

① $\sqrt{2}$ ② $\sqrt{8}$ ③ $\sqrt{10}$ ④ $\sqrt{12}$

24. $\frac{1}{\sqrt{3}}$을 유리화하면?

① $\sqrt{3}$ ② $\frac{\sqrt{3}}{3}$ ③ $\frac{1}{3}$ ④ 3

05. 다항식의 사칙연산

1. 다항식의 덧셈과 뺄셈

· 동류항(문자가 같고 차수가 같은 항)끼리 더하고 뺌

(예시) $a + 3a = 4a$, $a + b =$ 계산불가, $a + a^2 =$계산불가

동류항이 확인되면, 문자는 계산하지 않고, 반드시 계수로만 계산한다.

2. 다항식의 곱셈

① 다항식끼리의 곱셈을 전개라 부른다.

② 하나하나 구분해서 곱하여 전개하는 것을 분배법칙이라 한다.

(예시) $2(a + b) = 2a + 2b$,

$(a + b)(c + d) = ac + ad + bc + bd$

3. 곱셈공식

① $(a + b)^2 = a^2 + 2ab + b^2$

② $(a - b)^2 = a^2 - 2ab + b^2$

③ $(a + b)(a - b) = a^2 - b^2$

④ $(x + a)(x + b) = x^2 + (a + b)x + ab$

⑤ $(ax + b)(cx + d) = acx^2 + (ad + bc)x + bd$

25. $(x + 3) + (x - 1)$을 계산하면?

① $2x + 2$ ② $x - 2$ ③ $-x + 4$ ④ $x - 4$

26. $(x + 1) - (x + 2)$를 계산하면?

① -1　② $x - 2$　③ $-x + 4$　④ $x - 4$

27. 다항식 $(x + 5)^2$을 전개하면?

① $x^2 + 10x + 25$　② $x^2 + 5x + 25$
③ $x^2 + 25$　④ $x^2 + 5x + 10$

28. 다항식 $(x - 2)^2$을 전개하면?

① $x^2 + 4x + 4$　② $x^2 - 4x + 4$
③ $x^2 + 4$　④ $x^2 - 4$

29. 다항식 $(x + 3)(x - 3)$을 전개하면?

① $x^2 + 6x + 9$　② $x^2 - 6x - 9$
③ $x^2 - 9$　④ $x^2 + 9$

30. 다항식 $(x + 1)(x + 6)$을 전개하면?

① $x^2 + 7x + 6$　② $x^2 + 5x + 6$
③ $x^2 + 6$　④ $x^2 - 7x + 6$

06. 다항식의 인수분해

1. 인수분해

· 전개된 식을 원래대로 곱꼴인 괄호로써 되돌려 놓는 것을 말한다.

2. 항이 2개 있는 경우

(예시) $a^2 + 2a = a(a + 2)$,

$a^2 - a = a(a - 1)$

$a^2 - 4 = (a + 2)(a - 2)$,

$a^2 - 16 = (a - 4)(a + 4)$

3. 항이 3개 있는 경우

(예시) $a^2 + 3a + 2 = (a + 2)(a + 1)$,

$a^2 - 6a + 9 = (a - 3)(a - 3) = (a - 3)^2$

31. 다항식 $x^2 + 3x$를 인수분해하면?

① $(x + 3)^2$ ② $(x - 3)^2$ ③ $x(x - 3)$ ④ $x(x + 3)$

32. 다항식 $x^2 - 1$을 인수분해하면?

① $(x - 1)^2$ ② $(x + 1)^2$

③ $(x + 1)(x - 1)$ ④ $(x + 1)(x - 2)$

33. 다항식 $x^2 + 2x + 1$을 인수분해하면?

① $(x + 1)^2$ ② $x(x + 1)$

③ $(x - 1)^2$ ④ $(x + 1)(x - 1)$

34. 다항식 $x^2 - 5x + 6$을 인수분해하면?

① $(x+3)(x+2)$ ② $(x-2)(x-3)$
③ $(x+6)(x+1)$ ④ $(x-6)(x+1)$

07. 지수법칙과 식의 값

1. 지수법칙

· $a > 0$, $b > 0$이고, m과 n이 자연수일 때, 다음 법칙이 성립한다.
(a를 밑이라 부르고, m, n을 지수라 부른다.)

① $a^m \times a^n = a^{m+n}$

② $a^m \div a^n = a^{m-n}(m > n)$, $a^0 = 1(m = n)$

③ $(a^m)^n = a^{m \times n}$

④ $(ab)^m = a^m b^m$

⑤ $\left(\frac{b}{a}\right)^m = \frac{b^m}{a^m}$

2. 식의 값

· 문자의 값을 대입하여 식의 값을 구하는 것

(예시) $x = 3$일 때, $2x + 1$을 구해보면,

$2 \times 3 + 1 = 6 + 1 = 7$

35. $x^2 \times x^3$의 값은?

① x^5 ② x^6 ③ x^2 ④ x

36. $x^8 \div x^2$의 값은?

① x^8 ② x^6 ③ x^4 ④ x^2

37. $(x^2)^3$의 값은?

① x^2 ② x^5 ③ x^6 ④ x^3

38. $x^2 \times x^3 \div x^5$의 값은?

① x　② 1　③ x^6　④ x^{10}

39. $x = 3$일 때, $2x + 3$의 값을 구하면?

① 3　② 6　③ 9　④ 12

40. $x = 2$, $y = 3$일 때, $x + 2y$의 값을 구하면?

① 3　② 6　③ 8　④ 12

08. 일차방정식

1. 일차방정식

· 미지수 x의 차수가 1인 방정식을 일차방정식이라 한다.

(예시) $x + 1 = 3$, $2x - 3 = 5$ …

2. 푸는 방법 : 등호(=)를 기준으로 좌변은 미지수, 우변은 상수로 만들어 해를 구한다.

(예시) $x + 2 = 3 \Rightarrow x = 3 - 2 \Rightarrow x = 1$

$2x + 1 = 3 \Rightarrow 2x = 3 - 1 \Rightarrow 2x = 2 \Rightarrow x = 1$

41. 일차방정식 $x + 1 = 5$를 풀면?

① $x = 1$　② $x = 2$　③ $x = 3$　④ $x = 4$

42. 일차방정식 $2x + 1 = 9$를 풀면?

① $x = 2$　② $x = 3$　③ $x = 4$　④ $x = 6$

43. 일차방정식 $3x - 1 = x + 3$를 풀면?

① $x = 1$　② $x = 2$　③ $x = 3$　④ $x = 4$

44. 해가 $x = 1$인 일차방정식은?

① $x + 1 = 0$　② $x - 1 = 1$
③ $x + 1 = 1$　④ $x + 1 = 2$

09. 연립 일차방정식

1. 연립 일차방정식

· 미지수 x, y가 나오는 방정식으로, 식이 2개가 있는 방정식이다.

2. 푸는 방법

① 가감법

· 두 식을 더하고 빼는 방법으로 두 문자 중 어느 한 문자를 소거해서 미지수값을 구하는 방법이다.

(예시) $\begin{cases} x + y = 1 \\ x - y = 3 \end{cases}$ 두 식을 더하면 $2x = 4 \Rightarrow x = 2$가 되고,
맨 위의 식에 대입하면, $y = -1$

② 대입법

· 두 식에서 어느 한 식을 선택하여 x 또는 y에 대해서 정리해준 다음 그 값을 다른 식에 대입해주는 방법

(예시) $\begin{cases} x + y = 1 \\ x - y = 3 \end{cases}$ $\Rightarrow$ $x + y = 1$을 x에 대해서 정리해주면,
$x = 1 - y$이고, 이 x값을 밑에 $x - y = 3$이라는 식에 대입해서
정리해주면, $y = -1$, $x = 2$라는 값을 얻게 된다.

45. 다음 연립방정식 $\begin{cases} x + y = 4 \\ x - y = 6 \end{cases}$을 풀면?

① $x = 5$, $y = 1$　② $x = -1$, $y = 5$
③ $x = 5$, $y = -1$　④ $x = 1$, $y = 5$

46. 다음 연립방정식 $\begin{cases} x+y=8 \\ x=y+2 \end{cases}$ 의 근을 구하면?

① $x=5,\ y=3$　　② $x=3,\ y=5$

③ $x=5,\ y=-3$　　④ $x=-3,\ y=5$

47. 연립방정식 $\begin{cases} x+3y=9 \\ x-3y=-3 \end{cases}$ 의 해가 $x=a,\ y=b$일 때, $a+b$의 값을 구하면?

① 1　　② 3　　③ 5　　④ 7

48. 다음 연립방정식이 나타내는 해를 찾으면?

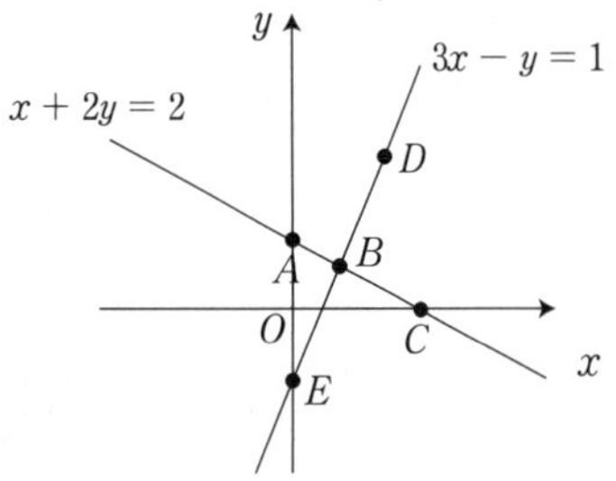

① A

② B

③ C

④ D

10. 일차부등식

1. 일차부등식

· 부등호를 사용하여 두 수 또는 식의 대소 관계를 나타낸 일차식

2. 푸는 방법

· 일차방정식과 거의 똑같고, 다만, 계산 마지막 과정에서 미지수의 계수가 음수여서 음수로 곱하거나 나눌 때에는 부등호의 방향이 바뀐다.

(예시) $-2x \le 4 \Rightarrow x \ge -2$

3. 부등식의 해를 수직선 위에 나타내기

① $x > a$

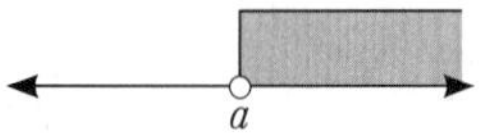

② $x < a$

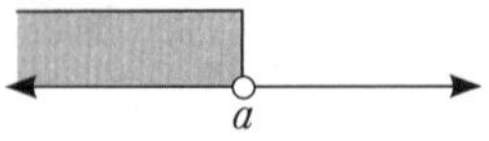

③ $x \ge a$

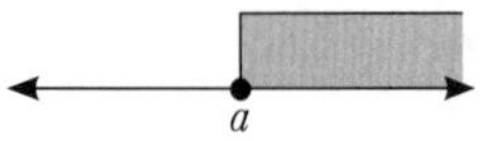

④ $x \le a$

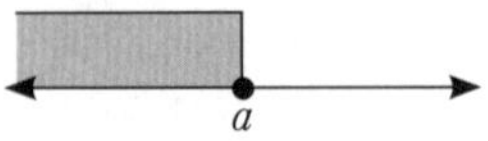

49. 일차부등식 $2x + 4 > 0$를 풀면?

① $x < 2$ ② $x > -2$ ③ $x < -2$ ④ $x > 2$

50. $a > b$일 때, 다음 $\square$ 안의 부등호가 나머지 셋과 <u>다른</u> 하나는?

① $a + 3 \ \square \ b + 3$ ② $a - 4 \ \square \ b - 4$

③ $a \times (-5) \ \square \ b \times (-5)$ ④ $a \div 6 \ \square \ b \div 6$

51. 다음 중 해가 다음 그림이 나타내는 x 값의 범위인 부등식을 고르면?

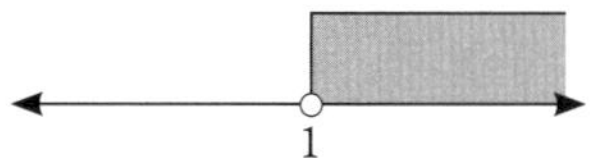

① $3x - x \leq 2$

② $5 + 4x > 1$

③ $7x > 3 + 4x$

④ $3 - 2x \leq 2 - x$

11. 이차방정식

1. 이차방정식

· 미지수 x의 최고차항의 차수가 2인 방정식을 이차방정식이라 한다.

(예시) $x^2 + 5x + 6 = 0$, $x^2 - x - 2 = 0$ ⋯ 등등

2. 푸는 방법 : 인수분해, 완전제곱식, 근의 공식

(예시) $x^2 - x - 2 = 0 \Rightarrow (x - 2)(x + 1) = 0$

$x - 2 = 0$ 또는 $x + 1 = 0$

$x = 2$ 또는 $x = -1$

3. 근과 계수와의 관계

· 이차방정식 $ax^2 + bx + c = 0 (a \neq 0)$일 때,

두 근의 합 $\Rightarrow -\dfrac{b}{a}$

두 근의 곱 $\Rightarrow \dfrac{c}{a}$

52. 이차방정식 $x^2 + 2x - 8 = 0$의 해를 구하면?

① $x = -2$ 또는 $x = 4$ ② $x = 2$ 또는 $x = 4$
③ $x = 2$ 또는 $x = -4$ ④ $x = -2$ 또는 $x = -4$

53. 이차방정식 $(x + 2)(x + 4) = 0$의 두 근의 합은?

① 6 ② -6 ③ 8 ④ -8

54. 이차방정식 $x^2 + 2x + 10 = 0$의 두 해를 m, n이라 할 때, mn의 값은?

① 3 ② -3 ③ 10 ④ -10

55. 이차방정식 $(x + 3)(x - 2) = 0$의 한 근이 2일 때, 다른 한 근은?

① -3 ② 3 ③ -2 ④ 2

12. 좌표평면과 그래프

1. 좌표

· 수직선 위의 한 점에 대응하는 수

2. 원점

· 좌표가 0인 점을 기호로 $O(0)$으로 나타낸다.

3. 순서쌍

· 두 수나 문자의 순서를 정하여 짝을 지어 나타낸 것

4. 좌표평면

가로의 수직선을 X축, 세로의 수직선을 Y축으로 정하고, X축과 Y축이 만나는 교점을 원점으로 하는 평면

5. 사분면

· 좌표평면에서 오른쪽 위부터 시계반대방향으로 1사분면, 2사분면, 3사분면, 4사분면으로 4개의 면으로 나뉘어진 면

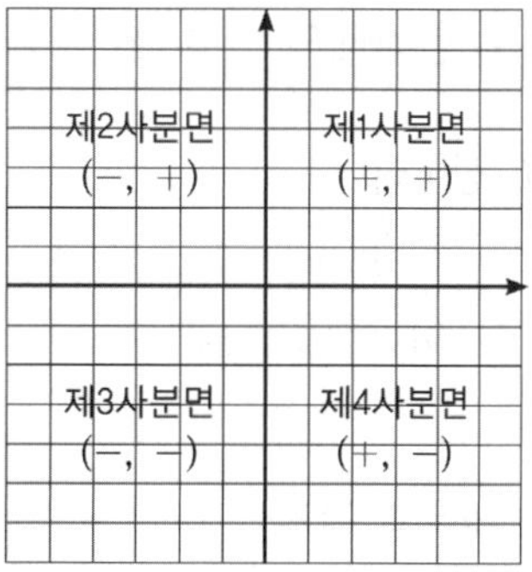

6. 그래프

· 좌표평면 위의 x 값을 y 값에 대응한 점들을 연결한 표

56. 좌표평면에서 제3사분면에 있는 점 P의 좌표는?

① $(-1,\ -2)$ ② $(-5,\ 6)$ ③ $(5,\ 8)$ ④ $(4,\ -3)$

57. 다음 좌표평면 위에 있는 점 P의 좌표는?

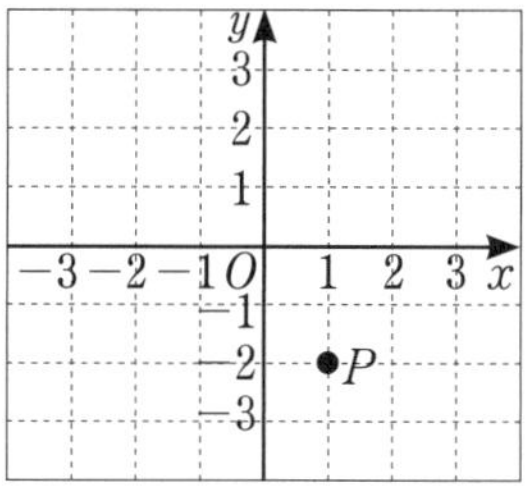

① $(-1,\ -2)$
② $(-1,\ 2)$
③ $(1,\ 2)$
④ $(1,\ -2)$

58. 순서쌍 $(1,\ 2)$를 좌표평면 위에 나타낸 점은?

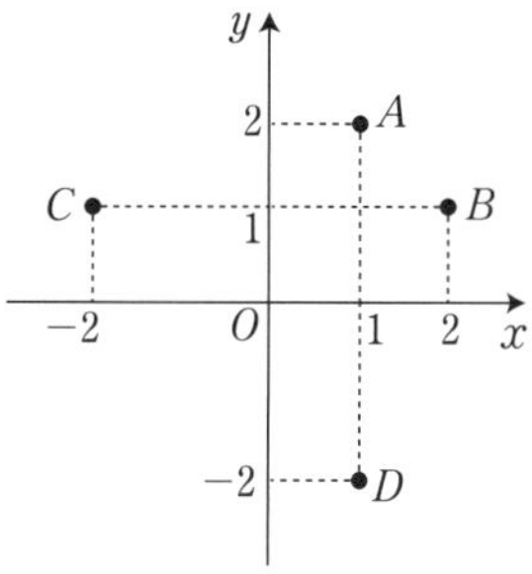

① A
② B
③ C
④ D

13. 정비례와 반비례

1. 정비례

· 두 변수 x와 y사이에 x 값이 2배, 3배, 4배, … 가 될 때, y 값도 2배, 3배, 4배, … 가 되는 관계

2. 정비례 관계식

· $y = ax(a \neq 0)$

3. $y = ax(a \neq 0)$의 그래프

① 원점 (0, 0)을 지나는 직선이다.

② $a > 0$이면 제 1, 3 사분면을 지난다.(증가)

③ $a < 0$이면 제 2, 4 사분면을 지난다.(감소)

4. 반비례

· 두 변수 x와 y사이에 x 값이 2배, 3배, 4배, … 가 될 때, y 값은 $\frac{1}{2}$배, $\frac{1}{3}$배, $\frac{1}{4}$배, …가 되는 관계

5. 반비례 관계식

· $y = \frac{k}{x}(k \neq 0)$

6. 반비례 그래프

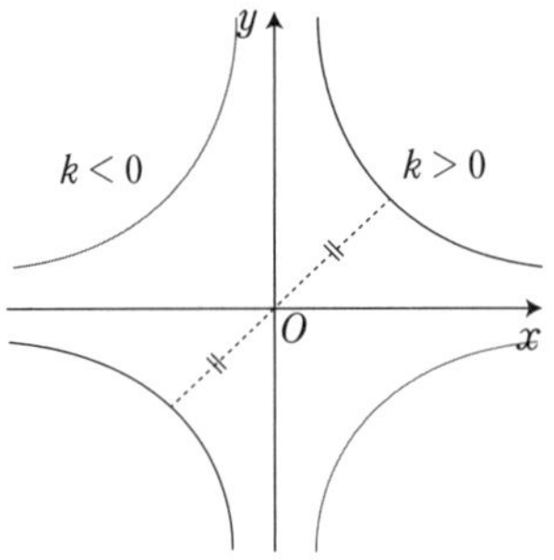

59. 함수 $y = ax$의 그래프가 점 (2, 6)을 지날 때, 상수 a의 값을 구하면?

① 1　　② 2　　③ 3　　④ 4

60. 다음 중 y가 정비례하는 것은?

① $y = x - 5$　② $\frac{y}{x} = 3$　③ $y = \frac{x}{2} + 3$　④ $y = \frac{3}{x}$

61. 다음 표에서 x와 y 사이에 $y = ax(a \neq 0)$인 관계식이 성립할 때, 상수 a의 값을 구하면?

x	1	2	3	4	⋯
y	6	12	18	24	⋯

① 2　② 4　③ 6　④ 12

14. 일차함수

1. 함수

· x값 한 개를 대입했을 때, 단 한 개의 y값이 나오는 것을 말한다.

⇒ 정의역 $\{1, 2, 3\}$, 공역 $\{3, 6, 9, 12\}$, 치역 $\{3, 6, 9\}$

⇒ $f(x) = 3x$에서 $f(1) = 3$, $f(2) = 6$, $f(3) = 9$

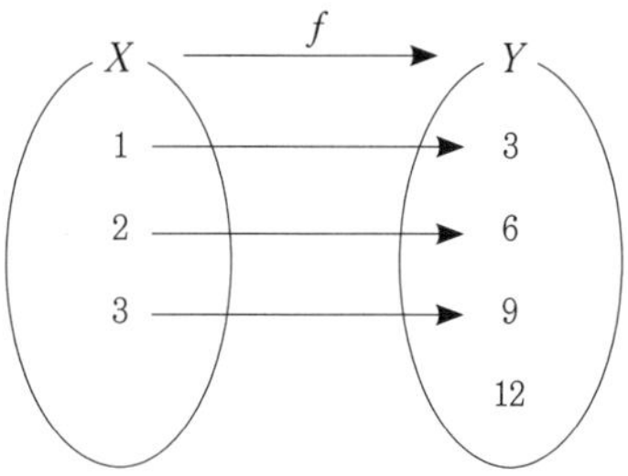

2. 일차함수

· 일차다항식으로 된 함수

3. 수식

① $y = f(x)$이며, $y = \underset{\text{기울기}}{\underline{ax}} + \underset{y\text{절편}}{\underline{b}}$의 형태로 식을 표현한다.

② 기울기 : $\frac{y\text{증가량}}{x\text{증가량}}$

4. 두 일차함수(직선)의 위치관계

① 평행 : 두 직선이 평행하므로 기울기가 같다.

② 수직 : 두 직선이 교차했을 때, 생기는 각이 직각인 경우로서, 두 기울기의 곱이 언제나 -1이다.

62. 기울기가 3이고 y절편이 2인 일차함수의 식을 구하면?

① $y = 2x + 3$
② $y = 3x + 3$
③ $y = 3x + 2$
④ $y = 2x + 2$

63. 다음은 일차함수 $y = -\frac{2}{5}x + a$의 그래프이다. a의 값을 구하면?

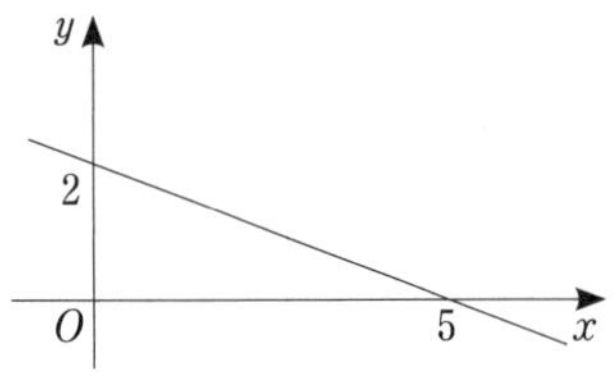

① 1
② 2
③ 3
④ 4

64. 두 점 $(-1,\ 0)$, $(0,\ 2)$를 지나는 직선을 그래프로 하는 일차함수의 식은?

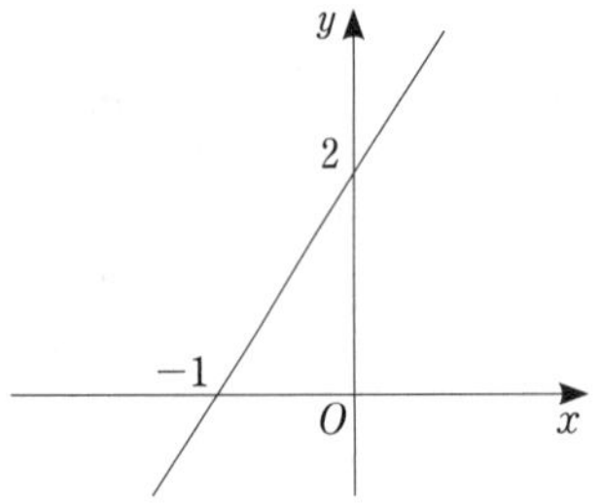

① $y = x + 2$
② $y = 2x - 1$
③ $y = -x + 2$
④ $y = 2x + 2$

15. 이차함수

1. 이차함수

· 함수 y가 이차식 x^2에 대응되는 식을 이차함수라고 한다.

2. 수식

· $y = ax^2 + bx + c(a \neq 0)$

3. 그래프의 모양

① $y = x^2$의 그래프 (아래로 볼록)

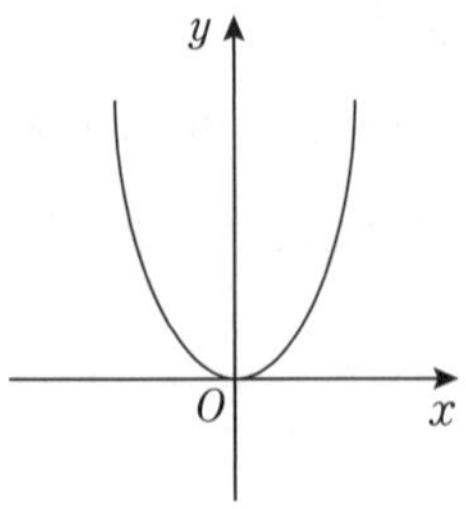

② $y = -x^2$의 그래프 (위로 볼록)

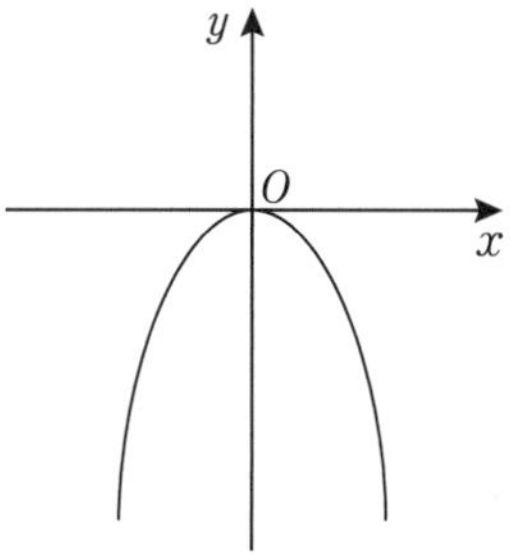

4. $y = a(x-p)^2 + q$의 그래프

① $y = ax^2$의 그래프를 x축의 방향으로 p만큼, y축의 방향으로 q만큼 평행이동한 것이다.

② 직선 $x = p$를 축으로 하고, 점 $(p,\ q)$를 꼭짓점으로 하는 포물선이다.

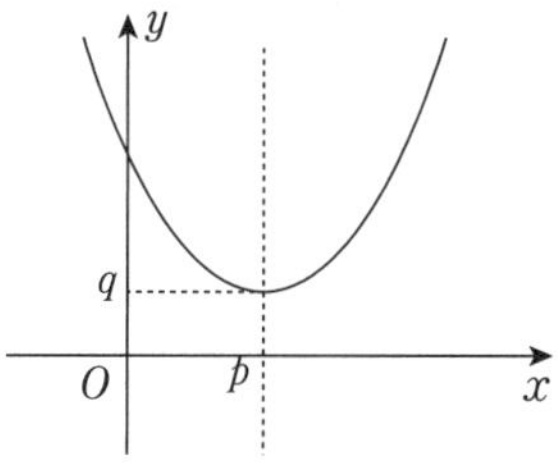

$(a > 0)$일 때

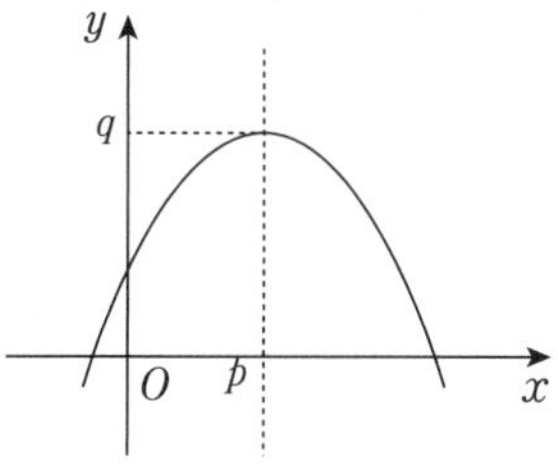

$(a < 0)$일 때

65. 이차함수 $y = -x^2 + 1$의 그래프에 대한 설명으로 옳은 것은?

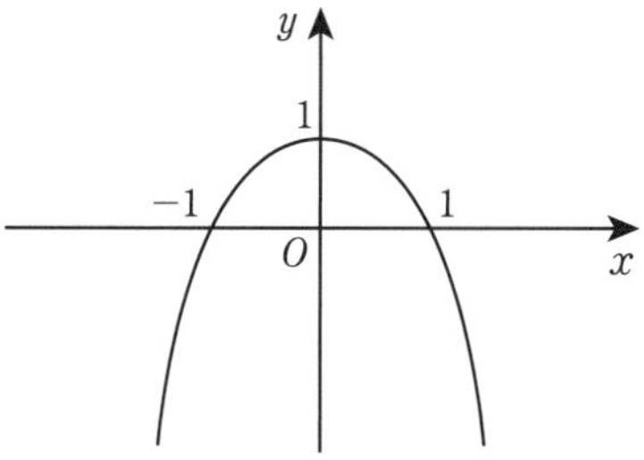

① 아래로 볼록이다.

② 원점을 지난다.

③ 꼭짓점의 좌표는 $(0,\ 1)$이다.

④ 축의 방정식은 $y = 1$이다.

66. 이차함수 $y = -(x+1)^2 + 3$의 그래프에 대한 설명으로 옳은 것은?

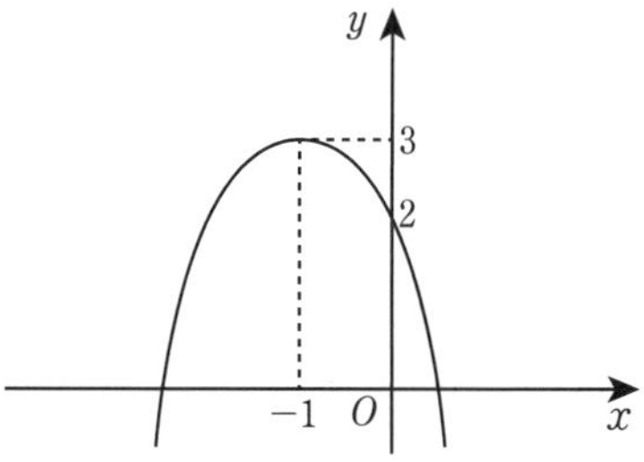

① 아래로 볼록이다.

② 원점을 지난다.

③ 꼭짓점의 좌표는 $(0,\ -3)$이다.

④ 축의 방정식은 $x = -1$이다.

16. 자료의 정리 및 관찰

1. 도수분포표

· 전체의 자료를 몇 개의 계급으로 나누고, 각 계급에 속하는 도수를 조사하여 나타낸 표

① 변량 : 자료를 수량으로 나타낸 것

② 계급 : 변량을 나눈 구간

③ 계급의 크기 : 구간의 너비

④ 도수 : 각 계급에 속한 자료의 수

⑤ 계급값 : 계급을 대표하는 값으로 계급의 중앙값

$$(\text{계급값}) = \frac{(\text{계급의 양 끝 값의 합})}{2}$$

⑥ 상대도수 : 총 도수에 대한 각 계급의 도수의 비율로서 상대도수의 총합은 언제나 1이다.

(예시)

수학 점수	인원(도수)	상대도수
60이상 ~ 70미만	8	$\frac{8}{20} = 0.4$
70 ~ 80	6	$\frac{6}{20} = 0.3$
80 ~ 90	4	$\frac{4}{20} = 0.2$
90 ~ 100	2	$\frac{2}{20} = 0.1$
합계	20	1

2. 줄기와 잎

· 줄기와 잎을 이용하여 자료를 나타낸 그림

· 자료가 두 자리의 수일 때, 줄기는 십의 자리의 숫자, 잎은 일의 자리의 숫자를 나타낸다.

(예시)

(1/4는 14)

줄기	잎
0	5 7 9
1	3 4 5 6
3	0 2 5 7 8
4	1 7
5	3 6

67. 학생 20명의 봉사활동 시간을 조사한 표이다. A의 값을 구하면?

봉사활동 시간	학생 수(명)
0이상 ~ 3미만	6
3 ~ 6	5
6 ~ 9	A
9 ~ 12	2
12 ~ 15	1
계	20

① 1
② 2
③ 5
④ 6

68. 다음 표는 어느 중학교 학생의 수면시간을 조사한 것이다. 수면시간이 6시간 이상 8시간 미만인 학생의 학생 수는?

수면시간	도수
4이상 ~ 5미만	1
5 ~ 6	3
6 ~ 7	6
7 ~ 8	7
8 ~ 9	2
9 ~ 10	1
계	20

① 3명
② 6명
③ 7명
④ 13명

69. 다음은 학생 20명의 수학 점수에 관한 도수 분포표이다. 도수가 가장 작은 계급값은?

수학 점수	도수
60이상 ~ 70미만	3
70이상 ~ 80미만	6
80이상 ~ 90미만	9
90이상 ~ 100미만	2
계	20

① 65
② 75
③ 85
④ 95

17. 경우의 수와 확률

1. 경우의 수

· 어떤 일이 발생할 수 있는 모든 가짓수를 경우의 수라고 한다.

① 합의 법칙 : 두 사건 A, B가 동시에 일어나지 않을 경우의 수는 $m+n$ 가지이다.

② 곱의 법칙 : 두 사건 A, B가 동시에 일어나는 경우의 수는 $m \times n$ 가지이다.

2. 확률

· 어떤 사건이 일어날 가능성을 분수로 표현한 것

· 사건 A가 일어날 확률을 P라고 하면,

$$P = \frac{\text{내가 원하는 특정 경우의 수}}{\text{일어날 수 있는 모든 경우의 수}}$$

70. 어느 제과점에서 간식으로 먹을 수 있는 서로 다른 4개의 빵과 서로 다른 3개의 음료수를 판매하고 있다. 이 제과점에서 간식으로 빵과 음료수를 한 개씩 사는 모든 경우의 수는?

① 4 ② 3 ③ 7 ④ 12

71. 그림과 같이 주머니 안에 1부터 5까지의 수가 적힌 5개의 크기가 같은 구슬이 들어 있다. 한 개의 구슬을 꺼낼 때, 홀수가 적힌 구슬이 나올 확률은?

① $\frac{3}{5}$

② $\frac{2}{5}$

③ $\frac{1}{5}$

④ 1

72. 한 개의 주사위를 한 번 던질 때, 5의 약수가 나올 확률은?

① $\frac{1}{3}$ ② $\frac{1}{4}$ ③ $\frac{1}{5}$ ④ $\frac{1}{6}$

73. 남자 4명, 여자 5명으로 이루어진 동아리가 있다. 이 동아리의 대표 1명을 정할 때, 여자가 뽑힐 확률은?

① $\frac{4}{9}$ ② $\frac{5}{9}$ ③ 1 ④ 0

18. 대푯값과 산포도

1. 평균

$$평균 = \frac{자료의\ 총합}{자료의\ 총수}$$

2. 중앙값 : 자료를 작은 값에서 크기순으로 나열할 때, 정 중앙에 오는 값

3. 최빈값 : 자료 중 가장 많이 나타나는 값

4. 산포도 : 자료의 흩어진 정도를 하나의 수치로 나타낸 것

① 편차 : 변량 − 평균

② 분산 : $\frac{(편차)^2 의\ 총합}{변량의\ 총\ 개수}$

③ 표준편차 : $\sqrt{분산}$

74. 어느 학생이 4회 치른 수학시험 점수의 평균이 70점일 때, x의 값은?

횟수	1회	2회	3회	4회
점수	65	x	60	80

① 60 ② 65 ③ 70 ④ 75

75. 다음 자료의 중앙값은?

5, 3, 4, 4, 10, 2, 4

① 2 ② 3 ③ 4 ④ 5

76. 다음 자료의 최빈값을 구하면?

1, 3, 3, 4, 4, 5, 7, 4

① 1 ② 3 ③ 4 ④ 5

77. 아래 표 줄기와 잎 그림은 선아네 반 학생 15명의 티셔츠 치수를 나타낸 것이다. 이 자료의 최빈값을 구하면?

(9/0은 90호)

줄기	잎
8	0 5 5
9	0 0 5 5 5 5 5
10	0 0 0 5 5

① 80
② 90
③ 95
④ 100

19. 상관관계

1. 상관도

· 각 변량의 순서쌍을 좌표평면 위에 점으로 찍어 나타낸 그래프를 상관도라 한다.

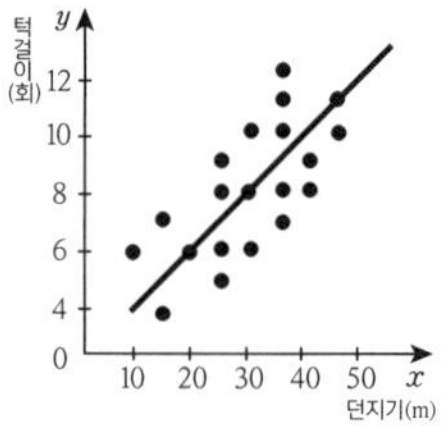

2. 상관관계

· 두 변량 x, y에서 한 쪽 변량의 변화와 다른 쪽 변량의 변화 사이의 관계

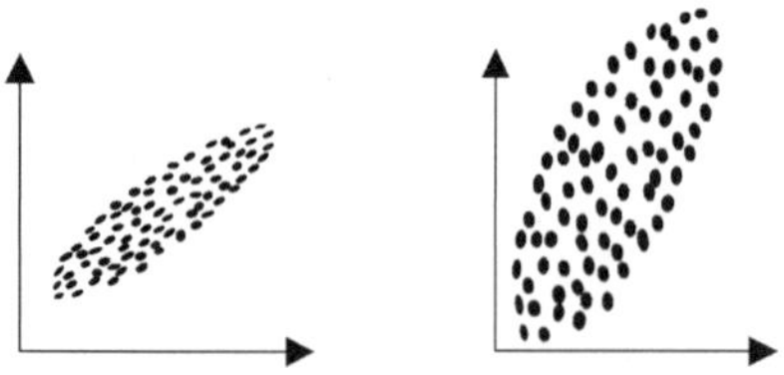

(강함) (약함)

〈양의 상관관계〉

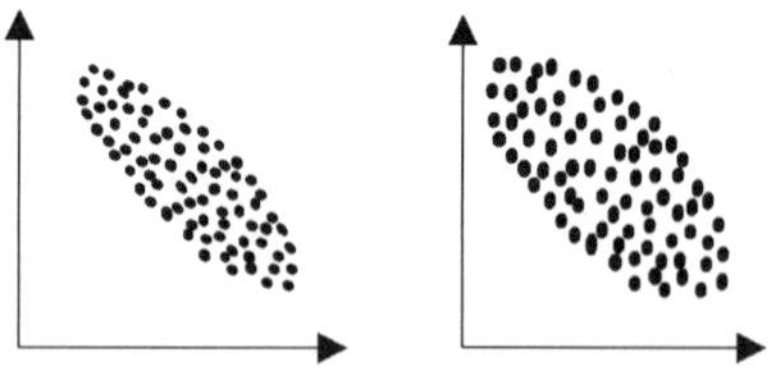

(강함) (약함)

〈음의 상관관계〉

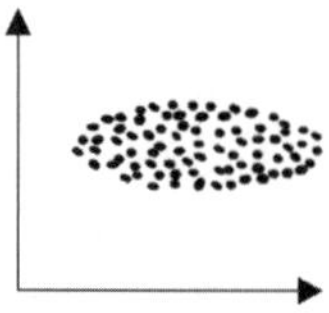

〈상관관계가 없다〉

78. 다음 양의 상관관계를 나타내는 상관도는?

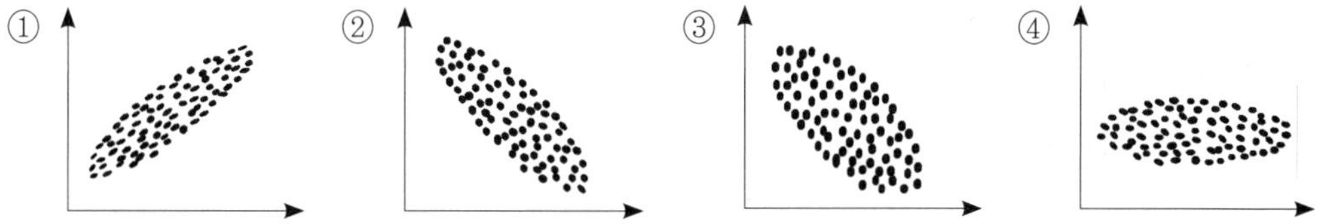

79. A반 15명의 수학 성적과 영어 성적의 상관도이다. 수학 성적이 영어 성적보다 더 높은 학생 수는?

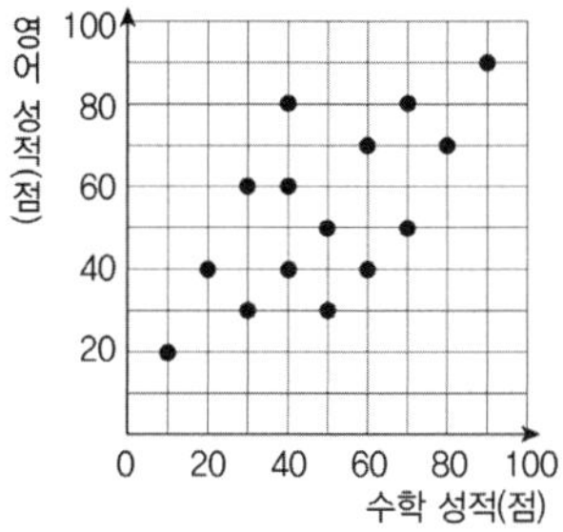

① 2
② 3
③ 4
④ 5

20. 기본도형

1. 평면도형

· 삼각형, 원과 같이 한 평면 위에 있는 도형

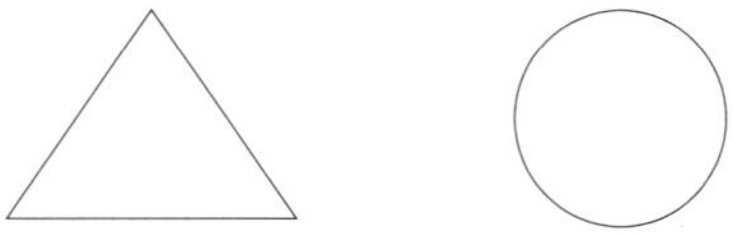

2. 입체도형

· 직육면체, 원기둥과 같이 한 평면 위에 있지 않은 도형

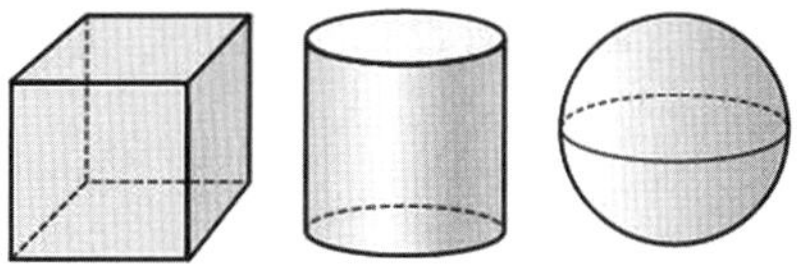

3. 각

① 예각 : 0°보다 크고 90°보다 작은 각

② 직각 : 90°인 각

③ 둔각 : 90°보다 크고 180°보다 작은 각

④ 평각 : 180°인 각

⑤ 맞꼭지각 : 두 직선이 한 점에서 만날 때, $\angle a$와 $\angle c$, $\angle b$와 $\angle d$와 같이 서로 마주 보는 두 각을 맞꼭지각이라고 하고, 맞꼭지각의 크기는 서로 같다.

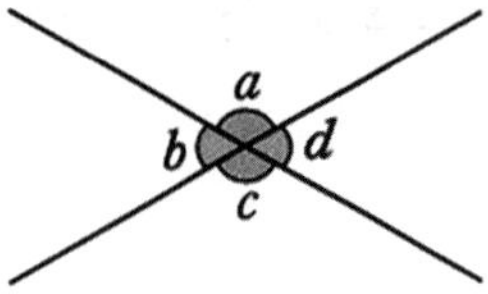

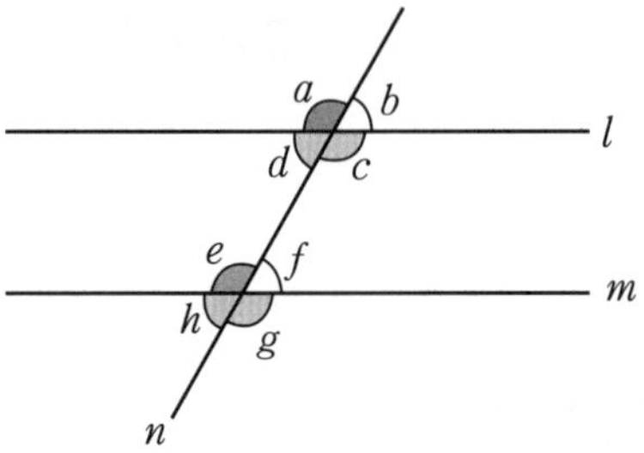

⑥ 동위각 : 한 평면 위에서 서로 다른 두 직선 l, m이 한 직선 n과 만나서 생기는 8개의 교각 중에서 $\angle a$와 $\angle e$, $\angle b$와 $\angle f$, $\angle c$와 $\angle g$, $\angle d$와 $\angle h$와 같이 서로 같은 위치에 있는 두 각

⑦ 엇각 : 한 평면 위에서 서로 다른 두 직선 l, m이 한 직선 n과 만나서 생기는 8개의 교각 중에서 $\angle c$와 $\angle e$, $\angle d$와 $\angle f$와 같이 서로 엇갈린 위치에 있는 두 각

80. 다음 각 x를 구하면?

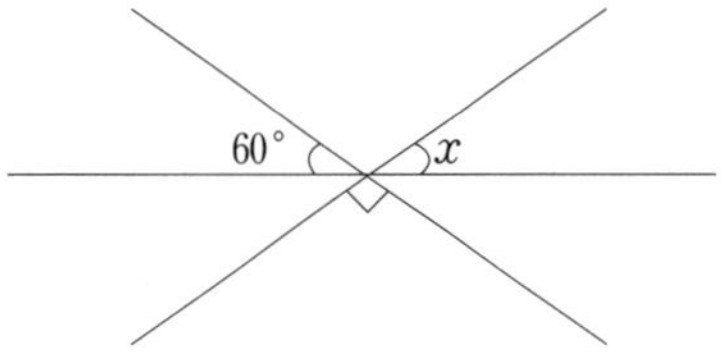

① 20°
② 30°
③ 40°
④ 50°

81. 두 직선 l과 m이 서로 평행할 때, 각 x를 구하면?

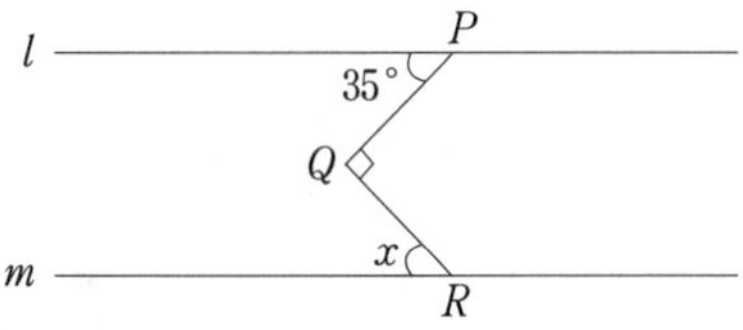

① 20°
② 35°
③ 45°
④ 55°

21. 위치와 관계

1. 평면에서 두 직선의 위치관계

① 한 점에서 만난다.

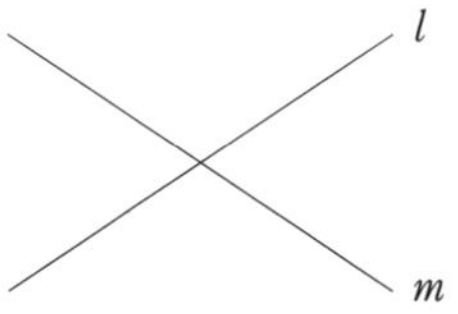

② 일치한다.

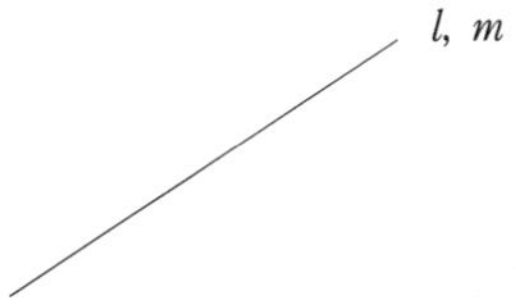

③ 평행하다.

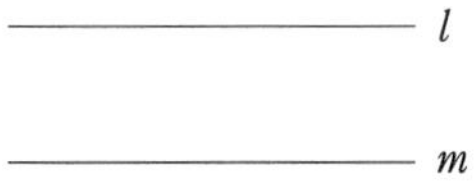

2. 공간에서 두 직선의 위치관계

① 한 점에서 만난다.

② 일치한다.

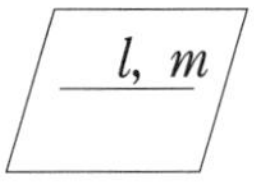

③ 평행하다.

④ 꼬인 위치

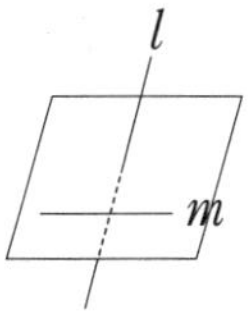

82. 그림과 같은 삼각기둥에서 모서리 AD와 평행한 모서리는?

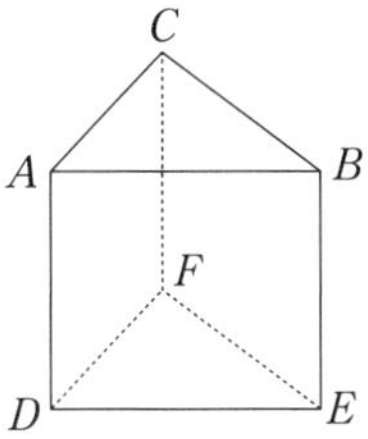

① 모서리 AB

② 모서리 EF

③ 모서리 CF

④ 모서리 DE

83. 그림과 같은 삼각뿔에서 꼭짓점의 개수를 v, 모서리의 개수를 e라 할 때, $v+e$의 값은?

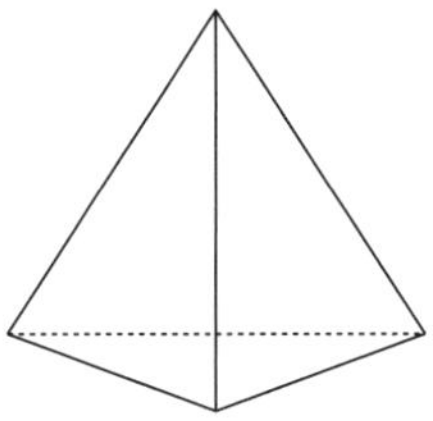

① 4

② 6

③ 8

④ 10

22. 삼각형의 합동과 각의 크기

1. 삼각형의 합동

① 두 삼각형이 합동일 때, $\triangle ABC \equiv \triangle DEF$라고 표현한다.

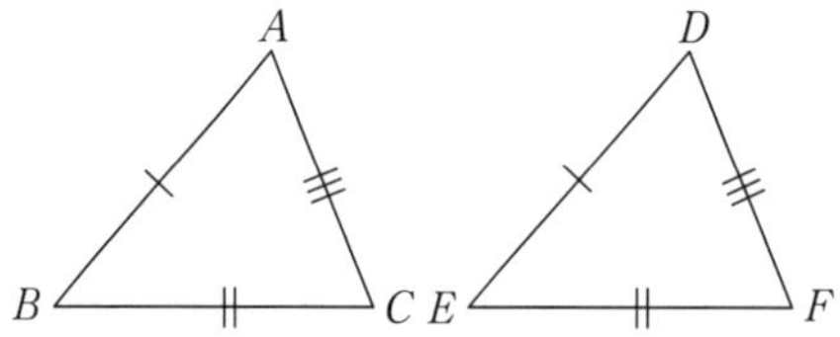

② 합동이 되는 조건

㉠ 세 쌍의 대응변의 길이가 각각 같을 때 (SSS 합동)

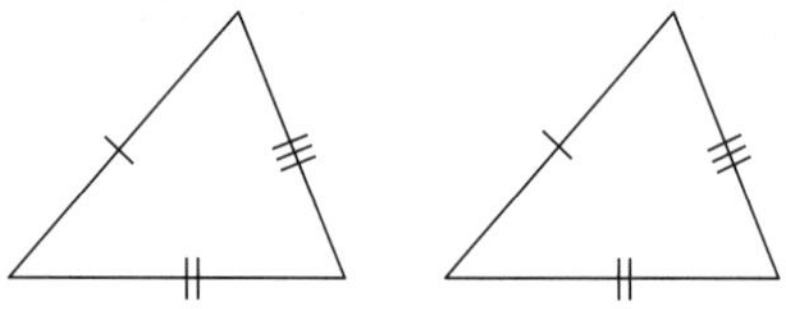

㉡ 두 쌍의 대응변의 길이가 각각 같고, 그 끼인 각의 크기가 같을 때 (SAS 합동)

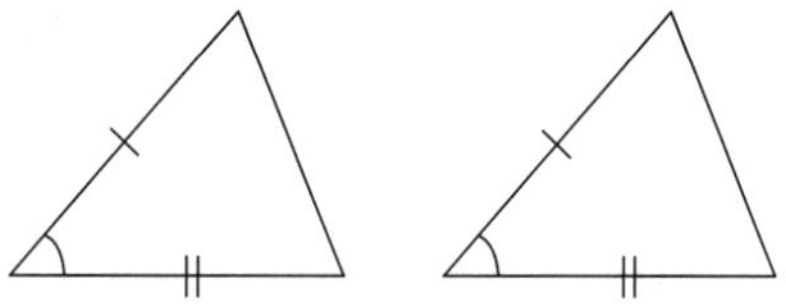

㉢ 한 쌍의 대응변의 길이가 같고, 그 양 끝 각의 크기가 각각 같을 때 (ASA 합동)

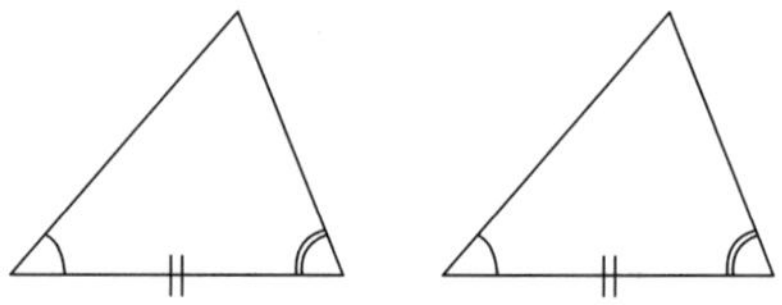

2. 삼각형의 내각과 외각의 크기의 합

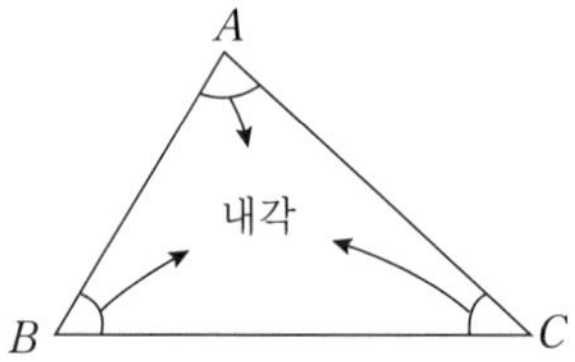

① $\triangle ABC$에서 $\angle A$, $\angle B$, $\angle C$를 $\triangle ABC$의 내각이라고 하고, 세 내각의 합은 언제나 $180°$ 이다.

② 삼각형의 한 외각의 크기는 그와 이웃하지 않는 두 내각의 크기의 합과 같다.

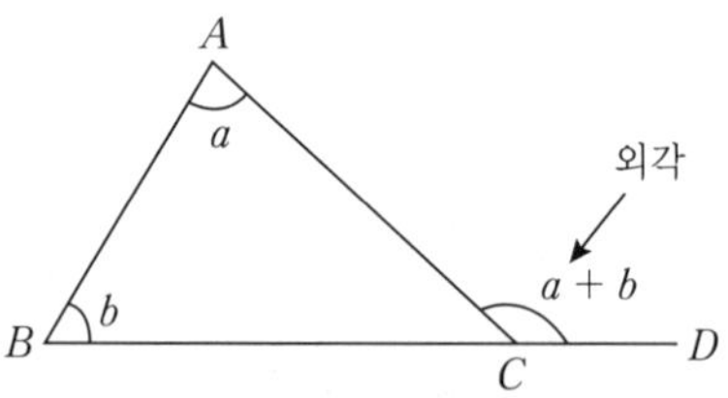

84. 다음 합동인 두 직각삼각형이 있다. $\angle F$의 크기는?

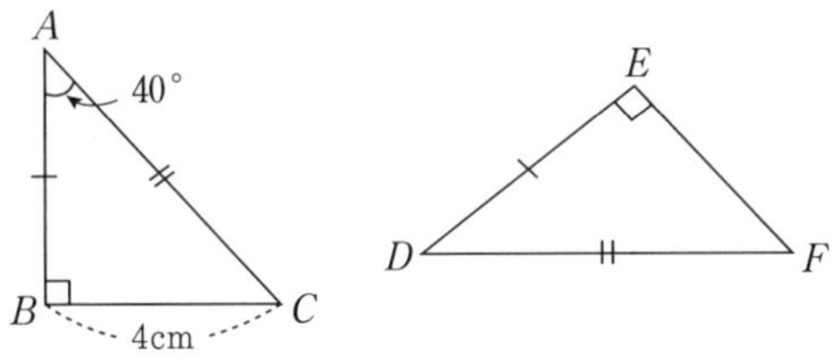

① 100°
② 85°
③ 65°
④ 50°

85. 두 직선 l과 m이 서로 평행할 때, $\angle x$를 구하면?

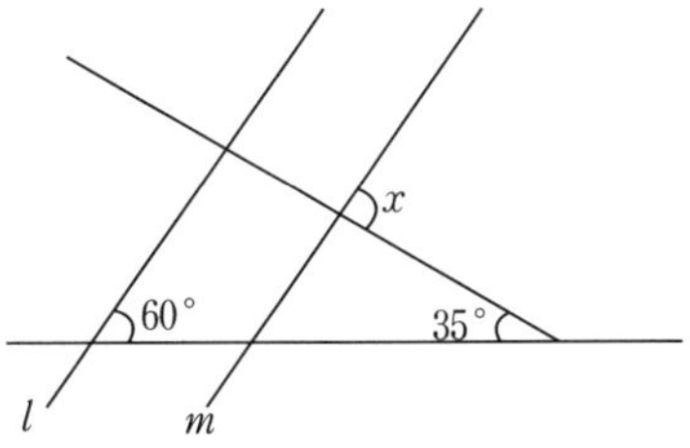

① 65°
② 75°
③ 85°
④ 95°

86. 삼각형 ABC에서 x의 크기는?

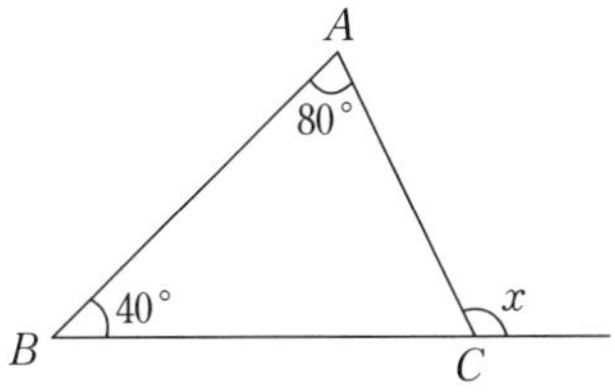

① 120°
② 100°
③ 80°
④ 40°

23. 이등변 삼각형과 삼각형의 내심, 외심

1. 이등변 삼각형

① 두 변의 길이 $\overline{AB} = \overline{AC}$ 인 삼각형

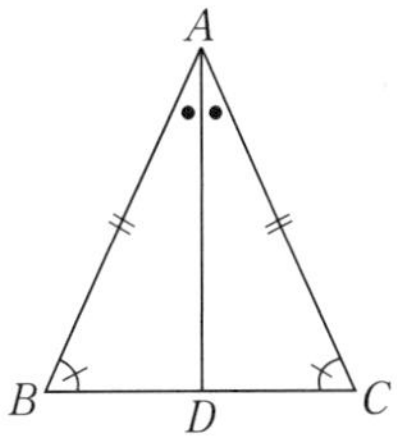

② 두 밑각의 크기는 같다.

③ 꼭지각의 이등분선은 밑변을 수직이등분한다.

2. 삼각형의 내심과 외심

① 내심 : 원 I를 삼각형 ABC의 내접원이라 하며, 내접원의 중심 O를 삼각형 ABC의 내심이라고 한다.

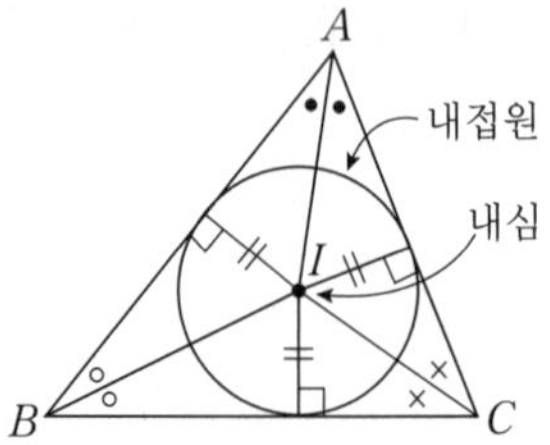

② 외심 : 원 O를 삼각형 ABC의 외접원이라 하며, 외접원의 중심 O를 삼각형 ABC의 외심이라고 한다.

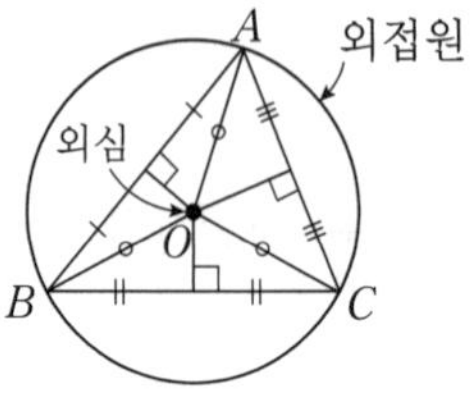

87. 삼각형 ABC에서 $\overline{AB} = \overline{AC}$, $\angle A = 50°$일 때, $\angle x$의 크기는?

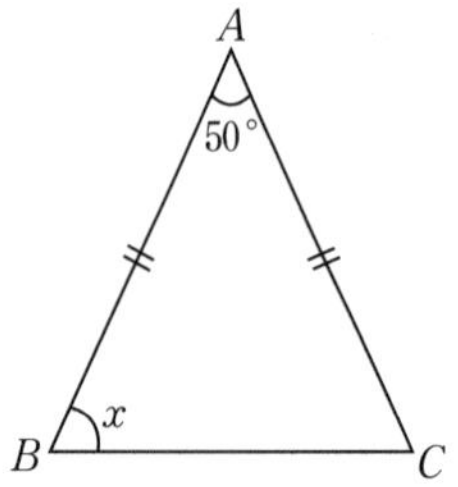

① 100°
② 85°
③ 65°
④ 50°

88. 다음 그림에서 점 O가 $\triangle ABC$의 외심일 때, $\angle x$의 크기를 구하면?

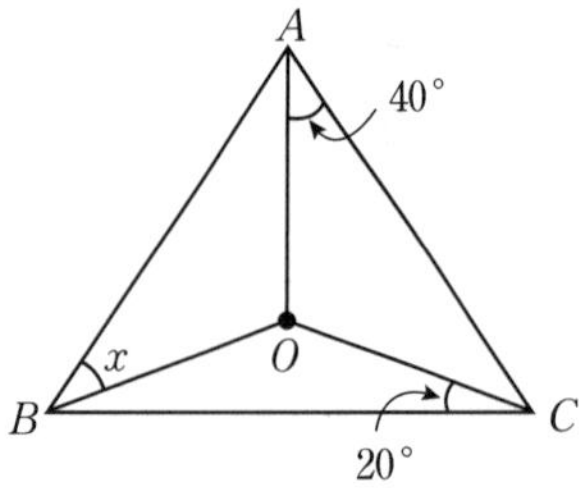

① 20°
② 30°
③ 40°
④ 50°

89. 다음 그림에서 점 O가 $\triangle ABC$의 내심일 때, $\angle x$의 크기를 구하면?

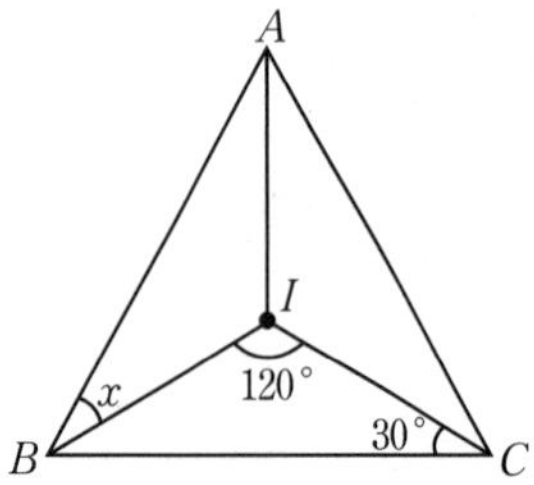

① 10°
② 20°
③ 30°
④ 40°

24. 평행사변형과 여러 가지 사각형

1. 평행사변형

① 두 쌍의 대변이 각각 평행하다.

② 두 쌍의 대변의 길이가 각각 같다.

③ 두 쌍의 대각의 크기가 각각 같다.

④ 한 쌍의 대변이 평행하고, 그 길이가 같다.

⑤ 두 대각선이 서로를 이등분한다.

2. 직사각형

· 네 각의 크기가 모두 같은 사각형

3. 정사각형

· 네 각의 크기가 모두 같고 네 변의 길이가 모두 같은 사각형

4. 마름모

· 네 변의 길이가 모두 같은 사각형

5. 사다리꼴

· 한 쌍의 대변이 평행한 사각형

6. 모든 사각형의 네 각의 크기의 합은 : 360°

90. 다음 그림과 같은 평행사변형 $ABCD$에서 $\angle x$의 크기를 구하면?

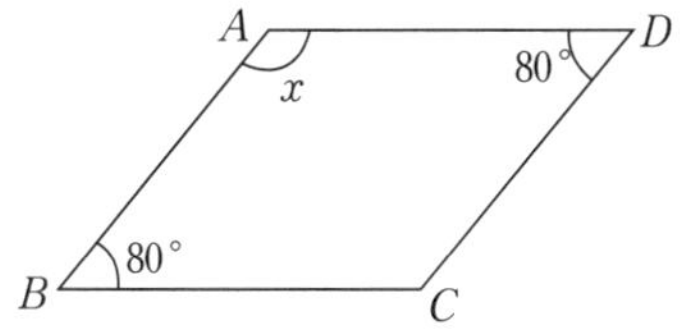

① 80°

② 90°

③ 100°

④ 110°

91. 평행사변형 $ABCD$에서 $\angle x$의 크기는?

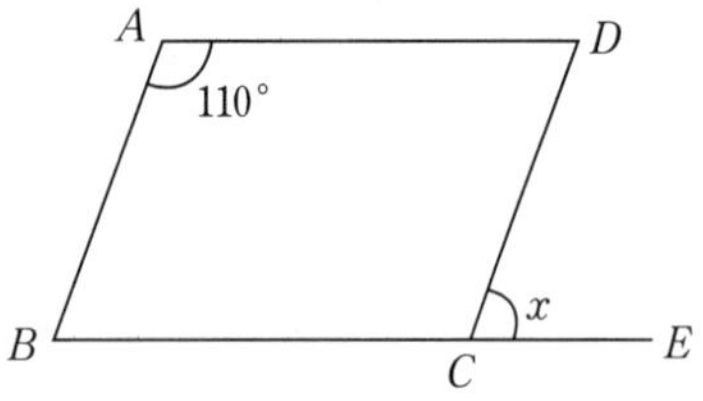

① 70°
② 90°
③ 110°
④ 130°

92. 다음 그림에서 사각형 $ABCD$가 평행사변형일 때, $x+y$의 값은?

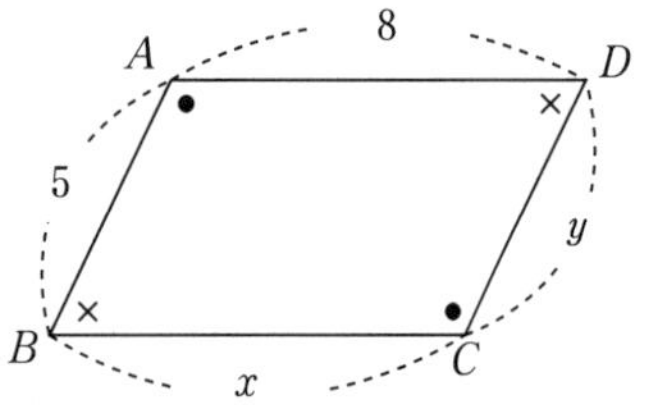

① 5
② 8
③ 10
④ 13

93. 그림과 같은 사각형 $ABCD$에서 $\angle x$의 크기를 구하면?

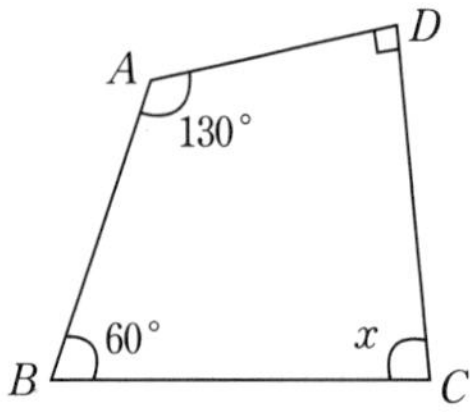

① 50°
② 60°
③ 70°
④ 80°

25. 도형의 닮음

1. 도형의 닮음

· 다음 삼각형 ABC와 삼각형 DEF와 같이 대응점, 대응변, 대응각이 같은 삼각형을 닮은 도형이라고 하고, $\triangle ABC \backsim \triangle DEF$라고 표현한다.

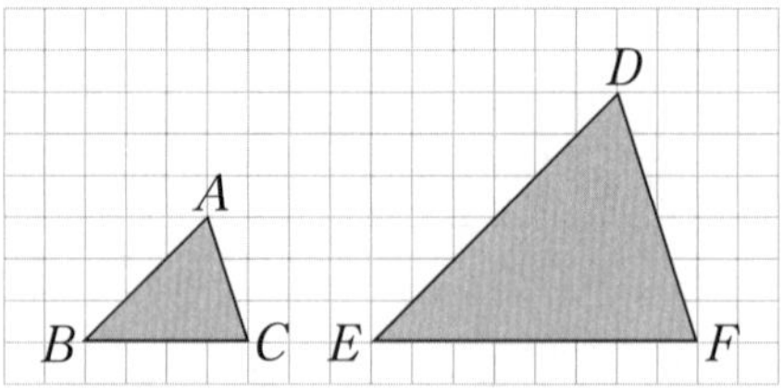

2. 닮음의 활용

① 삼각형의 중점연결 : $\overline{MN} = \frac{1}{2}\overline{BC}$

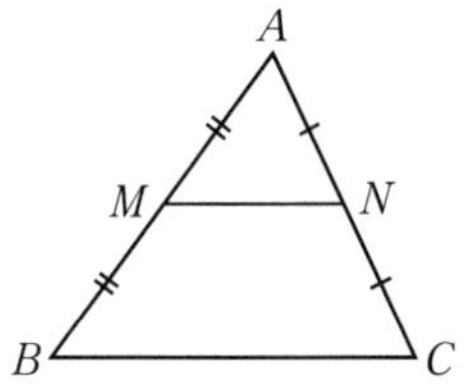

② 닮은 평면도형의 넓이의 비

· 닮음비가 $m : n$ 이면 넓이의 비는 $m^2 : n^2$ 이다.

③ 닮은 입체도형의 부피의 비

· 닮음비가 $m : n$ 이면 부피의 비는 $m^3 : n^3$ 이다.

94. 그림에서 $\triangle ABC$와 $\triangle DEF$가 서로 닮은 도형이고, 닮음비가 1 : 2이다. 이때, $\triangle DEF$ 넓이는 $\triangle ABC$의 넓이의 몇 배인가?

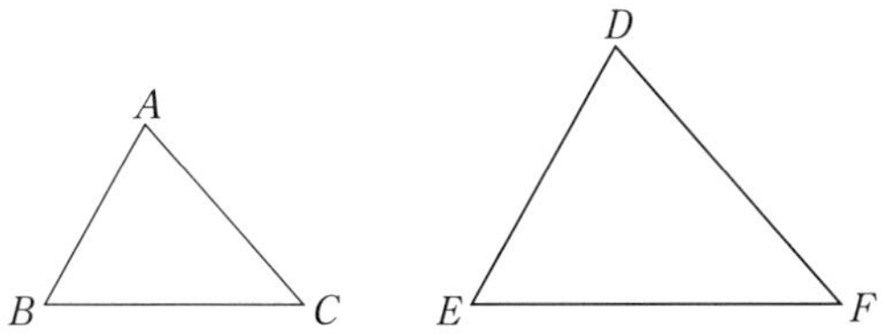

① 2배
② 4배
③ 6배
④ 8배

95. 삼각형 ABC와 삼각형 DEF가 서로 닮음일 때, x의 값은?

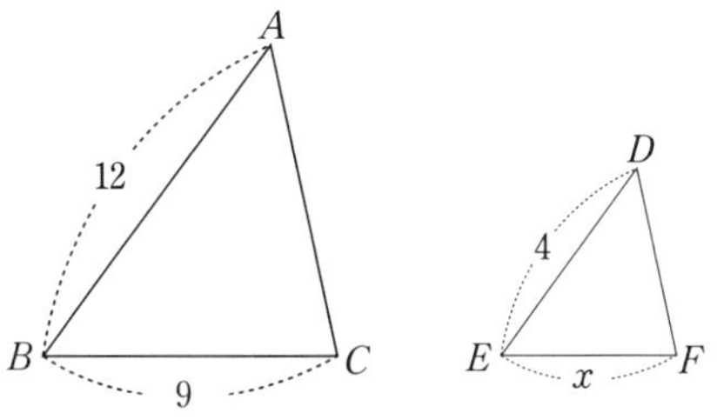

① 1
② 2
③ 3
④ 4

96. 삼각형 ABC에서 두 변 AB, AC의 중점을 각각 M, N이라 하자. $\overline{MN}=5\text{cm}$일 때, 변 BC의 길이는?

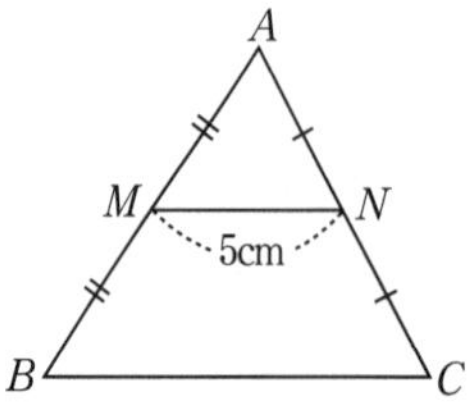

① 8cm
② 10cm
③ 12cm
④ 14cm

26. 피타고라스의 정리

1. 피타고라스의 정리

· 직각삼각형에서 직각을 낀 두 변의 길이의 제곱의 합은 빗변의 길이의 제곱의 합과 같다.

△ ABC에서 $\angle A = 90°$이면

$$a^2 = b^2 + c^2$$

(빗변: a^2, 직각을 낀 두 변: b^2, c^2)

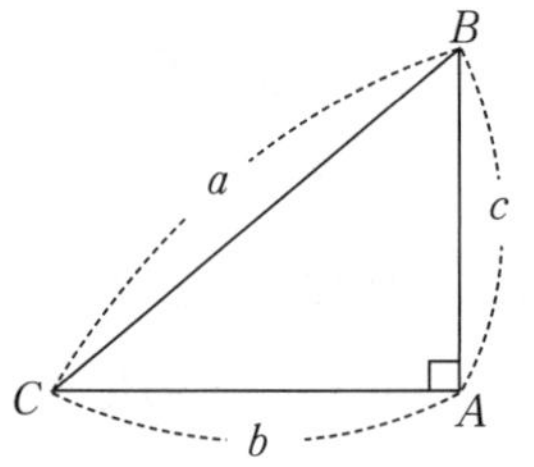

2. 피타고라스의 정리의 활용

· 한 변의 길이가 a인 정사각형의 대각선의 길이 l은 다음과 같다.

$$l = \sqrt{a^2 + a^2} = \sqrt{2a^2} = a\sqrt{2}$$

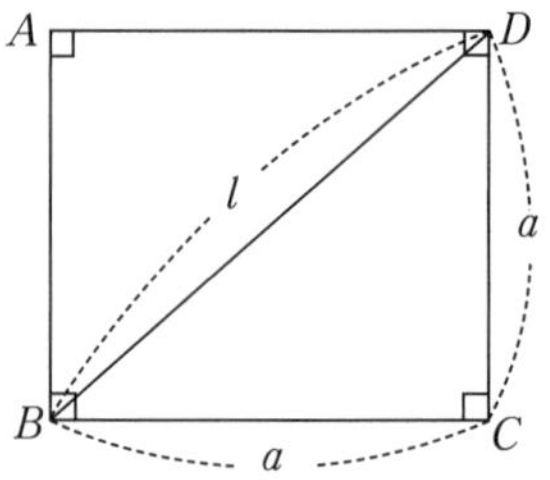

97. 다음 $\overline{AB}$의 길이를 구하면?

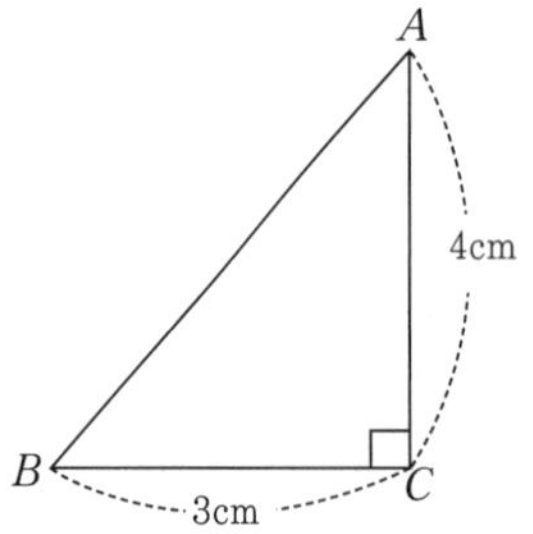

① 5cm
② 10cm
③ 12cm
④ 14cm

98. 직사각형 $ABCD$에서 $\overline{BC}=8\text{cm}$, $\overline{BD}=10\text{cm}$일 때, x의 값은?

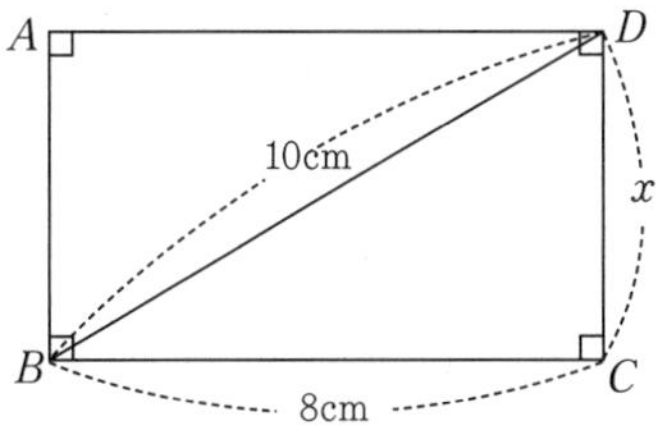

① 5cm
② 6cm
③ 7cm
④ 8cm

27. 원

1. 원과 비례

· 부채꼴의 호의 길이와 넓이는 중심각의 크기에 정비례한다.

2. 접선의 길이

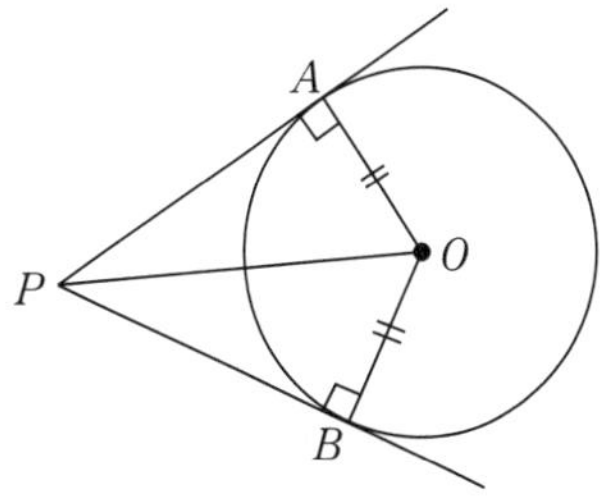

· $\triangle PAO$와 $\triangle PBO$에서 $\angle PAO=\angle PBO=90°$, $\overline{OP}$는 공통, $\overline{OA}=\overline{OB}$(반지름)이다. 따라서 $\triangle PAO\equiv\triangle PBO$이므로 $\overline{PA}=\overline{PB}$이다.

3. 원주각

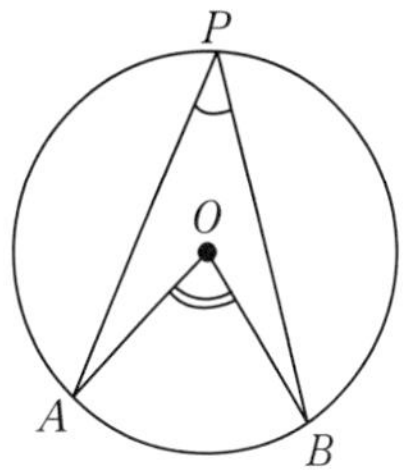

· 한 호에 대한 원주각의 크기는 일정하고, 그 호에 대한 중심각의 크기의 반이다.

$$\angle APB=\frac{1}{2}\angle AOB$$

4. 원의 접선과 할선

· 한 원의 두 현 AB, CD 또는 이들의 연장선이 만나는 점을 P라고 하면

$$\overline{PA}\cdot\overline{PB}=\overline{PC}\cdot\overline{PD}$$

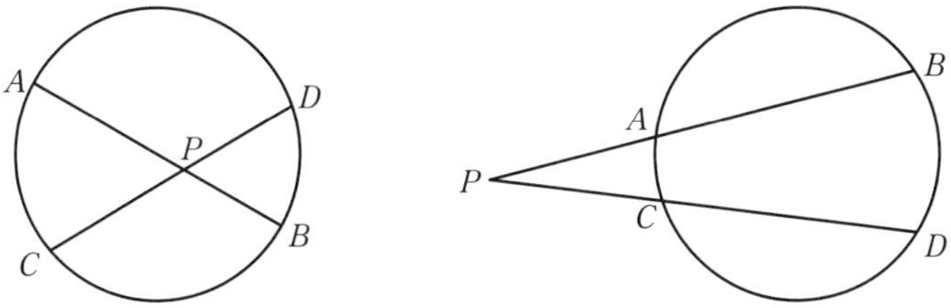

99. 다음 그림에서 x의 길이를 구하면?

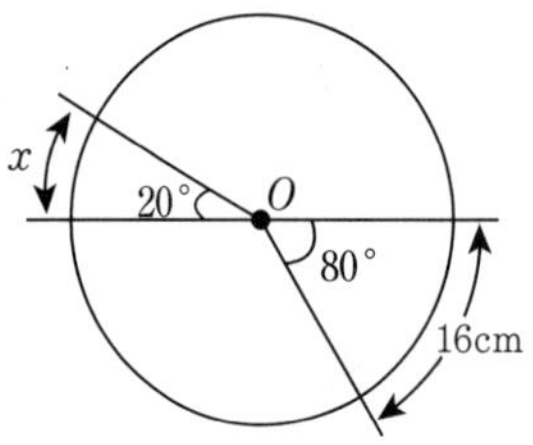

① 4cm
② 5cm
③ 6cm
④ 7cm

100. 그림에서 두 점 A, B는 점 P에서 원 O에 그은 두 접선의 접점이다. $\overline{PA} = 8\text{cm}$일 때, $\overline{PB}$ 의 길이는?

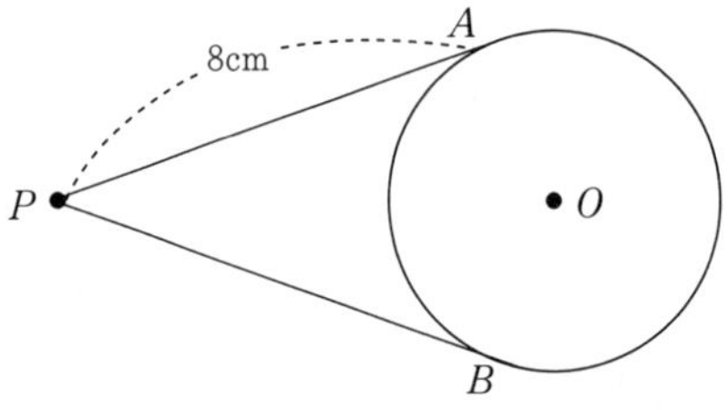

① 5cm
② 6cm
③ 7cm
④ 8cm

101. 그림과 같이 원 O에서 호 AB에 대한 원주각 $\angle ADB = 50°$일 때, $\angle ACB$의 크기는?

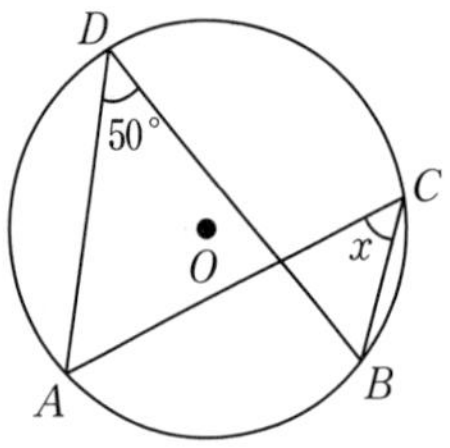

① 50°
② 60°
③ 70°
④ 80°

102. 다음 그림에서 x의 길이를 구하면?

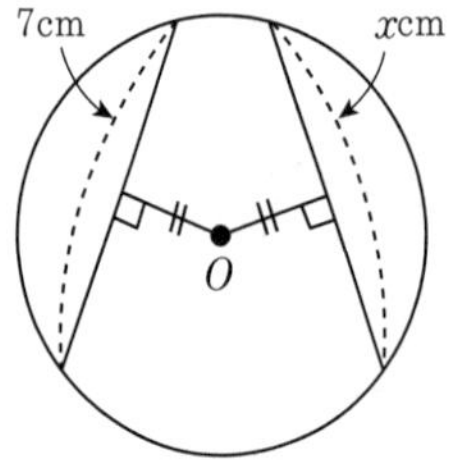

① 4cm
② 5cm
③ 6cm
④ 7cm

103. 그림과 같이 원 O에서 현 AB와 현 CD가 만나는 교점이 P이고, $\overline{AP} = 2\text{cm}$, $\overline{CP} = \overline{PD} = 4\text{cm}$ 일 때, x의 값은?(단, $\overline{PB} = x\text{cm}$ 이다.)

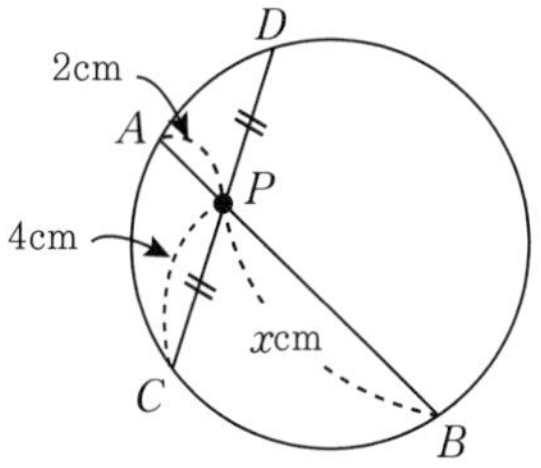

① 5

② 6

③ 7

④ 8

28. 삼각비

1. 삼각비

다음 그림과 같이 $\angle C = 90°$ 인 직각삼각형 ABC에서 $\angle A$, $\angle B$, $\angle C$의 대변의 길이를 각각 a, b, c라고 하면

(1) $\sin B = \dfrac{\text{높이}}{\text{빗변}} = \dfrac{b}{c}$

(2) $\cos B = \dfrac{\text{밑변}}{\text{빗변}} = \dfrac{a}{c}$

(3) $\tan B = \dfrac{\text{높이}}{\text{밑변}} = \dfrac{b}{a}$

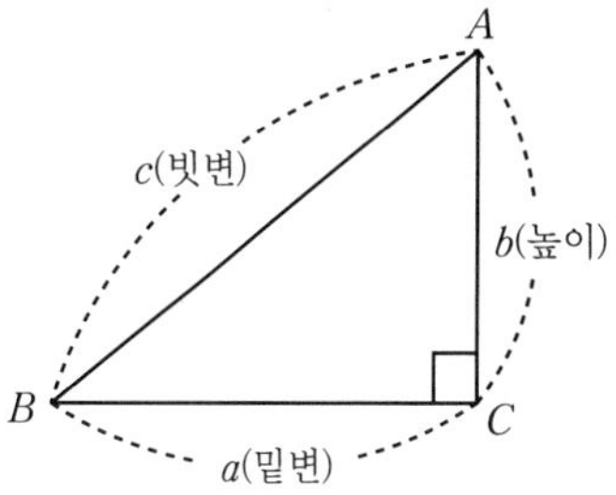

104. 직각삼각형 ABC에서 $\sin B$의 값은?

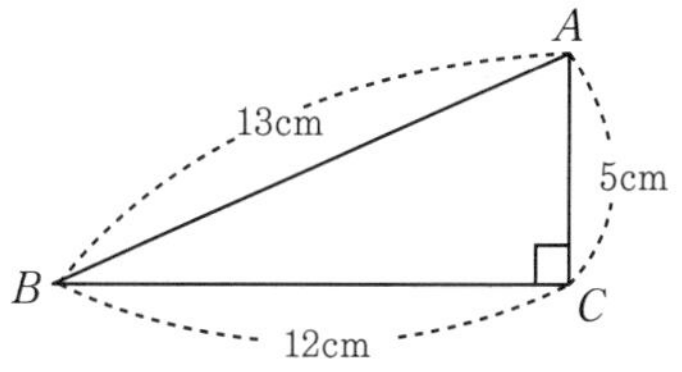

① $\dfrac{5}{13}$

② $\dfrac{12}{13}$

③ $\dfrac{5}{12}$

④ $\dfrac{12}{5}$

105. 그림과 같이 $\angle C = 90°$인 직각삼각형 ABC에서 $\cos B$의 값은?

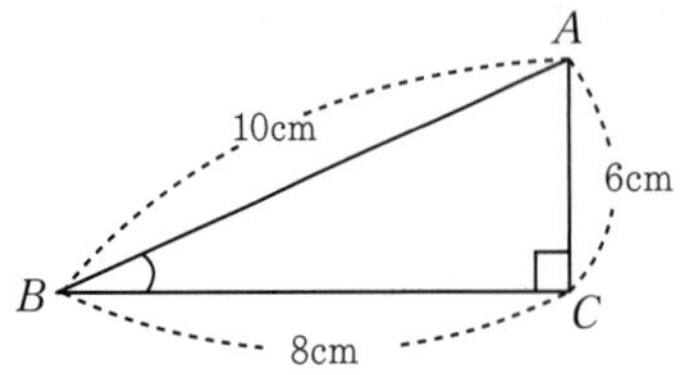

① $\frac{5}{4}$
② $\frac{4}{5}$
③ $\frac{3}{4}$
④ $\frac{3}{5}$

106. 그림과 같이 $\angle C = 90°$인 직각삼각형 ABC에서 $\tan B$의 값은?

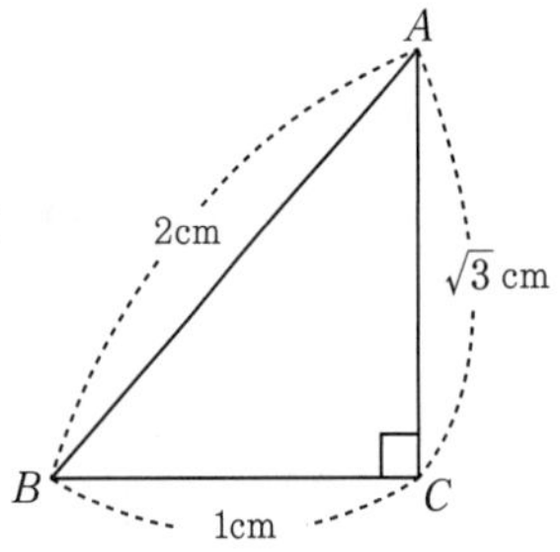

① $\frac{1}{2}$
② $\frac{\sqrt{3}}{2}$
③ $\sqrt{3}$
④ $\frac{1}{\sqrt{3}}$

03 영 어

1 필수 어휘

1. 시험에 자주 나오는 집합 명사

1) food [푸드] (음식)

01	pizza [피자]	피자
02	soup [수프]	수프
03	hamburger [햄버거]	햄버거
04	salad [샐러드]	샐러드
05	pasta [파스타]	파스타
06	bread [브레드]	빵

2) job [잡] (직업)

01	teacher [티쳐]	교사
02	student [스튜던트]	학생
03	doctor [닥터]	의사
04	farmer [파머]	농부
05	singer [씽어]	가수
06	artist [아티스트]	예술가
07	cook [쿡]	요리사
08	pilot [파일럿]	비행기조종사

3) sports [스포츠] (운동)

01	tennis [테니스]	테니스
02	basketball [베스킷볼]	농구
03	swimming [스위밍]	수영
04	soccer [싸커]	축구
05	baseball [베이스볼]	야구
06	golf [골프]	골프
07	football [풋볼]	축구
08	badminton [배드민튼]	배드민턴
09	volleyball [발리볼]	배구

4) subject [써브젝트] (과목)

01	Korean [코리안]	국어
02	English [잉글리쉬]	영어
03	math [매쓰]	수학
04	science [싸이언스]	과학
05	history [히스토리]	역사
06	art [아트]	미술, 예술

5) season [씨즌] (계절)

01	spring [스프링]	봄
02	summer [썸머]	여름
03	fall [폴]	가을
04	winter [윈터]	겨울

6) color [컬러] (색깔)

01	red [레드]	빨강
02	yellow [옐로우]	노랑
03	black [블랙]	검정
04	white [화이트]	흰색
05	green [그린]	녹색
06	blue [블루]	파랑
07	brown [브라운]	갈색
08	orange [오렌쥐]	주황

7) animal [애니멀] (동물)

01	dog [도그]	개
02	cat [캣]	고양이
03	tiger [타이거]	호랑이
04	lion [라이언]	사자
05	rabbit [래빗]	토끼
06	pig [피그]	돼지
07	monkey [몽키]	원숭이
08	bear [베어]	곰
09	elephant [엘리펀트]	코끼리

8) body [바디] (몸, 신체)

01	hand [핸드]	손
02	foot [풋]	발
03	head [헤드]	머리
04	arm [암]	팔
05	leg [레그]	다리
06	tooth [투쓰]	이, 이빨

9) family [패밀리] (가족)

01	father [파더]	아버지
02	mother [마더]	어머니
03	brother [브라더]	형제
04	sister [씨스터]	자매
05	son [썬]	아들
06	daughter [도터]	딸

10) clothes [클로즈] (옷)

01	pants [팬츠]	바지
02	skirt [스커트]	치마
03	blouse [블라우스]	블라우스
04	shirt [셔트]	셔츠

11) countries [컨트리즈] (국가)

01	Korea [코리아]	한국
02	China [차이나]	중국
03	Canada [캐나다]	캐나다
04	Japan [재팬]	일본

12) hobby [하비] (취미)

01	hiking [하이킹]	등산
02	jogging [조깅]	조깅
03	exercise [엑서싸이즈]	운동
04	skiing [스키잉]	스키타기

13) feeling [필링] (감정)

01	angry [앵그리]	화난
02	excited [익사이티드]	흥분한
03	glad [글래드]	기쁜
04	happy [해피]	행복한

14) weather [웨더] (날씨)

01	sunny [써니]	화창한
02	rainy [레이니]	비오는
03	cloudy [클라우디]	구름 낀
04	foggy [포기]	안개 낀
05	windy [윈디]	바람부는
06	snowy [스노위]	눈오는

15) fruit [프룻] (과일)

01	apple [애플]	사과
02	orange [오렌지]	오렌지
03	grape [그레이프]	포도
04	strawberry [스트로베리]	딸기
05	banana [버내너]	바나나
06	melon [멜론]	멜론
07	pear [페어]	배
08	peach [피치]	복숭아

16) place [플레이스] 장소

01	school [스쿨]	학교
02	bank [뱅크]	은행
03	hospital [하스피탈]	병원
04	church [처취]	교회
05	library [라이브러리]	도서관
06	restaurant [레스토랑]	식당
07	post office [포스트오피스]	우체국
08	museum [뮤지엄]	박물관
09	airport [에어포트]	공항

[1-2] 다음을 모두 포함할 수 있는 가장 알맞은 단어는?

1.

dress shirt blouses cardigan

① sports ② family
③ clothes ④ countries

2.

farmer teacher singer doctor

① job ② food ③ color ④ month

2. 시험에 자주 나오는 장소 명사

1) library [라이브러리] 도서관

01	book [북]	책
02	ID card [아이디카드]	신분증
03	borrow [버로우]	빌리다

2) bookstore [북스토어] 서점

01	book [북]	책
02	buy [바이]	사다
03	look for [룩 포]	찾다

3) restaurant [레스토랑] 식당

01	menu [메뉴]	메뉴
02	order [오더]	주문하다
03	steak [스테이크]	스테이크

4) hospital [하스피털] 병원

01	prescription [프레스크립션]	처방전
02	medicine [메디쓴]	약
03	fever [피버]	열

5) post office [포스트 오피스] 우체국

01	stamp [스탬프]	우표
02	postcard [포스트 카드]	엽서
03	mail [메일]	우편

6) airport [에어포트] 공항

01	flight [플라잇]	비행
02	passport [패스포트]	여권
03	gate [게이트]	게이트

7) bank [뱅크] 은행

01	account [어카운트]	계좌
02	exchange [익스체인지]	환전하다
03	money [머니]	돈

8) hotel [호텔] 호텔

01	reserve [리저브]	예약하다
02	stay [스테이]	머물다
03	check in [체크인]	입실하다

3. 다음 대화가 일어나는 장소로 알맞은 것은?

> A : May I help you?
> B : Can I book a room for 3 nights?
> A : Sure. We have a standard room.

① 은행 ② 도서관 ③ 호텔 ④ 우체국

3. 시험에 자주 나오는 형용사

1) 감정

01	happy [해피]	행복한
02	sad [쌔드]	슬픈
03	angry [앵그리]	화난
04	upset [업셋]	화난
05	excited [익사이티드]	신난
06	bored [보얼드]	지루한
07	surprised [써프라이즈드]	놀란
08	tired [타이어드]	피곤한
09	scared [스케어드]	무서운
10	hopeful [호프풀]	희망찬

2) 상태 (반의어)

01	small [스몰]	작은
02	big / large [빅] / [라지]	큰
03	short [쇼트]	짧은
04	long [롱]	긴
05	slow [슬로우]	느린
06	fast [패스트]	빠른
07	young [영]	젊은
08	old [올드]	늙은
09	good [굿]	좋은
10	bad [배드]	나쁜
11	smart / clever [스마트 / 클래버]	똑똑한
12	foolish / stupid [풀리쉬 / 스투핏]	멍청한
13	clean [클린]	깨끗한
14	dirty [더티]	더러운
15	sick [씩]	아픈
16	healthy [헬씨]	건강한
17	sad [새드]	슬픈
18	happy [해피]	행복한
19	bright [브라이트]	밝은
20	dark [다크]	어두운
21	noisy [노이지]	시끄러운
22	quiet [콰이엇]	조용한
23	high [하이]	높은
24	low [로우]	낮은
25	cheap [칩]	싼
26	expensive [익스펜시브]	비싼
27	early [얼리]	이른
28	late [레잇]	늦은
29	heavy [헤비]	무거운
30	light [라이트]	가벼운

4. 두 단어의 의미 관계가 나머지 셋과 <u>다른</u> 것은?

① young – old ② rich – poor ③ big – small ④ good – nice

2 문법

1. 명사 : 사람이나 사물의 이름을 나타낸다.

· 셀 수 있는 명사의 단수와 복수

· 영어는 하나를 나타내는 단수와 두 개 이상인 복수로 나뉜다.

단수형 : a car, a student, an apple
(단어 앞에 a/an을 쓴다.)

복수형 : cars, students, apples
(단어 뒤에 -s/-es를 쓴다.)

1. 다음 빈칸에 들어갈 수 <u>없는</u> 단어는?

He is a ______________.

① doctor ② student ③ police officer ④ farmers

2. 다음 빈칸에 들어갈 수 있는 단어는?

There are ______________.

① children ② apple ③ bus ④ water

2. 대명사 : 명사를 대신한다.

인칭	격 / 수	주격 (~은/는/이/가)	소유격 (~의)	목적격 (~을/를)	소유대명사 (~의 것)
1인칭	단수	I	my	me	mine
	복수	we	our	us	ours
2인칭	단수	you	your	you	yours
	복수				
3인칭	단수	he	his	him	his
		she	her	her	hers
		it	its	it	-
	복수	they	their	them	theirs

1) 인칭대명사

① 주격(은/ 는/ 이/ 가)

I am ~. (나는 ~이다.)

② 소유격(~의)

My father (나의 아버지)

③ 목적격(을/ 를)

I love you. (나는 너를 사랑한다.)

④ 소유대명사(~의 것)

질문 : Whose book is this?

(이 책은 누구의 것인가요?)

대답 : It's mine. (그것은 제 것입니다.)

2) 지시대명사

가까운 것 : this (이것, 이 사람) / these (이것들)

먼 것 : that (저것, 저 사람) / those (저것들) / it (그것)

3) 비인칭 주어 it

It은 시간, 날씨, 날짜, 계절, 요일, 명암, 거리 등을 나타낼 때 사용하는 비인칭 주어로도 사용한다. 비인칭 주어로 사용할 땐 해석을 하지 않는다.

It's Monday. (월요일이다.)　　It's sunny. (화창하다.)

3. 다음 빈칸에 들어갈 말로 가장 알맞은 것은?

A : Hello. May I speak to Jane?
B : Sorry, _______________.

① this is you　　② they are mine

③ she' s not in　　④ It' s okay

3. **동사** : 주어의 동작을 나타낸다.

1) **Be동사** : '이다, 있다, 되다'로 해석된다. 주로 주어의 상태를 설명한다.

예 I am a student. (나는 학생이다.)

현재인 경우 am, are, is / 과거인 경우 was, were로 쓰인다.

주어	be동사(현재)	be동사(과거)
I	am	was
He / She / It	is	was
You / We / They	are	were

2) **조동사** : 동사를 도와주는 역할을 한다.

① can : 할 수 있다

② will : 할 것이다(미래)

③ may : 아마 ~일 것이다, ~해도 좋다

④ must : (반드시) 해야 한다, ~임에 틀림없다

⑤ should : 해야 한다

⑥ had better : ~하는 것이 좋다

※ 조동사 뒤에는 무조건 동사원형이 온다.

3) **일반동사** : be동사와 조동사를 제외한 모든 동사로 '~다, ~하다'로 해석된다.

- 부정문 : 주어 + do/does/did + not + 동사원형
- 의문문 : Do/Does/Did + 주어 + 동사원형

4. 대화의 빈칸에 들어갈 말로 알맞은 것은?

> A : Is this your bag?
> B : Yes, it ________.

① am ② is ③ are ④ do

5. 대화의 빈칸에 들어갈 말로 알맞은 것은?

> A : ________ he play the violin?
> B : No, he doesn't.

① Is ② Are ③ Do ④ Does

4. 형용사, 부사 : 색깔, 성질, 상태, 수량, 모양 등을 나타낸다.

1) **부정 수량 형용사** : 일정하지 않은 수량을 나타낸다.

· 수(셀 수 있음) : few, a few, many 등

· 양(셀 수 없음) : little, a little, much 등

· 수 + 양 : a lot of, lots of, some, any 등

예 How much milk is left in the refrigerator?

I have few apples.

2) 비교 표현

원급 (형용사/부사) ~한/~하게	비교급 (형/부 + er) 더 ~한	최상급 (형/부 + est) 가장 ~한
big	bigger	biggest
good / well	better	best
bad / ill	worse	worst
many / much	more	most
little	less	least

3) 원급 비교

· as + 원급 형용사(부사) + as ~ : ~ 만큼 (형용사)한

예 I am as tall as my cousin. 나는 나의 사촌만큼 키가 크다.

4) 비교급

① 비교급 + than … : ~보다 더 …한

예 This building is higher than that church. 이 건물은 저 교회보다 더 높다.

Are you taller than your cousin? 너는 너의 사촌보다 키가 크니?

② 열등 비교 : less + 원급 than ~ : ~보다 덜 (형용사)한

예 She is less old than I. 그녀는 나보다 더 어리다.

③ Which + 비교급, A or B? : A와 B 중 어느 쪽이 더 (형용사)한가?

예 Which do you like better, coffee or tea?

당신은 어떤 것을 더 좋아하나요? 커피인가요, 차인가요?

5) 최상급 : '가장 ~하다'는 표현

① the 최상급 + ┌ of + 복수명사
└ in + 장소

: ~중에서 가장 (최상급)한

예 Jeju is the biggest island in Korea. 제주는 한국에서 가장 큰 섬이다.

5. 수동태 주요 표현

1) at

① be disappointed at ~ : ~에 실망하다

② be surprised at ~ : ~에 놀라다

2) with

① be covered with ~ : ~로 뒤덮이다

② be satisfied with ~ : 만족하다

③ be pleased with ~ : 기쁘다

④ be filled with ~ : ~로 가득차다

⑤ be associated with ~ : ~와 관련되다

3) in(into)

① be interested in ~ : ~에 관심 있다

4) of

① be made up of ~ : ~로 구성된다

② be sure of ~ : ~ 를 확신하다

③ be tired of ~ : ~에 싫증나다

④ be full of ~ : ~로 가득차다

6. 대화의 빈칸에 들어갈 말로 알맞은 것은?

· The mountain is covered ________ snow. (그 산은 눈으로 덮여있다.)
· She is satisfied ________ her grade. (그녀는 본인의 성적에 만족한다.)

① at　　② in　　③ with　　④ of

6. 의문사 : 의문사(육하원칙)는 질문할 때 쓰고, 의문문(물어보는 문장)을 이끈다.

Who [후] 누가 / When [웬] 언제 / Where [웨어] 어디서 / What [왓] 무엇을 / How [하우] 어떻게 / Why [와이] 왜 / Which [위취] 어느 것 / Whose [후즈] 누구의 것

1) 의문사 + be동사 + 주어

2) 의문사 + do/does/did + 주어 + 일반동사

① Who [후] 누가, 누구

A : Who are you? 너는 누구니?
B : I am Min-su. 나는 민수입니다.

② Whose [후즈] 누구의, 누구의 것

A : Whose book is this? 이 책은 누구 것이니?
B : It's mine. 그것은 나의 것입니다.

③ When [웬] 언제

A : When is your birthday? 네 생일이 언제니?
B : It's January 1st. 1월 1일이야.

④ Where [웨어] 어디, 어디서, 어디에

A : Where shall we meet? 어디서 만날까요?
B : At the bank. 은행에서요.

⑤ What [왓] 무엇을 / 무슨 ~ , 몇 ~

A : What did you have for dinner? 저녁으로 무엇을 드셨나요?
B : I ate steak. 스테이크를 먹었습니다.

A : What time is it? 몇 시인가요?
B : It's 8 o'clock.

⑥ How [하우] 어떻게 / 얼마나 ~

A : How do you go to school? 학교를 어떻게 가나요?
B : By subway. 지하철로요.

⑦ How often : 얼마나 자주

A : <u>How often</u> do you visit your hometown? <u>얼마나 자주</u> 고향에 가시나요?
B : Twice a month 한달에 2번요.

⑧ How old : 얼마나 오래된(나이 물을 때)

A : <u>How old</u> are you? <u>몇 살</u>이세요?
B : I'm 30 years old. 저는 30살입니다.

⑨ How many : 얼마나 많이(수)

A : <u>How many</u> brothers do you have? 형제가 <u>얼마나</u> 있으신가요?
B : I have one brother. 형제가 한 명 있습니다.

⑩ How much : 얼마나 많이(양, 주로 얼마인지)

A : <u>How much</u> is it? <u>얼마</u>예요?
B : It's 20 dollars. 20달러입니다.

⑪ How long : 얼마나 길게(오래)

A : <u>How long</u> does it take to get to Seoul? 서울까지 <u>얼마나</u> 걸리나요?
B : About 2 hours. 약 2시간이요.

⑫ Why [와이] 왜

A : <u>Why</u> do you like coffee? <u>왜</u> 커피를 좋아하니?
B : Because it's delicious. 맛있기 때문이야.

⑬ Which [위취] 어느 것

A : <u>Which</u> color do you like better, blue or red? 빨간색과 파란색 중 <u>어느 것</u>이 더 좋니?
B : I like blue better. 파란색이 더 좋아.

7. 대화의 빈칸에 들어갈 말로 알맞은 것은?

A : ________ shall we meet? B : Let's meet at 5.

① Where ② When ③ What ④ How

8. 대화의 빈칸에 들어갈 말로 알맞은 것은?

A : How __________ does he play the violin? B : Three times a week.

① many ② much ③ often ④ long

7. to부정사, 동명사

1) too + 형용사 + to부정사 : 너무 ~해서 …할 수 없다.

This water is <u>too hot to drink</u>.

이 물은 <u>너무 뜨거워서 마실 수가 없다</u>.

2) 형용사 + enough + to부정사 : ~하기에 충분히 …한

I'm <u>brave enough to travel</u> alone.

나는 혼자 <u>여행할 만큼 충분히 용감하다</u>.

* to부정사를 목적어로 취하는 동사 : 미래지향적 (~할 것을)

want, wish, hope, decide, expect, plan, manage, promise, agree, ask, pretend 등

* 동명사를 목적어로 취하는 동사 : 과거&현재지향적 (~한 것, ~하는 것)

enjoy, deny, mind, give up, quit, postpone, avoid, finish, put off, consider 등 앞의 동사보다 '동명사'의 행동이 전이나 같은 시간에 발생한다는 의미이다.

9. 괄호 안의 단어를 알맞게 고치시오.

① I enjoy ________ (sing).

② They decided ________ (get) married.

③ Alex wanted ________ (go) fishing last weekend.

④ I don't mind ________ (live) with four roommates.

8. 전치사를 포함한 기타 주요 숙어

01	agree with	~에 동의하다
02	arrive at	~에 도착하다
03	as soon as	~하자마자
04	be covered with	~으로 뒤덮이다
05	be different from	~와 다르다
06	be disappointed at	~에 실망하다
07	be good at	~을 잘하다, ~에 능숙하다
08	be interested in	~에 흥미가 있다
09	be known for	~으로 유명하다(= be famous for)
10	be proud of	~을 자랑으로 여기다
11	cheer up!	힘내!
12	deal with	~을 다루다
13	depend on(upon)	~에 의지하다
14	do homework	숙제를 하다
15	Don't mention it.	별말씀을요.
16	feel down	마음이 울적하다
17	fill up	~로 가득차다
18	for instance	예를 들어(= for example)
19	get off	하차하다, (옷, 신발 등을) 벗다
20	get on	~에 타다, (옷 등을) 입다
21	get well	~이 좋아지다
22	give up	포기하다
23	go fishing	낚시하러 가다
24	go shopping	물건을 사러 가다
25	grow up	성장하다

26	had better + 동사원형	~하는 게 낫다
27	how about ~ing?	~하는 게 어때?
28	hurry up	서두르다
29	listen to	~을 귀 기울여 듣다
30	look after	돌보다
31	look for	(무엇을) 찾다
32	look forward to ~ing	~을 기대(고대) 하다
33	look up to	존경하다
34	lose weight	살이 빠지다
35	make a reservation	예약하다
36	make efforts	노력하다, 애쓰다
37	pay attention to	~에 주목하다
38	pick up	~를 데리러 가다, 전화를 받다
39	prepare for	~을 준비하다
40	put off	연기하다
41	sit down	앉다
42	take a bus	버스를 타다
43	take a picture	사진을 찍다
44	take a rest	쉬다, 휴식을 취하다
45	take care of	~을 돌보다
46	take part in	~에 참여하다, 협력하다
47	take place	일어나다, 발생하다
48	take pride in	~을 자랑하다
49	tend to	~하는 경향이 있다
50	traffic jam	교통 체증
51	try on	(옷, 신발 등을) 입어(신어) 보다
52	turn off	(전기, 가스, 수도 등을) 끄다 ↔ turn on 켜다
53	wait for	~을 기다리다
54	what's up?	무슨 일이야?
55	why don't you 동사원형~?	~하는 것은 어때? / 권유
56	worry about	~에 대하여 걱정하다
57	would like to + 동사원형	~하고 싶다

9. 연결어

1) 요약

① in short [인 숏] : 요컨대

② in a word [인 어 워드] : 요컨대

③ in fact [인 팩트] : 사실은

2) 예시

① for example [포 이그잼플] : 예를 들면

② for instance [포 인스턴스] : 예를 들면

3) 대조

① but [벗] : 그러나, 하지만

② however [하웨버] : 그러나, 하지만

③ yet [옛] : 그러나, 하지만, 아직

④ while [와일] : ~하지만; ~할지라도

⑤ instead [인스테드] : 대신에, 그보다

4) 원인과 결과

① so [쏘] : 그래서

② as [애즈] : ~이므로, ~ 때문에

③ because [비커즈] : 왜냐하면; ~ 때문에

④ since [씬스] : ~ 때문에, ~ 이래로

⑤ thanks to [땡스 투] : ~ 덕분에; ~ 때문에

5) 그 외

① fortunately [포츄너틀리] : 다행스럽게

② unfortunately [언포츄너틀리] : 불행히도

③ finally [파이널리] : 결국, 끝으로

④ at first [앳 퍼스트] : 처음에는

3 생활영어

1. 자기소개 및 인사

A : Hello, Kevin. I'm Dwayne.
B : Glad to meet you, Dwayne.
A : Glad to meet you, too.

Nice(Glad) to meet you. 만나서 반갑다.

대답 Nice(Glad) to meet you, too.

A : How do you do? I'm Wolverine.
B : How do you do, Mr. Wolverine?

How do you do? (처음 봤을 때 하는 인사)

대답 How do you do?

A : Hi! Long time no see. How's it going?
B : Everything is all right. And you?
A : Pretty bad.
B : Oh, what's wrong with you?
A : I had my leg broken.
B : That's too bad.

Long time no see. (오랜만이야.)

= It's been a long time.

How are you? (어떻게 지내세요?)

= How are you doing?

= How is it going?

대답

· 좋다. = I'm fine. (good / nice / happy)
= Great. = good. = Terrific. = Very well.
= Not bad. = Couldn't be better.

· 안좋다. = Bad. = Not so good. = Terrible.
= Couldn't be worse. = Pretty bad.

Good-bye! = Take care! = Bye. (안녕.)
See you again(later/next time). (다시 만나자.)

2. 감사와 사과

A : Thank you.
B : You're welcome.

Thank you very(so) much. (감사합니다.)
= Thank you. = Thanks a lot.
= I can't thank you too much.

대답 You're welcome! (천만에요.) = Not at all.
= It's my pleasure. = Don't mention it.

I'm sorry. (미안해요.)
= I'm sorry for ~
= Please forgive me for ~

대답 That's all right. (괜찮아요.) = That's O.K.
= It doesn't matter. = No problem.
= Never mind. = It's nothing.

3. 물어보기

A : Where do you work now?
B : I work for 'Jaeil Bank'.

Where are you from? (고향이 어디세요?)

= Where do you come from?

What is your job? (직업이 뭐예요?)

= What do you do (for a living)?

4. 제안과 약속

A : What are you doing on Friday?
B : Nothing Special.
A : How about going to a concert?
B : That's great.

Do you have time this afternoon? (오후에 시간 있어요?)

= Are you free this afternoon?

Would you like to ~ (~하시겠어요?)

= Will you ~? = How about?

= What about ~? = Why don't you ~?

= Let's ~, shall we? = Shall we ~?

* Let's는 부가의문문으로 shall we를 쓴다.

대답 That's good idea. (좋다.)

= That's sounds good. = Sounds nice.

= Why not? = No problem. = OK.

= All right.= That's great. = Sure.

I agree with you. (나는 너의 말에 동의한다.)

= I think so, too.

I'm sorry, but I can't. (미안, 난 안되겠다.)

= I'm afraid not.

What time shall we meet? (몇 시에 만날래?)

= What time do you want to meet?

5. 방향, 위치 묻기

A : Excuse me. Where is Sindorim Station?
B : I'm sorry. I'm a stranger here, too.
A : Oh, I got it. Thanks anyway.

Where is (장소)? (장소는 어디에 있습니까?)

= How can I get to (장소)?

= Could you show me the way to (장소)?

대답 I'm new here. (저는 여기 처음이에요.)

= I am a stranger here myself.

Go straight. (직진하세요.)

Go this way. (이쪽으로 가세요.)

Go two blocks until you come to Jong-no Street. (종로까지 두 구역을 가세요.)

Turn to the right. = Turn right. (우회전)

Turn to the left. = Turn left. (좌회전)

It's on your right. (당신 오른쪽에 있어요.)

It's next to the library. (도서관 옆에 있습니다.)

Post office (우체국)

- stamp (우표) / letter (편지) / mail (우편)

airport (공항)

- passport (여권) / gate (공항 게이트)

6. 전화 통화

A : May I speak to Jim?
B : Sorry, but he's gone on business. May I take your message?
A : No, that's OK. I'll call again when he comes back.

May I speak to ~? (~와 통화할 수 있을까요?)

= Can I talk to ~?

대답 He's not here. (그는 여기 없습니다.)

Who's calling? (누구세요?)

= Who's this? = Who's speaking?

대답 This is he/she speaking. (제가 그/그녀입니다.)

* 전화에서는 대명사 this를 쓴다.

Please hold on. (기다려 주세요.)

You have the wrong number. (전화 잘못 거셨어요.)

7. 음식 주문

A : Are you ready to order?
B : Yes, I'd like noodles and a soda.
A : For here or to go?

May I take your order? (주문하시겠어요?)

= Are you ready to order?

= What would you like to have?

How would you want your steak?

Rare(덜 익은) / Medium / Well-done (잘 익은)

For here or to go? (어디서 드시겠습니까?)

= For here or to take out?

restaurant (식당)

- order (주문) / menu (메뉴)

8. 날씨

A : What will the weather be like tomorrow?
B : It'll be windy, I guess.

How's the weather? (날씨 어때요?)

= What's the weather like?

sunny (맑은) / cloudy (구름낀) / rainy (비오는) / snowy (눈오는) / windy (바람부는) / foggy (안개낀) / hot (더운) / cold (추운)

9. 쇼핑

A : May I help you?
B : Yes, please. I'm looking for a shirt.
A : How about this blue one?
B : Good. I'll take it.

May I help you? (도와드릴까요?)
= What can I do for you?

How about ~? (~는 어때?) = What about ~?
Here you are. (여기 있습니다.)
= Here it is. / Here they are.

10. 건강과 기원

A : What's wrong with you?
B : I got a bad cold.

What's wrong (with you)? (무슨 일 있어?)
= What's the matter?
= What's the problem?
= What happened?
= What's up?

I'm sorry to here that. (그것 참 안됐다.)
= That's too bad.

Hospital (병원)
- headache (두통) / backache (요통) / cold (감기) / toothache (치통) / stomachache (복통) / fever (열) / sore throats (목쓰림, 인후염) / throw up (구토) / runny nose (콧물)

Take it easy! (힘내) = Don't give up.
= Cheer up. = Come on = Don't worry.

11. 권유

A : I have a cold.
B : You had better take a rest.

You had better ~ (~하는 편이 낫다.)

04 사 회

1학년 과정

1 내가 사는 세계

1. 다양한 지도 읽기

1) 지구의 모습

① 대륙 : 유럽, 아시아, 아프리카, 북아메리카, 남아메리카, 오세아니아, (남극)

② 해양 : 태평양, 대서양, 인도양, 북극해, 남극해

2) **지도** : 지표의 일부 또는 전체를 축소시켜 기호를 사용해 평면에 그림으로 표현한 것

※ 구성요소 : 축척, 방위, 기호, 등고선

2. 위치에 따른 인간 생활

1) **큰 규모의 위치 표현** : 대륙과 해양, 위도와 경도

※ 위도와 경도

· 위도(위선) : 적도(위도 0°)를 기준, 가상의 가로선

· 경도(경선) : 본초자오선(경도 0°)을 기준, 가상의 세로선

2) **작은 규모의 위치 표현** : 주소, 랜드마크

※ 랜드마크

· 의미 : 그 지역의 대표적인 장소, 건물 등을 활용한 위치 표현

· 대표 : 파리 "에펠탑", 뉴욕 "자유의 여신상 " 등

3) **위도에 따른 주민 생활** : 저위도에서 고위도로 갈수록 기온이 낮아짐 ⇒ 생활양식이 다름

4) **경도에 따른 주민 생활** : 시간 차이 발생

· 세계 표준시 : 본초자오선(경도 0°)을 기준으로 함

· 우리나라 표준시 : 동경 135°를 기준 ⇒ 세계 표준시(영국)보다 9시간 빠름

※ 날짜 변경선 : 동경 180°선과 서경 180°선이 만나는 선 ⇒ 24시간의 시차 발생

3. 지리 정보와 지리 정보 기술

1) **지리 정보** : 공간 및 지역에 관련된 지식과 정보 예 버스 노선도, 관광 안내도 등

2) 지리 정보 기술

① 지리 정보 시스템(GIS) : 컴퓨터를 이용한 정보 처리 시스템

② 위성 위치 확인 시스템(GPS) : 인공위성을 이용하여 위치를 파악

2 우리와 다른 기후, 다른 생활

1. 세계의 다양한 기후 지역

1) 세계의 기후 지역 구분

① 세계의 기온 분포

· 위도에 따른 기온 분포 : 적도 ⇒ 고위도로 갈수록 기온이 낮아짐

② 세계의 다양한 기후

· 열대 기후 : 적도 부근, 추운 달의 평균 기온이 18℃ 이상, 열대 우림과 열대 사바나(초원)로 이루어짐

· 건조 기후 : 연 강수량 500mm 미만, 강수량보다 증발량이 많음

· 온대 기후 : 중위도 지역으로 기온이 온화하고, 강수량이 풍부

· 냉대 기후 : 기온의 연교차가 크며, 겨울이 춥고 길다. 침엽수림(타이가)이 분포함

· 한대 기후 : 극지방 및 주변, 짧은 여름에 이끼나 풀 자람(툰드라)

2) 인간의 거주와 자연환경과 기후

① 거주지 선정

㉠ 자연 환경 : 기후, 지형, 토양, 식생 등

㉡ 인문 환경 : 교통, 문화, 경제, 정치 등

② 거주에 유리한 기후 : 온대 기후 지역, 고산 기후 지역 등

③ 거주에 불리한 기후 : 극지방, 건조 기후 지역, 해발 고도가 너무 높은 지역 등

2. 열대 우림 지역 생활

1) **특색** : 연중 고온 다습

2) 주민 생활

① 의복 : 얇고 간편한 옷

② 음식 : 쉽게 상하지 않도록 소금(염장) · 기름(볶음) · 향신료 등 사용

③ 주거 : 개방적 가옥 구조, 지붕이 급경사, 고상 가옥

④ 농업 : 이동식 화전 농업, 플랜테이션 농업

3. 온대 지역 생활

1) **특색** : 계절의 변화, 농경에 유리하여 인간 거주에 적합

2) 구분

① 온대 계절풍 기후 : 아시아, 여름철 고온 다습 ⇒ 벼농사 발달

② 서안 해양성 기후 : 서부유럽, 연교차 작고 연중 고른 강수량 ⇒ 혼합농업, 낙농업, 원예농업 발달

③ 지중해성 기후 : 남부유럽, 여름철 고온 건조, 겨울철 온난함 ⇒ 수목농업

4. 건조 지역과 툰드라 지역의 생활

1) 건조 지역의 생활

① 특색 : 강수량보다 증발량이 많음, 사막과 스텝으로 구분

② 주민 생활

㉠ 사막 : 온몸을 감싸는 헐렁한 옷, 지붕은 평평하고 벽은 두껍고, 창문이 작은 흙집, 오아시스 농업

㉡ 스텝 : 천막 형태의 이동식 가옥구조, 유목

※ 초원지대가 사막으로 변함 ⇒ 대표 : 사헬 지대

2) 툰드라 지역 생활

① 특색 : 가장 더운 달의 평균 기온이 10℃ 미만

② 식생 : 짧은 여름철 풀과 이끼류가 자람(툰드라)

③ 주민 생활 : 두꺼운 옷, 순록 사육, 폐쇄적 가옥, 고상 가옥

3 자연으로 떠나는 여행

1. 지형 경관

1) 지형 형성 작용

① 지구 내부의 힘(내적 요인) : 조륙운동, 조산운동, 화산활동 ⇒ 큰 지형을 형성

② 지구 외부의 힘(외적 요인) : 풍화, 침식, 운반, 퇴적 작용 등 ⇒ 작은 지형을 형성

2) **산지 지형** : 농업 및 거주 불리, 지하자원과 삼림자원 풍부, 관광산업 발달 가능

※ 고산 지역 ⇒ 고산도시 발달(안데스 산맥)

2. 해안 지형의 형성

1) 해안 지형의 원인 및 구분

① 침식(파랑)에 의한 형성 : 해식애, 시스텍, 해식동굴 등

② 퇴적(파랑, 조류)에 의한 형성 : 사빈, 사구, 갯벌 등

2) **주민 생활** : 식량 자원을 쉽게 얻을 수 있음, 무역항으로 성장, 관광산업이 발달 가능

3. 기타 다양한 지형

1) **하천 지형** : 침식 작용 "폭포, V자곡" 등, 퇴적 작용 "선상지, 범람원, 삼각주" 등

2) **빙하 지형** : U자곡, 피오르 해안, 호른 등

3) **카르스트 지형** : 석회암 지대의 용식 작용

4) **건조 지형** : 버섯바위, 사구 등

4. 우리나라의 자연 경관

1) 제주도

① 형성 : 화산활동에 의해 형성됨

② 독특한 지형 : 한라산, 오름, 주상절리, 용암 동굴 등

2) **우리나라의 산지** : 동고서저의 지형이며, 고도가 낮고 경사 완만

3) **카르스트 지형** : 강원 남부 및 충청북도의 북부 일대가 대표지역

4) 우리나라의 해안

	서(황)·남해안	동해안
수심	얕다	깊다
해안선	복잡하고 섬이 많다	단조롭다
조석간만의 차	크다	작다
지형	갯벌	사빈, 사주, 석호
이용	염전, 양식장, 간척지 등	해수욕장, 관광지 등

4 다양한 세계, 다양한 문화

1. 다양한 문화 지역

1) 문화의 의미와 특징

① 의미 : 어떤 지역이나 집단의 공통된 생활양식

② 문화 지역 : 언어, 종교, 풍습 등이 비슷한 지역을 묶은 범위

※ 동아시아 문화 지역, 인도 문화 지역, 유럽 문화 지역, 앵글로아메리카 문화 지역 등

2) 문화의 지역 차

① 자연 환경 : 기후에 따른 생활 차이 발생

② 인문 환경 : 종교, 산업, 제도 등

크리스트교 문화 지역	십자가, 크리스마스 행사, 부활절 등
이슬람교 문화 지역	모스크, 쿠란, 돼지고기 금지, 라마단 등
불교 문화 지역	사찰, 불상, 탑, 연등행사 등
힌두교 문화 지역	소 숭배 ⇒ 먹지 않음, 카스트제도 등

2. 세계화와 문화 변용

1) 문화 변용

① 의미 : 둘 이상의 서로 다른 문화가 만나 그 지역의 고유한 문화의 형태가 변화되는 현상

② 대표적 : 융합 "돌 침대" 등, 동화 "여진족의 한족 동화" 등

2) **세계화에 따른 문화 변용** : 문화의 세계화(문화가 비슷해짐)

① 원인 : 교통과 통신의 발달

② 영향 : 긍정 "비슷한 문화를 함께 즐김", 부정 "문화의 획일화 "

3. 문화의 공존과 갈등

1) **문화의 공존** : 미국, 스위스, 싱가포르, 대한민국 등

2) 문화의 갈등 사례 및 극복 방안

① 사례 : 언어 "캐나다 퀘벡주, 벨기에" 등, 종교 "카슈미르, 팔레스타인" 등

② 갈등의 극복 방안 : 문화 상대주의, 소수의 문화도 존중 등

5 지구 곳곳에서 일어나는 자연재해

1. 자연재해 발생지역과 주민 생활

1) **자연재해** : 인간 생활에 피해를 주는 자연 현상

2) 종류

① 기상 현상 재해 : 홍수, 가뭄, 태풍(열대 저기압), 폭설 등

② 지각 변동 재해 : 지진, 지진해일(쓰나미), 화산활동 등

2. 인간 활동과 자연재해

1) **인간과 자연재해** : 인간 ⇒ 자연환경에 영향 ⇒ 발생 빈도 많음

2) 자연재해의 피해 줄이기

① 기상 재해 대책 : 저수 및 배수시설, 제방 시설 마련 등

② 지각 재해 대책 : 예보 체계 구축, 대피훈련, 내진 설계 강화 등

6 자원을 둘러싼 경쟁과 갈등

1. 자원의 의미와 자원 갈등

1) 자원의 의미와 특성

① 자원의 의미 : 인간 생활에 유용하게 사용되는 모든 것

② 자원의 분류

㉠ 의미에 따른 분류

· 좁은 의미의 자원 : 천연 자원

· 넓은 의미의 자원 : 천연 자원 + 인적 자원 + 문화적 자원

㉡ 재생 가능성에 따른 분류

· 재생(순환) 가능 자원 : 태양열(광), 조력, 풍력, 지열 등

· 재생 불가능한(고갈) 자원 : 석유, 석탄, 천연가스 등

③ 자원의 특성 : 가변성, 유한성, 편재성

2) 자원의 분포

① 에너지 자원

㉠ 석탄 : 산업 혁명의 원동력 ⇒ 오늘날 생산 및 소비 감소

㉡ 석유 : 페르시아만 연안(서남아시아)에 집중 매장

② 식량 자원

㉠ 쌀 : 주로 아시아의 고온다습한 환경에서 생산 및 소비

㉡ 밀 : 재배 지역이 넓고, 소비지역 또한 넓음

㉢ 옥수수 : 사료용 작물로 많이 사용, 최근 바이오 연료로 사용함

3) 대표적 갈등

① 석유 자원 : 특정 지역에 분포(대표적 : 페르시아만 연안, 카스피해, 북극해 등)

② 물 자원 : 국제 하천을 둘러싼 갈등(대표적 : 메콩강, 나일강 등)

※ 자원 민족주의

· 의미 : 자원을 보유한 국가들이 자원을 무기로 삼는 것

· 대표적 : 석유 ⇒ 석유 수출국 기구(OPEC) 결성

2. 자원과 주민 생활

1) **자원개발의 영향** : 긍정 "일자리 증가" 등, 부정 "환경파괴" 등

2) **자원이 풍부해서 잘사는 국가** : 사우디, 쿠웨이트, 미국, 캐나다 등

3) **자원이 풍부하지만 어려움을 겪는 국가** : 나이지리아, 시에라리온, 콩고 민주 공화국 등

4) **자원이 부족해도 잘사는 국가** : 한국, 일본, 싱가포르 등

3. 지속 가능한 자원 개발(신재생 에너지)

1) **지속 가능한 자원** : 계속 사용하고, 환경 부담을 주지 않는 자원

2) **종류** : 태양광(열), 조력, 풍력, 지열, 바이오 등

3) **지속 가능한 자원의 특징**

① 장점 : 오염 물질이 적어 환경 친화적, 고갈되지 않음

② 단점 : 경제성이 떨어지고, 초기 개발 비용이 많이 발생함

7 개인과 사회생활

1. 사회화와 청소년기

1) **사회화** : 자신이 속한 사회의 것을 학습해(내면화) 나가는 과정

① 사회화 기관 : 가정, 또래집단, 학교, 대중매체 등

② 재사회화

· 의미 : 변화하는 환경에 적응하기 위해 새로운 지식 등을 학습

· 사례 : 노인들의 컴퓨터 및 인터넷 교육 등

2) **청소년기와 자아정체성**

① 청소년기 : 아동기와 성인기의 과도기적 시기, 신체적 및 정신적으로 성장

· 표현 : 질풍노도의 시기, 이유 없는 반항기, 주변인 등

② 자아정체성 : "나는 누구인가?"라는 물음을 끊임없이 반복하며 답을 찾아가는 과정, 다른 사람들과 구별되는 자신만의 독특한 모습

· 영향 : 주로 청소년기에 형성됨 ⇒ 개인의 삶에 큰 영향을 끼침

2. 사회적 지위와 역할

1) **사회적 지위** : 개인이 사회적 관계 속에서 차지하는 위치

① 종류

㉠ 귀속 지위 : 선천적으로 갖게 되는 지위 예 아들, 딸, 왕, 노비 등

㉡ 성취 지위 : 개인의 능력이나 노력으로 얻어지는 지위 예 의사, 검사, 아빠 등

2) **역할과 역할 갈등**

① 역할 : 지위에 따라 기대되는 행동 양식

② 역할 갈등 : 한 개인이 둘 이상의 지위에 따른 역할들의 충돌

3. 사회 집단

1) **사회 집단의 의미** : 두 사람 이상이 소속감과 공동체 의식을 가지고 지속적인 상호작용을 하는 집단 예 가족, 학교, 회사, 또래 집단 등

2) **준거집단** : 자신의 행동이나 판단의 기준으로 삼고 있는 집단

3) **사회 집단에서의 차별과 갈등**

① 차이와 차별

㉠ 차이 : 서로 같지 않고 다른 것

㉡ 차별 : 차이를 이유로 부당하게 대우하는 것

② 차별의 극복 방안 : 편견과 고정관념 극복, 법제도 마련 등

8 문화의 이해

1. 문화의 의미와 특징

1) **문화의 의미** : 인간이 만들어낸 공통의 생활양식

2) **문화의 속성** : 학습성, 공유성, 축적성, 변동성, 전체성

2. 문화를 이해하는 태도

1) **자문화 중심주의**

① 의미 : 자신의 문화가 가장 우수한 것이라고 생각하는 태도

② 사례 : 중화사상, 히틀러의 나치즘 등

2) 문화 사대주의

① 의미 : 타 문화는 우수, 자신의 문화는 열등하다고 여기는 태도

② 사례 : 조선시대 "한글은 천하고 한자는 귀하다" 등

3) 문화 상대주의

① 의미 : 문화를 그 사회가 처한 특수한 환경과 사회적 맥락 속에서 이해하는 태도

② 주의점 : 극단적 문화 상대주의는 인정하지 않음

3. 대중 매체와 대중문화

1) **대중 매체** : 다수의 사람들에게 정보를 전달하는 수단

※ 대중 매체 유형

① 기존의 대중 매체 : 신문, 잡지, 라디오, 텔레비전 등 ⇒ 일방적 정보 전달

② 새로운 대중 매체(뉴미디어) : 인터넷, 스마트폰, 케이블 TV 등 ⇒ 쌍방향 의사소통, 정보 생산자와 소비자의 경계 모호

2) **대중문화** : 대중이 손쉽게 접하고 즐기며 누리는 문화
⇒ 대중 매체의 영향을 받아 형성

① 형성 배경 : 대량 생산과 대량 소비, 보통 선거, 교육의 확대, 대중 매체의 발달 등

② 기능

㉠ 긍정 : 대중의 문화수준 향상, 다양한 정보 제공 등

㉡ 부정 : 문화의 획일화와 독창성 상실 등

③ 대중문화를 바라보는 태도 : 비판적 수용, 주체적 활용 등

9 정치 생활과 민주주의

1. 정치와 정치 생활

1) 정치

① 정치의 의미

㉠ 좁은 의미 : 정치 권력을 획득하고 행사하는 활동 예 정치인들의 활동

㉡ 넓은 의미 : 사회 구성원 간 대립과 갈등을 조정하여 합의를 이루게 하는 과정

예 학급회의, 주민회의 등

② 정치의 기능 : 사회 통합 및 질서유지, 사회 문제 해결 등

2. 민주 정치의 의미와 발전

1) 민주 정치의 발전

① 고대 아테네의 민주 정치

㉠ 어원 : 민중(demos) + 지배(cratia) ⇒ 민주주의(democracy) "다수의 사람이 지배"

㉡ 특징 : 제한된 민주 정치, 직접 민주 정치

② 근대 민주 정치

㉠ 배경 : 시민 혁명

㉡ 특징 : 제한된 민주 정치, 대의 민주 정치

③ 현대 민주 정치

㉠ 배경 : 노동자, 농민, 여성 등이 참정권을 얻기 위해 노력함

㉡ 특징 : 보통 선거 제도 실시, 모든 사회 구성원들이 정치에 참여

2) 민주주의의 이념과 민주 정치의 기본원리

① 민주주의의 이념 : 인간의 존엄성 실현

② 민주 정치의 기본원리

㉠ 국민 주권의 원리 : 국가의 최고 권력인 주권이 국민에게 있다는 원리

㉡ 국민 자치의 원리 : 주권을 가진 국민이 스스로 다스려야 한다는 원리

㉢ 입헌주의 원리 : 헌법에 의해 이루어져야 한다는 원리

㉣ 권력분립의 원리 : 권력 기관 상호 간에 견제와 균형

3. 민주 정치와 정부 형태

1) 정부 형태의 구분

① 대통령제

㉠ 의미 : 대통령을 중심으로 국정을 운영하는 정부 형태 ⇒ 엄격한 권력 분립

㉡ 대표 국가 : 미국, 대한민국 등

㉢ 구성 : 선거로 대통령과 국회의원을 뽑고, 대통령이 행정부를 구성

㉣ 특징 : 대통령의 법률안 거부권, 의회의 국정조사, 탄핵소추권 등

② 의원내각제

㉠ 의미 : 총리를 중심으로 국정을 운영하는 정부 형태

㉡ 대표 국가 : 영국, 일본 등

㉢ 구성 : 국민이 의원을 뽑고, 의회 다수당의 대표가 총리가 됨

㉣ 특징 : 내각은 의회 해산권을 가짐, 의원은 내각의 장관 겸직 등

2) 우리나라의 정부 형태

① 대통령제가 기본 형태(임기는 5년, 중임 ×)

② 의원내각제 요소 일부 도입 : 국무총리제도, 행정부의 법률안 제출, 국회의원의 장관 겸직 가능, 국회의 국무총리 및 장관에 대한 해임 건의 등

10 정치 과정과 시민 참여

1. 정치 과정과 정치 주체

1) **정치 과정** : 다양한 이해관계가 표출 · 집약되고 갈등 · 대립이 해결되고 통합하는 과정

2) 정치 주체

① 종류

㉠ 공식적 주체 : 국회, 법원, 정부 등의 국가 기관

㉡ 비공식적 주체 : 개인, 정당, 이익 집단, 시민 단체, 언론 등

※ 비공식적 주체

㉠ 개인 : 선거(투표) 등을 통해 자신의 의사를 표현함

㉡ 정당 : 정치적 견해가 비슷한 사람들이 만든 단체

· 목적 : 정권획득

· 역할 : 여론 형성 및 조직화, 정책안 마련, 선거에 후보자 추천 등

· 특징 : 정치적 책임이 있음

㉢ 이익 단체 : 자신의 이익 실현을 목적으로 만든 단체

· 사례 : 의사협회, 약사협회, 노동조합 등

㉣ 시민단체 : 공익 추구를 목적으로 시민들이 자발적으로 만든 단체

· 사례 : 그린피스, 국경 없는 의사회, 참여연대 등

2. 선거와 민주 정치

1) **선거** : 대표자를 선출하는 과정

· 기능 : 대표자 선출, 정당성 부여, 대표자 통제, 주권행사 등

2) **공정한 선거를 위한 제도**

① 선거의 기본 원칙 : 보통 선거, 평등 선거, 직접 선거, 비밀 선거

② 선거 공영제 : 선거 비용의 일부를 국가가 부담하는 제도

③ 선거구 법정주의 : 선거구를 법률로 정함

④ 선거 관리 위원회 : 각종 공직 선거를 담당하는 기관

3. 지방 자치 제도 : 지역 주민과 지역의 대표가 지역의 일을 스스로 결정 · 처리하는 제도

1) **표현** : 풀뿌리 민주주의, 민주주의의 학교

2) **지방 자치 단체의 구성** : 의결 기관인 지방 의회와 집행 기관인 지방 자치 단체장

11 일상생활과 법

1. 법의 의미와 목적

1) **사회규범**

① 의미 : 사회 구성원들이 사회생활에서 지켜야 하는 행동의 기준

② 종류 : 관습, 종교, 도덕, 법

2) **법의 역할 및 목적**

① 법의 역할 : 사회 질서 유지, 분쟁의 해결, 국민의 권리 보호

② 법의 목적 : 정의 실현, 공공 복리의 증진

2. 법의 종류와 특징

1) **법의 분류**

① 사법 : 개인 간의 사적인 생활 관계를 규율하는 법(구분 : 민법, 상법)

② 공법 : 개인과 국가 간, 국가 기관 간의 공적인 생활관계를 규율하는 법(구분 : 헌법, 형법, 소송법, 행정법 등)

③ 사회법 : 사법의 영역인 개인 간의 관계에 국가가 개입한 법

㉠ 목적 : 사회적 약자의 보호 및 인간다운 생활을 보장하기 위해

㉡ 대표적 : 노동법, 경제법, 사회 보장법

3. 재판의 의미와 공정한 재판을 위한 제도

1) 재판의 의미와 종류

① 의미 : 법을 해석하고 옳고 그름을 판단하는 것

② 기능 : 갈등과 분쟁 해결, 사회 질서의 유지, 국민의 권리 보호

③ 재판의 종류 : 민사 재판, 형사 재판, 선거 재판, 헌법 재판 등

2) 민사 재판과 형사 재판 비교

① 민사 재판 : 개인 간의 분쟁 해결을 위한 재판 (참여자 : 원고, 피고, 판사, 변호인)

② 형사 재판 : 범죄의 유무와 처벌을 결정하는 재판(참여자 : 원고 "검사", 피고인, 판사, 변호인)

3) 공정한 재판을 위한 제도

① 사법권의 독립 : 독립시켜 법에 근거한 재판이 이루어지도록 함

② 심급 제도 : 상급 법원에 여러 번 재판을 받게 하는 제도

③ 공개 재판주의 : 재판의 심리와 판결을 공개해야 한다는 원칙

④ 증거 재판주의 : 증거를 통해서만 진행되어야 한다는 원칙

12 사회 변동과 사회 문제

1. 사회 변동과 양상

1) 사회 변동

① 의미 : 사회 전반적으로 생활양식, 가치관, 제도 등이 변하는 것

② 변동 요인 : 교통과 통신의 발달, 과학 기술의 발달, 정부 정책, 발명과 발견 등

2) 변동 양상 : 산업화, 세계화, 정보화

2. 한국 사회 변동의 최근 경향

1) 한국 사회의 변동 양상

① 경제적 변동 : 농업사회 ⇒ 산업사회 ⇒ 정보사회

② 정치적 변동 : 권위주의 ⇒ 민주사회

2) **한국 사회 변동의 경향** : 저출산, 고령화, 다문화

3. 현대 사회의 사회 문제

1) **사회 문제** : 사회 구성원 대다수가 문제라고 여기는 현상

① 사례 : 주택 문제, 교통 문제, 환경 문제, 노동 문제 등

② 특징 : 발생 원인이 사회에 있으며, 인간의 노력으로 해결 가능

2) **해결 방안** : 개인적, 제도적, 국제적 방안 마련

3학년 과정

1 인권과 헌법

1. 인권과 기본권

1) **인권** : 인간이기 때문에 누구나 존중 받아야할 권리
- 특성 : 천부인권, 자연권, 보편권, 항구권

2) 인권보장과 헌법

① 근대 이전 사회 : 왕이나 소수의 지배층만이 특권을 누림

② 시민혁명 이후 : 인권보장, 인간다운 삶의 보장 등 점차 확대됨

3) 헌법과 기본권

① 기본권 : 인권 중에서 헌법에 규정하여 보장하는 기본적인 권리

② 헌법에 보장된 기본권의 종류와 내용

㉠ 자유권 : 국가 권력의 간섭을 받지 않고 자유롭게 생활할 권리

㉡ 평등권 : 성별, 종교, 인종 등 차별 받지 않을 권리

㉢ 참정권 : 국가의 정치적 의사 형성 과정에 참여할 수 있는 권리

㉣ 사회권 : 인간다운 생활을 위해 국가에 요구할 수 있는 권리

㉤ 청구권 : 국민이 국가에 대하여 일정한 요구를 할 수 있는 권리

③ 기본권의 제한

㉠ 사유 : 국가 안전보장, 질서유지, 공공복리

㉡ 방법 : 법률

㉢ 한계 : 자유와 권리의 본질적 내용은 침해할 수 없음

2. 인권 침해와 그 구제 방법

1) 일상생활 속에서 나타나는 인권 침해

① 의미 : 다른 사람의 인권을 침범하여 해를 입히는 행위

② 침해 : 외모, 성별, 학교, 장애 등에 따른 채용 및 차별 등

2) **인권 구제 방법** : 고소, 소송, 헌법소원, 진정 등

3. 노동권의 내용과 그 보호

1) 근로자의 의미와 권리

① 근로자의 의미 : 사용자에게 노동을 제공하는 사람

② 근로자의 권리 : 인간다운 생활의 보장을 요구할 수 있는 권리

※ 노동 3권 : 단결권, 단체 교섭권, 단체 행동권

2) 노동권의 침해와 구제

① 노동권 침해 유형 : 임금 체불 및 최저임금 미준수, 근로 계약서 미작성, 근로조건 위반, 부당 해고 등

② 침해 구제

㉠ 임금 체불 ⇒ 고용노동부, 법원

㉡ 부당 해고 및 부당 노동 행위 ⇒ 노동 위원회, 법원

2 헌법과 국가기관

1. 국회

1) 국회의 의미와 조직 구성

① 의미 : 국민이 선출한 국회의원들이 모여 법을 제정 혹은 개정하며, 국가의 주요 의사를 결정하는 기관

② 조직 구성

㉠ 구성 : 지역구 국회의원, 비례대표 국회의원

㉡ 임기 : 4년(중임가능)

㉢ 주요 조직 : 상임 위원회, 본 회의 등

2) 국회의 권한

① 입법 관련 : 법을 제정 · 개정, 헌법 개정안 제안 · 제출, 조약 체결 · 비준 동의 등

② 재정 관련 : 예산안 심의 · 확정, 결산 심사 등

③ 국가 권력 견제 관련 : 국정 감사 · 국정 조사, 탄핵 소추권 등

2. 행정부와 대통령

1) **행정부** : 행정(권)을 담당하는 국가기관 ⇒ 대통령에 부여

2) 행정부의 조직과 기능

① 대통령 : 행정부의 최고 책임자, 국가원수, 임기 5년 단임제

② 국무총리 : 대통령의 국정 운영을 보좌함, 행정 각 부를 지휘 · 조정함, 국회의 동의를 얻어 대통령이 임명

③ 행정 각부 : 각부의 장관은 부서의 업무를 지휘 · 처리함, 대통령이 임명

④ 국무회의 : 행정부의 최고 심의기관(의장 : 대통령)

⑤ 감사원 : 대통령 직속기관, 행정부의 최고 감사 기관, 감찰

3) 대통령의 선출과 권한

① 대통령의 선출과 임기 : 국민의 직접 선거로 선출, 임기 5년

② 대통령의 권한

㉠ 행정부 수반 : 행정부의 최종 권한과 책임, 대통령령 제정, 국군 통수권, 법률안 거부권 등

㉡ 국가 원수 : 국가의 최고 지도자, 국민투표 실시, 외교에 권한, 긴급 명령 및 계엄 선포, 헌법 기관 구성 등

3. 법원과 헌법재판소

1) **법원(사법부)** : 법을 해석 · 적용하여 분쟁을 해결하는 국가 작용

① 법원의 조직

㉠ 대법원 : 국가 최고 법원, 모든 사건의 최종 재판을 담당

㉡ 고등법원 : 1심 판결에 불복해 항소한 사건을 재판

㉢ 지방법원 : 1심 사건을 재판

㉣ 기타 법원 : 가정법원, 행정법원, 특허법원 등

② 사법부의 독립 : 공정한 재판(법원의 독립, 법관의 독립)

2) **헌법재판소** : 헌법 수호기관, 국민의 기본권을 보장하는 기관

① 구성 및 임기 : 9명, 대통령이 임명, 6년 임기

② 역할 : 위헌 법률 심판, 헌법 소원 심판, 정당 해산 심판, 탄핵 심판, 권한 쟁의 심판 등

3 경제생활과 선택

1. 경제생활과 경제 체제

1) 경제활동의 의미와 경제 주체

① 경제활동 : 재화와 서비스를 생산, 분배, 소비를 하는 활동

② 경제 주체

㉠ 가계 : 소비의 주체, 생산 요소(토지, 노동, 자본)를 제공

㉡ 기업 : 생산의 주체, 이윤추구, 임금·지대·이자를 지불함

㉢ 정부 : 경제활동 감독, 생산과 소비의 주체, 공공재를 생산

2) 자원의 희소성과 합리적 선택

① 자원의 희소성 : 인간의 욕구는 무한하지만, 이를 만족시켜줄 자원이 상대적으로 부족한 현상

② 기회비용과 합리적 선택

㉠ 기회비용 : 어떤 것을 선택함으로써 포기해야 하는 다른 선택 중 가장 큰 것

㉡ 비용과 편익

· 비용 : 어떤 것을 선택함으로써 지불해야 하는 대가

· 편익 : 어떤 것을 선택함으로써 얻게 되는 이익이나 만족감

㉢ 합리적 선택 : 최소 비용의 최대 편익, 기회비용보다 편익이 더 큰 것을 선택함

2. 기업의 역할과 사회적 책임

1) 기업의 역할

① 기업의 의미와 목적 : 생산을 담당하며, 이윤 추구가 목적

② 기업의 역할 : 이윤을 늘리기, 고용 창출, 세금 납부 등

2) 기업의 사회적 책임과 기업가 정신

① 기업의 사회적 책임 : 안전한 제품 생산, 근로자의 권리 보호, 공정한 경쟁 · 거래, 환경오염 최소화 등

② 기업가 정신 : 혁신과 창의성을 바탕으로 이윤을 얻기 위해 위험을 무릅쓰고 도전하는 자세

3. 금융생활의 중요성

1) 생애 주기에 따른 경제생활

① 생애 주기 의미 : 시간의 흐름에 따라 개인의 삶이 어떻게 변하는지를 단계별로 나타낸 것

② 생애 주기 단계

㉠ 아동기 : 주로 부모의 소득에 의존, 지식과 규범을 학습함

㉡ 청년기 : 취업, 결혼과 자녀 출산 등을 준비함

㉢ 중 · 장년기 : 소득이 늘지만 자녀양육, 주택구입 등으로 지출 증가

㉣ 노년기 : 은퇴로 소득이 줄거나 없어지며, 의료비가 증가

2) 자산관리와 합리적 자산관리

① 자산관리의 의미 : 소비는 평생이지만 소득 발생 기간은 한정됨

② 자산관리의 기본 원칙 : 안전성, 수익성, 유동성

③ 합리적 자산관리 : 안전성 · 수익성 · 유동성 고려, 분산 투자 등

3) 신용관리

① 신용 : 일정 시점에 지불할 것을 약속하고 빌릴 수 있는 능력

② 신용관리 : 신용이 나쁘면 신용 거래를 할 수 없음 ⇒ 상환 약속을 잘 지키고 세금 및 공과금 등을 연체하지 않도록 함

4 시장경제와 가격

1. 시장의 의미와 종류

1) **의미** : 재화나 서비스를 사고팔려고 하는 사람들이 거래하는 곳

2) 시장의 종류

① 거래 형태 : 눈에 보이는 시장, 눈에 보이지 않는 시장

② 거래하는 상품의 종류 : 생산물 시장, 생산 요소 시장

③ 새로운 형태의 시장 등장 : 정보 통신과 인터넷 등장

2. 시장 가격의 결정

1) **수요** : 어떤 상품을 사고자하는 욕구

① 수요량 : 수요자가 상품을 사고자 하는 상품의 양

② 수요법칙 : 가격 ↑ 수요 ↓, 가격 ↓ 수요 ↑

2) **공급** : 어떤 상품을 팔고자하는 욕구

① 공급량 : 공급자가 상품을 팔고자 하는 상품의 양

② 공급법칙 : 가격 ↑ 공급 ↑, 가격 ↓ 공급 ↓

3) **시장 가격과 균형 거래량**

① 시장 가격(균형가격) : 수요량과 공급량이 일치하는 지점

② 초과 수요 : 수요량 > 공급량 ⇒ 가격 상승

③ 초과 공급 : 수요량 < 공급량 ⇒ 가격 하락

3. 시장 가격의 변동

1) **수요 변화에 따른 가격 변동(공급은 일정)**

① 수요의 변화 : 가격 이외의 요인 예 소득 증가, 인구 증가 등

② 수요 변화에 따른 가격 변동

· 수요 증가 : 균형 가격 상승, 균형 거래량 증가

· 수요 감소 : 균형 가격 하락, 균형 거래량 감소

2) **공급 변화에 따른 가격 변동(수요는 일정)**

① 공급의 변화 : 가격 이외의 요인

예 공급자수 증가, 생산기술 발달 등

② 공급 변화에 따른 가격 변동

· 공급 증가 : 균형 가격 하락, 균형 거래량 증가

· 공급 감소 : 균형 가격 상승, 균형 거래량 감소

5 국민경제와 국제거래

1. 국내 총 생산과 경제성장

1) 국내 총 생산의 의미와 유용성

① 국내 총 생산(GDP)의 의미 : 일정 기간 동안 한나라 안에서 새로이 생산된 최종 생산물의 시장 가격의 합

② 1인당 국내 총생산 : 국가 간 국민들의 경제 수준을 비교(한 나라 국민의 평균적인 소득 수준)

2) **국내 총 생산의 한계** : 시장에서 거래되는 재화와 서비스만 포함, 삶의 질을 파악하기 어려움, 빈부격차의 정도 알기 어려움

3) **경제 성장의 의미와 영향**

① 경제 성장의 의미 : 국내 총 생산량이 증가하는 것

② 경제 성장률 : 실질 국내 총 생산의 증가율

③ 경제 성장의 영향

- 긍정적 : 일자리 증가, 삶의 질 향상 등
- 부정적 : 환경오염, 빈부격차 심화 등

4) **경제 성장을 위한 노력**

① 가계 : 합리적 소비와 저축, 근로자는 지식 및 기술 습득 노력

② 기업 : 시설 및 연구 개발, 기술 향상, 근로자에 대한 교육

③ 정부 : 합리적 제도 마련 및 지원

2. 물가와 실업

1) **물가** : 시장에서 거래되는 상품 가격을 종합하여 평균한 것

2) **인플레이션** : 물가가 지속적으로 오르는 현상

① 원인 : 총 수요의 증가, 생산비 상승, 통화량 증가 등

② 영향

㉠ 소득의 불공정한 분배

- 유리한 사람 : 실물 자산가, 채무자, 수입업자 등
- 불리한 사람 : 금융자산가, 채권자, 수출업자 등

ⓛ 구매력 감소 : 상품 구매력 감소 ⇒ 생활수준 하락

ⓒ 무역 불균형 발생 : 수출 가격 상승 ⇒ 수출 감소, 수입 증가

3) 물가 안정을 위한 노력

① 가계 : 지나친 임금 인상 자제, 합리적 소비, 과소비 억제

② 기업 : 효율적 경영, 생산성 향상

③ 국가 : 재정 지출을 줄이고 세율을 인상, 이자율을 높인다.

4) 실업 : 일할 의사와 능력이 있지만 일자리를 구하지 못한 상태

※ 실업자에 포함되지 않는 사람 : 어린이, 학생, 전업 주부, 구직 포기자 등

① 실업의 종류와 대책

구분	종류	원인	대책
자발적	마찰적 실업	더 나은 직장을 구하기 위해 일시적으로 그만두는 경우	취업 정보 제공
비자발적	경기적 실업	경기 침체로 기업이 고용을 줄이는 경우	정부의 경기 활성화 정책
	구조적 실업	산업 구조의 변화로 일자리가 사라지는 경우	기술 교육 실시
	계절적 실업	계절의 영향으로 일자리가 줄어드는 경우	공공 사업 실시

② 실업의 영향

㉠ 개인적 측면 : 경제적 고통, 정신적 고통 등

ⓛ 사회적 측면 : 소비 감소, 경기 침체, 가족 해체, 범죄 증가 등

3. 국제 경제의 이해

1) 국제 거래의 이해

① 국제 거래의 의미와 원리

㉠ 의미 : 국가 간에 상품, 원료, 자본, 노동 등이 거래되는 것

ⓛ 원리 : 다른 나라에 비해 생산에 유리한 품목을 특화하여 교역함

② 국제 거래의 특징 : 관세부과, 무역장벽, 시장 규모의 확대 등

③ 국제 거래의 확대 : 세계화, 교통과 통신의 발달, 세계 무역 기구(WTO)의 출범, 자유 무역 협정(FTA) 등

2) **환율** : 자국 화폐와 외국 화폐의 교환 비율

예 1,200원/달러

① 변동

㉠ 환율 상승 : 외환에 대한 수요 증가 ⇒ 원화의 가치 하락

㉡ 환율 하락 : 외환에 대한 공급 증가 ⇒ 원화의 가치 상승

② 변동의 영향

구분	환율 상승	환율 하락
표현	1$=1,000원 ⇒ 1$=1,200원	1$=1,000원 ⇒ 1$=800원
영향	원화의 가치 하락	원화의 가치 상승
	수출 증가, 수입 감소	수출 감소, 수입 증가
	물가 상승	물가 하락
	외국인의 국내 관광 증가	외국인의 국내 여행 감소
	해외 관광 및 유학 감소	해외 관광 및 유학 증가
	외채상환에 대한 부담 증가	외채상환에 대한 부담 감소

6 국제 사회와 국제 정치

1. 국제 사회의 이해

1) 국제 사회의 의미와 특징

① 의미 : 여러 나라가 서로 교류하고 의존하면서 공존하는 사회

② 특성 : 중앙 정부의 부재, 힘의 논리 작용, 국제 협력 도모, 자국의 이익 최우선

2) 국제 사회의 행위 주체들

① 국가 : 대표적인 행위 주체, 외교 활동, 국제기구에 가입

② 국제기구

㉠ 정부 간 국제기구 : 국제 연합(UN), 세계 무역 기구(WTO) 등

㉡ 국제 비정부 기구 : 국경 없는 의사회, 그린피스, 국제 적십자사 등

㉢ 다국적 기업 : 코카콜라, 삼성, LG 등

㉣ 영향력이 강한 개인 : 교황, 국제연합(UN) 사무총장 등

2. 국제 사회의 갈등과 협력

1) 국제 사회의 갈등

① 원인 : 자국의 이익 추구를 우선시함

② 사례

㉠ 자원 관련 : 석유와 같은 지하자원, 국제하천의 이용 분쟁 등

㉡ 종교 관련 : 카슈미르 지역, 예루살렘 지역 등과 같은 분쟁

㉢ 환경 관련 : 온실가스, 오존층 파괴 등과 같은 분쟁

㉣ 영유권 관련 : 시사군도, 난사군도, 쿠릴 열도 등

2) **국제 사회의 협력과 공존을 위한 노력들** : 대화, 외교, 국제법, 국제기구 활용 등

3. 우리나라와 주변국의 갈등 문제

1) **우리나라와 일본의 갈등** : 독도, 위안부, 역사 왜곡 문제 등

2) **우리나라와 중국의 갈등** : 동북 공정, 영유권 문제, 불법 조업, 황사, 미세먼지 등

3) **다른 국가와의 갈등** : 문화재 반환, 환경 등

4) **갈등 해결을 위한 노력** : 정부의 노력, 시민 사회의 노력

7 인구 변화와 인구 문제

1. 인구 분포

1) 불균등한 인구 분포

① 세계의 인구 분포 : 기후가 온화한 지역, 아시아 · 유럽지역 ⇒ 인구 집중

② 인구 분포에 미치는 요인

㉠ 자연적 요인 : 지형, 기후, 강수량 등

㉡ 인문 · 사회적 요인 : 경제, 산업, 교통, 문화 등

2) 우리나라의 인구 분포

① 산업화 이전 : 남서부 지역의 평야지대에 인구 집중

② 산업화 이후 : 수도권, 남동임해 공업지역에 인구 집중

2. 인구 이동

1) 인구 이동

① 이동의 요인

㉠ 흡입요인(유입요인) : 많은 일자리, 온화한 기후 등

㉡ 배출요인(유출요인) : 일자리 부족, 치안 불안, 자연재해 등

② 다양한 인구 이동

㉠ 국제 이동 : 강제적 이동, 경제적 이동, 정치적 이동, 종교적 이동

㉡ 국내 이동

- 개발도상국 : 이촌향도 현상
- 선진국 : 역도시화 현상

2) 우리나라의 인구 이동

① 1960년대 이후 : 이촌향도 현상 ⇒ 수도권, 남동 임해 공업지역 등

② 1990년대 이후 : 역도시화 현상

3. 인구 문제

1) 세계의 인구 급증 : 산업 혁명 이후 ⇒ 생활수준 향상, 의학 발달

※ 지역별 인구 급증 시기

- 선진국 : 산업혁명 이후
- 개발도상국 : 제2차 세계 대전 이후

2) 지역별 인구 문제

① 개발도상국의 인구 문제 : 인구 증가, 성비 불균형 등

② 선진국, 우리나라의 인구 문제 : 저출산, 고령화

8 사람이 만든 삶터, 도시

1. 도시의 위치와 특징 : 높은 인구 밀도, 2차 · 3차 산업 중심, 일정 지역의 중심지

2. 도시 내부의 경관

구분	특징
도심	· 중심업무 지구(CBD) 형성 · 비싼 땅값, 건물의 고층화, 열섬현상 발생 · 인구 공동화 현상
부도심	· 도심의 기능 분담 · 교통의 요지에 형성
주변 지역	· 학교, 주택, 공장
개발 제한 구역 (그린벨트)	· 도시의 무질서한 팽창 방지 · 도시의 녹지 공간 확보를 위해 설정
위성도시	· 도시의 기능 분담 · 대표 : 안산, 의정부, 일산, 분당 등

3. 도시화와 도시문제

1) **도시화** : 도시에 거주하는 비율이 높고, 도시적 생활양식의 확대

① 도시화의 특징 : 산업화와 함께 진행, 인구 증가, 공업과 서비스업 위주로 변화

② 도시화 과정

초기 단계	대부분의 인구가 농업에 종사
가속화 단계	· 산업화로 도시에 2차~3차 산업이 발달 · 이촌향도 현상 발생 ⇒ 각종 도시 문제 발생
종착 단계	· 인구의 대부분이 도시에 거주 · 역도시화 현상(U턴 현상)이 나타남

③ 선진국과 개발도상국의 도시화

㉠ 선진국 : 점진적 ⇒ 20세기 중반 이후에 종착 단계가 됨

㉡ 개발도상국 : 급속한 산업화 ⇒ 각종 도시 문제가 발생함

2) 도시문제

① 선진국 : 노후 주택문제와 교통 혼잡, 높은 집값 등의 문제

② 개발도상국 : 기반시설 부족, 실업과 환경오염, 범죄 등의 문제

③ 도시문제의 해결 방안

㉠ 원인 : 도시로 인구 및 기능의 집중

㉡ 대표적 문제 : 교통 문제, 주택 문제, 환경 문제 등

㉢ 해결 방안 : 대중교통 이용, 글로벌 기업 유치, 지역균형 발전 정책 등

2. 살기 좋은 도시

1) **의미** : 정치 · 경제 · 문화가 발달, 각종 편의 시설 구축, 안전한 생활, 아름다운 자연 경관 등

2) **대표적** : 오스트리아 "빈", 캐나다 "벤쿠버", 스위스 "취리히", 우리나라 "과천, 순천" 등

9 글로벌 경제활동과 지역변화

1. 농업 생산의 기업화와 세계화

1) **농업 생산의 변화** : 과거 "자급적 농업" ⇒ 현재 "상업적 농업"

2) 농업 생산의 기업화(세계화)

① 의미 : 자본을 바탕으로 대량으로 생산하는 방식의 농업

② 특징 : 대량 생산으로 가격 경쟁력을 확보, 세계 곳곳에 진출

③ 대표적 : 미국, 오스트레일리아, 아르헨티나, 우크라이나 등

3) 농업 생산의 기업화와 세계화로 인한 농업의 변화

① 변화 : 대규모의 상업적 농업, 농업 생산의 다각화

② 대표적 사례 : 동남 아시아 지역 "플랜테이션 농업", 남아메리카 지역 "가축 및 사료 작물 재배"

4) 공정 무역

① 의미 : 개발도상국 생산자에게 정당한 가격을 지불하는 소비 운동

② 주요 제품 : 커피, 카카오, 사탕수수 등

5) **농산물 소비 특성의 변화**

① 농업의 세계화에 따른 변화

㉠ 긍정적 : 세계 각지의 다양한 농산물을 저렴하게 구입

㉡ 부정적 : 많은 농약과 방부제 사용, 자국의 농산물 산업 붕괴 등

② 육류 소비량의 증가, 쌀의 소비량 감소

2. 다국적 기업과 생산 공간 변화

1) **다국적 기업** : 해외 여러 나라에 지사 및 생산 공장 ⇒ 판매하는 기업

예 코카콜라, GM, 삼성전자, LG전자 등

2) **다국적 기업의 생산 공간 변화**

① 다국적 기업의 공간적 분업

㉠ 원인 : 기업의 목적인 이윤 추구를 위해 기업의 관리, 연구, 생산 기능이 공간적으로 분리되는 현상

㉡ 다국적 기업의 공간적 분업

본사	본국, 선진국	의사 결정에 필요한 다양한 정보와 자본 확보에 유리
연구소	본국, 선진국	연구시설의 구축과 전문 인력이 풍부한 곳
생산 공장	개발도상국	· 임금이 저렴한 지역, 원료가 풍부한 지역 · 무역의 장벽을 극복하기 위해(일부 선진국) · 수요가 많은 국가로 이전

② 생산 공장의 해외 이전으로 인한 지역 변화

㉠ 생산 시설이 들어선 지역 : 경제 활성화, 도시 발달

㉡ 생산 시설이 빠져 나간 지역 : 산업공동화 현상 발생

3. 세계화에 따른 서비스업의 변화

1) **서비스업의 변화** : 서비스업의 분업(생산, 판매, 사후관리 등)

2) **서비스업의 세계화**

① 전자 상거래와 세계화

㉠ 배경 : 정보 통신의 발달로 유통 분야의 세계화가 진행됨

㉡ 전자상거래의 특징 : 시 · 공간의 제약을 받지 않음

㉢ 전자 상거래와 유통의 세계화에 따른 변화 : 택배업 등 성장, 직접 찾아가 구매하는 상점은 쇠퇴 등

② 관광의 세계화

㉠ 배경 : 교통의 발달, 정보 통신 기술 발달

㉡ 관광 산업의 효과 : 일자리 확대, 지역 홍보, 이미지 개선 등

10 환경문제와 지속가능한 환경

1. 전 지구적 차원의 기후 변화

1) **기후 변화** : 기후의 상태가 점차 변화하는 것

① 요인 : 자연적 요인, 인위적 요인

② 대표적 기후 변화 : 지구 온난화

2) **기후 변화 지역의 변화**

① 빙하와 만년설의 녹음 ⇒ 해수면 상승 ⇒ 일부 해안지역 침수

② 지구 곳곳에 자연재해 잦아지고 피해 규모 또한 커짐

③ 생태계의 변화 : 농작물 재배환경 변화, 각종 서식지 변화 등

3) **기후 변화를 해결하기 위한 노력**

① 지구 온난화의 대처 방안 : 전 지구적 차원에서 이산화탄소 배출량 감축 등이 필요

② 기후 변화 해결 노력

㉠ 전 지구적 차원 : 기후 변화 협약, 교토 의정서, 파리 협정

㉡ 국가적 차원 : 쓰레기 종량제 실시, 환경 마크 지정 등

㉢ 개인적 차원 : 쓰레기 분리 배출, 대중교통 이용 등

2. 환경문제 유발 산업의 국제적 이동

1) **환경문제 유발 산업** : 심각한 환경 문제를 일으키는 산업

① 사례 : 치타공 해안의 폐선박, 나이바사 호수 주변의 장미 농가 등

② 국제적 이동 입장

㉠ 선진국 : 규제가 덜하고 저 임금인 개발도상국으로 산업을 이전

㉡ 개발도상국 : 환경보다는 경제 발전을 중시 ⇒ 산업 유치

2) **국제적 이동에 따른 문제** : 환경오염과 생태계 파괴 등이 심각함

3. 생활 속의 환경 이슈

1) **환경 이슈**

① 의미 : 환경 문제의 해결 방안을 다르게 생각하여 벌이는 논쟁

② 종류 : 미세먼지, 유전자 변형(GMO) 농산물, 로컬 푸드 등

2) **환경 문제 해결 방안** : 쓰레기 분리 배출, 대중교통 이용 등

11 세계 속에 우리나라

1. 우리나라의 영역과 독도

1) **영역** : 한 국가의 주권이 미치는 범위

① 구성 : 영토, 영공, 영해(12해리)

※ 배타적 경제 수역(EEZ)

· 범위 : 200해리까지의 해역 중 영해를 제외한 수역

· 특징 : 연안국에 독점적 권리, 다른 국가의 선박 · 비행기의 자유로운 통행권 인정

2) **우리나라의 영역**

① 영토 : 한반도와 그 부속 도서

② 영공 : 우리나라 영토와 영해의 수직 상공

③ 영해

㉠ 동해안, 울릉도, 독도, 제주도 : 통상기선 12해리

㉡ 서(황)해안, 남해안 : 직선기선 12해리

④ 대한 해협 : 직선기선 3해리

3) 독도

① 위치 : 우리나라의 가장 동쪽 끝에 위치(경상북도 울릉군)

② 자연환경 : 2개의 큰 섬, 화산섬, 해양성 기후

③ 가치 : 영역적 가치, 경제적 가치, 환경 · 생태적 가치

2. 우리나라 여러 지역의 경쟁력

1) 세계화 시대의 지역화

① 지역화의 의미 : 세계화가 진행되면서 지역간 교류가 증가하고 지역이 정치 · 경제 · 사회 · 문화 등 새로운 주체로 등장하는 현상

② 지역화 전략

㉠ 장소 마케팅

· 의미 : 특정 장소의 자연 · 역사 · 문화 등을 상품으로 만들고 판매

· 사례 : 뉴욕 "자유의 여신상", 빌바오 "구겐하임 미술관", 보령 "머드 축제" 등

㉡ 지역 브랜드

· 의미 : 지역의 상품과 서비스를 브랜드로 기억하게 하는 것

· 사례 : 미국 뉴욕 "I♡NY", 강원도 평창 "HAPPY 700" 등

㉢ 지리적 표시제

· 의미 : 특정 상품의 품질, 특성 등 생산지의 지리적 특성이 비롯되고 그 우수성이 인정될 때 국가가 그 지역 생산품임을 증명하고 이름을 상표권으로 인정하는 제도

· 사례 : 횡성 한우, 보성 녹차, 의성 마늘 등

2) **효과적인 지역화 전략** : 지역의 정체성이 담긴 브랜드 개발, 지역의 긍정적 이미지 창출, 친환경적인 지역 개발

3. 국토 통일과 통일 한국의 미래

1) 우리나라 위치의 특징과 통일의 필요성

① 우리나라의 위치의 특징 : 반도국, 지리적 요충지

② 통일의 필요성 : 민족의 동질성 회복, 국토의 효율적 이용, 국방비 감소, 국가 이미지 향상 등

2) 통일 한국의 미래

① 국토 공간의 변화 : 대륙과 해양을 연결, 국토의 효율적 이용

② 국민의 삶의 변화 : 전쟁 위협에서 벗어남, 새로운 일자리 등

12 더불어 사는 세계

1. 지구상의 지리적 문제

1) 지리적 문제

① 원인 : 경제적 격차, 민족 · 종교 간의 갈등, 기후변화 등

② 종류 : 기아문제, 영토 · 영해 문제, 생물 다양성 감소 등

※ 영토 · 영해 문제

· 원인 : 민족과 종교의 차이, 자원, 모호한 국경선 등

· 대표적 : 팔레스타인 분쟁, 카슈미르 분쟁, 센카쿠 열도 분쟁, 남중국해 분쟁, 포클랜드 분쟁 등

2. 세계 여러 나라의 발전 수준

1) 지역별 발전 수준

① 원인 : 경제지표 + 비경제지표 + 자연환경 등 지역마다 다름

② 지역 차

㉠ 선진국 : 일찍부터 산업화 ⇒ 국내 총생산 및 국민 총소득이 높음

㉡ 개발도상국 : 산업화 진행 ⇒ 정치적 불안정 ⇒ 발전 수준 낮음

2) **저개발 국가의 빈곤 해결 노력** : 식량증산, 교육 활동 강화, 일자리 창출, 선진국의 도움을 받아 국내 산업 육성 등

3. 지역 간 불평등 완화를 위한 노력

1) **국가 간 협력** : 국제 연합(UN) 내 다양한 전문기구의 활용, 국제 기구 활용 등

2) 국제 비정부기구(NGO)의 노력

① 의미 : 민간단체를 중심으로 만들어진 조직 ⇒ 국제기구를 보조

② 사례 : 국경없는 의사회, 그린피스, YMCA 등

3) **공정 무역** : 선진국의 소비자가 개발도상국의 생산자에게 정당한 가격을 지불하여 생산자에게 무역의 혜택이 돌아가도록 하자는 운동

예 커피, 카카오, 바나나, 의류 등

4) 세계시민과 자세

① 의미 : 지구촌 문제를 함께 해결하고자 동참하고 실천하는 사람

② 자세 : 하나의 공동체로 인식하고 관심을 가짐, 봉사 · 기부 · 환경 등을 생각하고 관심, 배려하는 마음을 갖는다.

05 과학

과학 1 (화학)

1 물질의 상태 변화

1. 물질의 세 가지 상태 : 고체, 액체, 기체

2. 물질의 상태 변화

1) **상태 변화** : 물질의 상태가 고체, 액체, 기체로 서로 변하는 현상

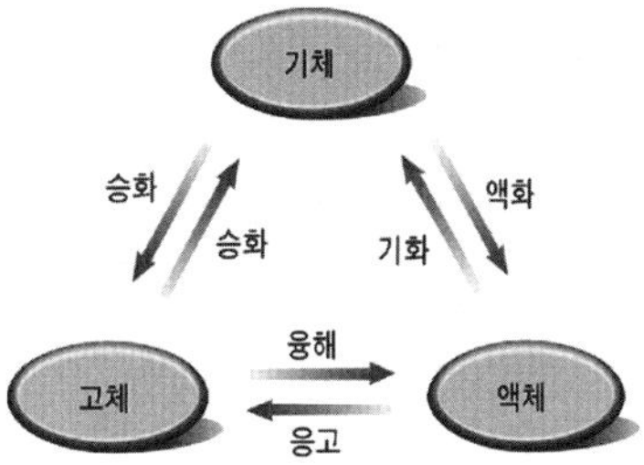

2) 상태 변화의 종류와 예

① 가열하는 경우

융해 (고체→액체)	얼음이 녹아 물이 된다.
기화 (액체→기체)	풀잎에 맺힌 이슬이 사라진다.
승화 (고체→기체)	드라이아이스의 크기가 점점 작아진다.

② 냉각하는 경우

응고 (액체→고체)	양초의 촛농이 흘러내리다가 굳는다.
액화 (기체→액체)	풀잎에 이슬이 맺힌다.
승화 (기체→고체)	늦가을 새벽 나뭇잎에 서리가 내린다.

3) 상태 변화와 입자 배열, 물질의 변화

구분	융해, 기화, 승화(고체→기체)	응고, 액화, 승화(기체→고체)
입자 운동	활발해진다.	둔해진다.
입자 배열	불규칙적으로 된다.	규칙적으로 된다.
입자 사이의 거리	멀어진다.	가까워진다.
성질, 질량	일정하다.	일정하다.
부피	증가한다.	감소한다.

4) 상태 변화와 열에너지

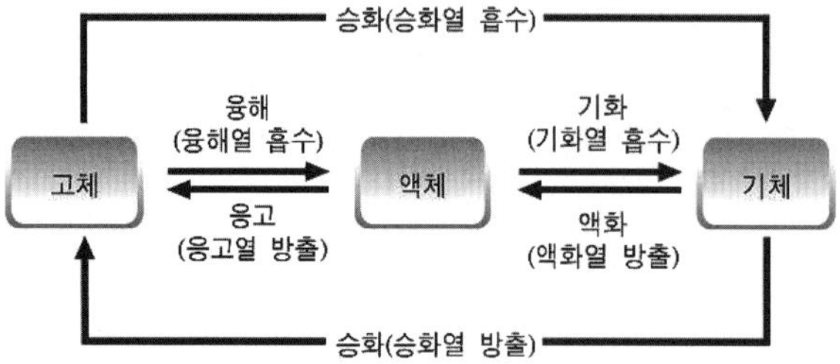

① 열에너지를 흡수하는 상태 변화 : 융해, 기화, 승화(고체 → 기체)

② 열에너지를 방출하는 상태 변화 : 응고, 액화, 승화(기체 → 고체)

5) 상태 변화와 가열 곡선

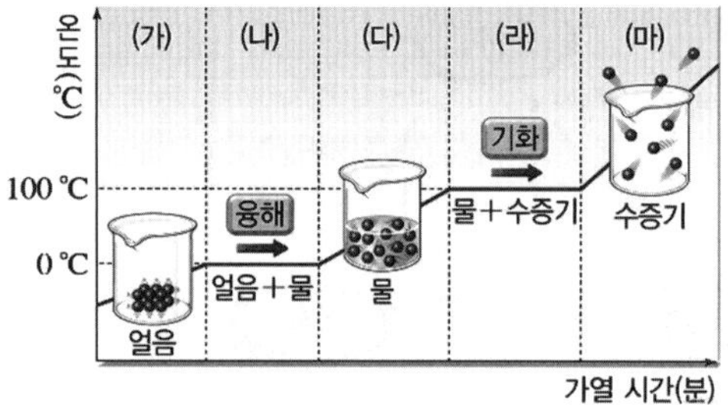

① 온도가 일정한 구간 : (나), (라)

⇒ 가해 준 열에너지가 상태 변화에 모두 사용

② (나) 구간 : 녹는점(고체와 액체가 공존), (라) 구간 : 끓는점(액체와 기체가 공존)

2 물질의 구성

1. 원소 : 더 이상 분해되지 않는, 물질을 이루는 기본 성분

1) 원소를 확인하는 방법

① 불꽃 반응

원소	리튬	나트륨	칼륨	구리	칼슘	스트론튬
불꽃색	빨간색	노란색	보라색	청록색	주황색	빨간색

② 선 스펙트럼 : 빛을 분광기에 통과시킬 때 나타나는 여러 가지 색의 띠

㉠ 금속 원소의 종류에 따라 선의 색깔, 위치, 굵기, 개수 등이 다르게 나타난다.

㉡ 불꽃 반응색이 비슷한 원소를 구별할 수 있다.

예 리튬과 스트론튬

2) **원소 기호** : 첫 글자는 대문자로, 두 번째 글자는 소문자로 쓴다.

원소 이름	원소 기호	원소 이름	원소 기호
탄소	C	산소	O
수소	H	질소	N
나트륨	Na	염소	Cl
마그네슘	Mg	구리	Cu
칼슘	Ca	칼륨	K

2. 원자 : 물질을 구성하는 기본 입자

1) **원자의 구조** : 원자핵과 전자로 이루어져 있다.

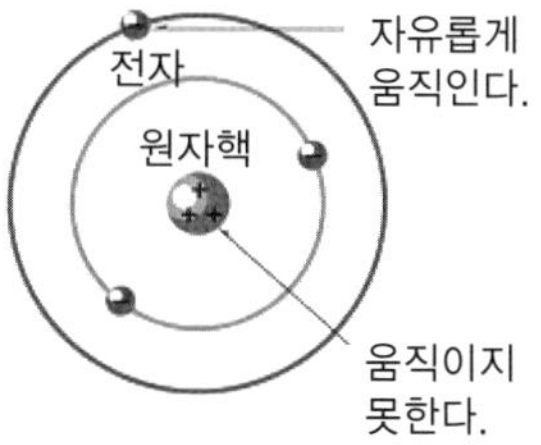

원자핵	전자
· (+)전하를 띤다. · 원자의 중심에 위치한다. · 움직이지 못한다.	· (-)전하를 띤다. · 원자핵 주위를 자유롭게 움직인다.

2) **원자의 특징** : 전기적으로 중성이다.

⇒ 원자핵의 (+)전하량과 전자의 (−)전하량이 같기 때문

3. 분자 : 물질의 성질을 나타내는 가장 작은 입자

1) **여러 가지 분자 모형과 분자식**

분자	이산화탄소	물	암모니아	메테인
분자 모형				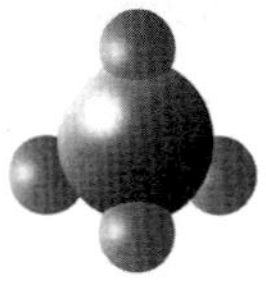
분자식	CO_2	H_2O	NH_3	CH_4

4. 이온 : 원자가 전자를 잃거나 얻어서 전하를 띠는 입자

1) **양이온** : 원자가 전자를 잃어서 (+)전하를 띠는 입자

예 Na^{+} : 전자 1개를 잃음, Ca^{2+} : 전자 2개를 잃음

2) **음이온** : 원자가 전자를 얻어서 (−)전하를 띠는 입자

예 Cl^{-} : 전자 1개를 얻음, O^{2-} : 전자 2개를 얻음

3) **이온의 확인** : 앙금(특정 양이온과 음이온이 결합하여 생성되는 물에 녹지 않는 물질)

4) **앙금 생성 반응의 예**

$Ag^{+} + Cl^{-} \rightarrow AgCl\downarrow$ (흰색)

수돗물에 Ag^{+} 이온을 넣으면 흰색의 앙금(AgCl)이 생성된다.

3 물질의 특성

1. 물질의 분류

1) **순물질** : 한 가지 물질로 이루어진 물질 ⇒ 물질의 고유한 성질을 나타낸다.

예 금, 구리, 산소, 염화나트륨, 물 등

2) **혼합물** : 두 가지 이상의 순물질이 섞여 있는 물질 ⇒ 성분 물질의 성질을 그대로 가진다.

① 균일 혼합물 : 두 가지 이상의 순물질이 고르게 섞임 예 소금물, 공기

② 불균일 혼합물 : 두 가지 이상의 순물질이 고르지 않게 섞임 예 흙탕물, 우유

2. 물질의 특성 : 다른 물질과 구별되는 그 물질만이 가지는 고유한 성질

예 색깔, 맛, 끓는점, 녹는점, 어는점, 밀도, 용해도 등

1) **끓는점** : 액체 물질이 끓기 시작하는 온도

2) **녹는점** : 고체 물질이 녹기 시작하는 온도

3) **어는점** : 액체 물질이 얼기 시작하는 온도

4) **밀도** : 물질의 질량을 부피로 나눈 값

⇒ 밀도가 큰 물질은 아래로 가라앉고, 밀도가 작은 물질은 위로 뜬다.

(A > B > C)

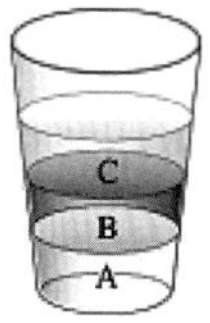

5) **용해도** : 어떤 온도에서 용매 100g에 최대로 녹을 수 있는 용질의 수

① 용해 : 한 물질이 다른 물질에 녹아 고르게 섞이는 현상

② 용매 : 다른 물질을 녹이는 물질

③ 용질 : 다른 물질에 녹는 물질

④ 용액 : 용매와 용질이 고르게 섞여 있는 물질

⑤ 용해도 곡선 : 어떤 용질의 온도에 따른 용해도 변화를 나타낸 그래프

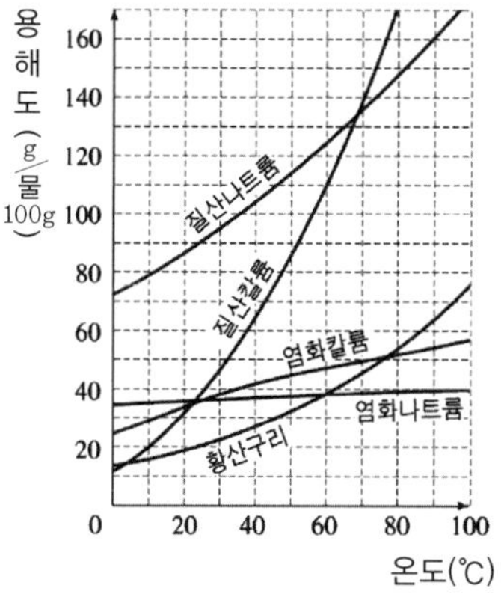

⇒ 곡선의 기울기가 급할수록 온도 변화에 따른 용해도 차이가 크다.

: 질산칼륨이 온도 변화에 따른 용해도 차이가 가장 크다.

3. 혼합물의 분리

1) 끓는점 차를 이용한 분리

① 분별 증류 : 서로 잘 섞여 있는 액체 혼합물을 끓는점 차이를 이용하여 분리하는 방법

⇒ 끓는점이 낮은 물질이 먼저 끓어 나온다.

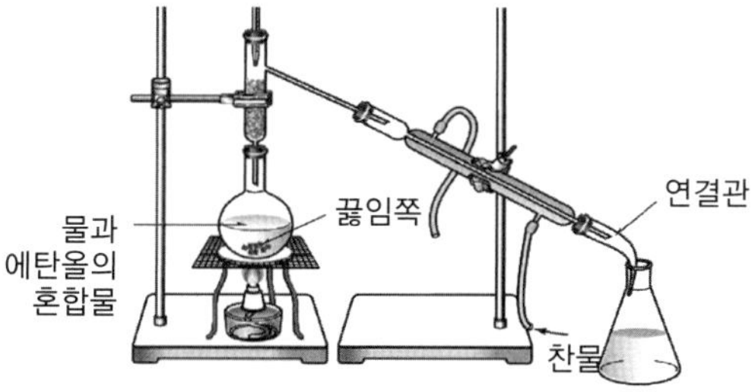

예 물과 에탄올, 원유의 분리

2) 밀도 차를 이용한 분리

① 고체 혼합물의 분리 예 좋은 볍씨 고르기, 신선한 달걀 고르기 등

② 액체 혼합물의 분리 예 물과 식용유

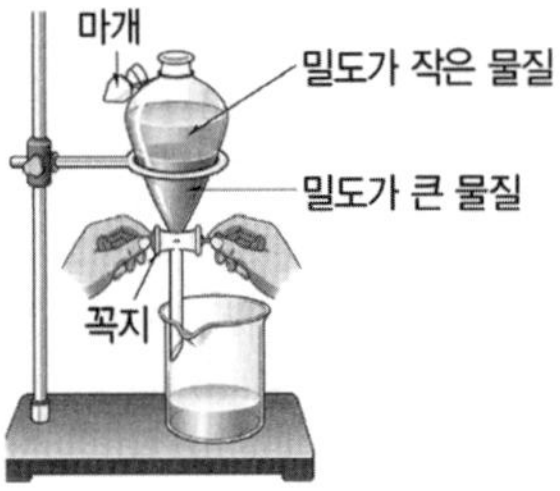

3) 용해도 차를 이용한 분리 예 소금과 모래

4) 크로마토그래피 : 혼합물을 이루는 성분 물질이 용매를 따라 밀려 올라가는 속도의 차이를 이용하여 혼합물을 분리하는 방법

예 운동선수의 도핑 테스트, 잎의 색소 분리, 사인펜 잉크의 색소 분리

4 기체의 성질

1. 입자의 운동

1) 확산 : 물질을 이루는 입자가 스스로 운동하여 모든 방향으로 퍼져 나가는 현상

예 물에 잉크를 떨어뜨리면 물 전체가 잉크색으로 변한다.
향수병을 열어 놓으면 향수 냄새가 퍼진다.

2) 확산이 잘 일어나는 조건 : 온도(높을수록), 입자의 질량(작을수록), 액체 속 < 기체 속 < 진공 속

3) 증발 : 물질을 이루는 입자가 스스로 운동하여 액체 표면에서 기체로 변하는 현상

예 젖은 빨래가 마른다.
어항의 물은 시간이 지나면 점차 줄어든다.
풀잎에 맺힌 이슬이 사라진다.

4) 증발이 잘 일어나는 조건 : 온도(높을수록), 습도(낮을수록), 바람(잘 불수록), 표면적(넓을수록)

2. 보일의 법칙 : 온도가 일정할 때, 압력이 커질수록 기체의 부피는 감소한다.

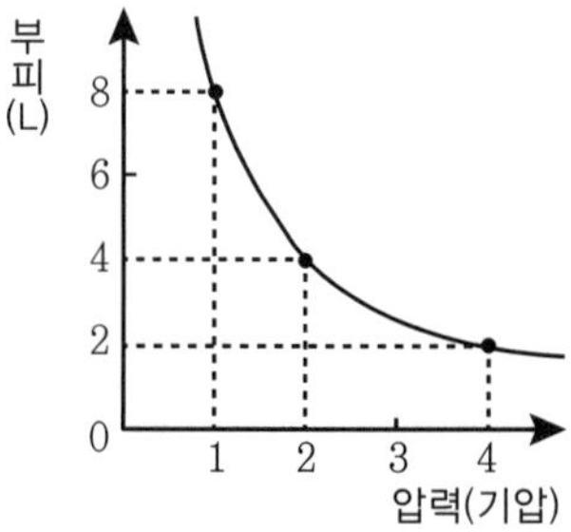

⇒ 온도가 일정할 때,
기체의 부피는 압력에 반비례한다.
압력과 기체의 부피의 곱은 일정하다.

예 높은 산에 올라가면 과자 봉지가 팽팽해진다.
풍선이 하늘 위로 올라갈수록 점점 커진다.

3. 샤를의 법칙 : 압력이 일정할 때, 온도가 높을수록 기체의 부피는 증가한다.

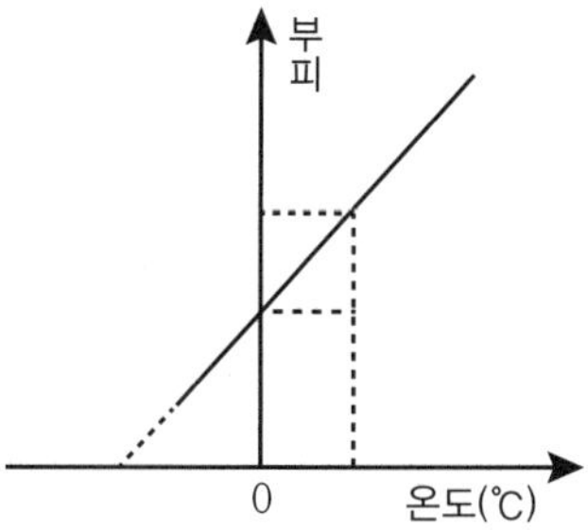

⇒ 압력이 일정할 때,
기체의 부피는 온도가 높을수록
일정한 비율로 증가한다.

예 도로를 달리면 자동차의 타이어가 팽팽해진다.
찌그러진 탁구공을 뜨거운 물에 넣으면 펴진다.

5 열과 우리 생활

1. 열 : 온도가 높은 물체에서 낮은 물체로 이동하는 에너지
⇒ 열을 얻으면 입자의 운동이 활발해지고, 열을 잃으면 입자의 운동이 둔해진다.

2. 열의 이동 방법

1) **전도** : 고체에서 이웃한 입자들 사이의 충돌에 의해 열이 이동하는 방법
예 뜨거운 국에 숟가락을 담가 두면 손잡이 부분까지 뜨거워진다.

2) **대류** : 액체와 기체에서 입자가 직접 이동하면서 열이 이동하는 방법

예 주전자에 든 물을 끓일 때 아래쪽만 가열해도 물이 골고루 데워진다.

3) **복사** : 열이 물질의 도움 없이 빛의 형태로 직접 이동하는 방법

예 태양의 열이 지구로 전달된다.(태양 복사 에너지)

토스터나 오븐으로 요리를 한다.

3. 단열 : 물체와 물체 사이에서 열이 이동하지 못하게 막는 것

이용) 보온병을 이용하여 뜨거운 물이나 차가운 물을 보관한다.

집의 단열을 위해 이중창을 설치하거나 벽과 벽 사이에 스티로폼을 넣는다.

4. 열평형 : 온도가 다른 두 물체를 접촉한 후 어느 정도 시간이 지났을 때 두 물체의 온도가 같아진 상태

5. 비열 : 어떤 물질 1kg의 온도를 1℃ 높이는 데 필요한 열량 (단위 : kcal/kg·℃)

⇒ 비열이 큰 물질은 온도 변화가 작고, 비열이 작은 물질은 온도 변화가 크다.

이용) 물은 비열이 커서 외부 온도의 급격한 변화에도 사람의 체온이 잘 유지된다.

뚝배기는 금속 냄비보다 비열이 커서 천천히 뜨거워지고 천천히 식는다.

6. 열팽창 : 물질에 열을 가할 때 물질의 길이 또는 부피가 증가하는 현상

이용) 기차 선로 사이의 틈이 여름에는 좁아진다.

전선이 겨울보다 여름에 더 늘어진다.

6 화학 반응의 규칙과 에너지 변화

1. 물질 변화

1) **물리 변화** : 물질의 고유한 성질은 변하지 않으면서 모양이나 상태가 변하는 현상

예 종이를 가위로 자른다, 빨래가 마른다, 설탕이 물에 녹는다, 꽃향기가 방안에 퍼져 나간다, 얼음이 녹아 물이 된다 등

2) **화학 변화** : 어떤 물질이 성질이 전혀 다른 새로운 물질로 변하는 현상

ⓔ 종이를 태운다, 음식물이 부패한다, 프라이팬 위의 달걀이 익는다, 철이 녹슨다, 김치가 시어진다 등

2. 화학 반응의 규칙

1) **질량 보존 법칙(1772년, 라부아지에)** : 화학 반응이 일어날 때 반응물의 총질량과 생성물의 총질량은 같다.

ⓔ $\frac{\text{탄산수소 나트륨}}{168g} \rightarrow \frac{\text{탄산 나트륨}}{106g} + \frac{\text{이산화탄소}}{44g} + \frac{\text{물}}{18g}$

2) **일정 성분비 법칙(1799년, 프루스트)** : 화합물을 구성하는 성분 원소 사이에는 일정한 질량비가 성립한다.

ⓔ $\frac{\text{구리}}{4} + \frac{\text{산소}}{1} \rightarrow \frac{\text{산화 구리 II}}{5}$ ← 질량비

3. 화학 반응에서의 에너지 출입

1) **발열 반응** : 에너지를 방출하는 반응 ⓔ 호흡

2) **흡열 반응** : 에너지를 흡수하는 반응 ⓔ 광합성

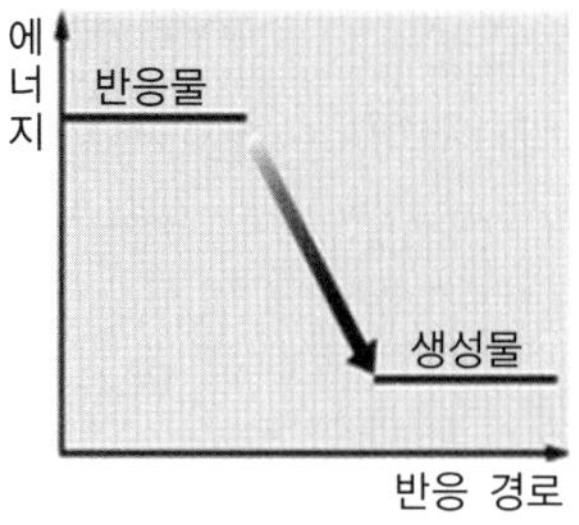

〈발열반응〉

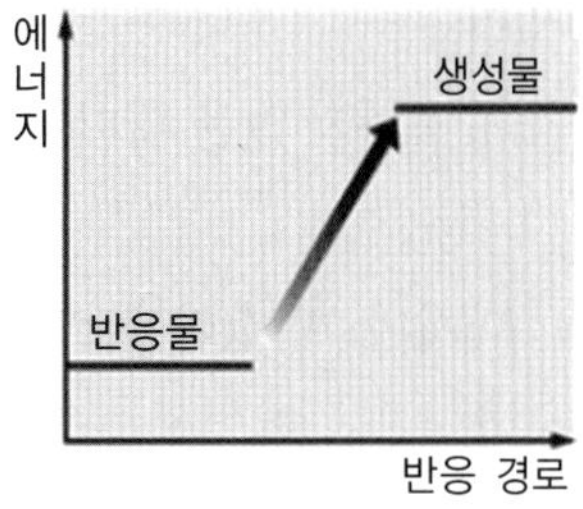

〈흡열반응〉

과학 2 (생명과학)

1 생물의 다양성

1. 생물 다양성 : 생물의 종류가 많을수록, 같은 종류에 속하는 생물의 특성(유전자)이 다양할수록, 생태계가 다양할수록 생물 다양성이 높다.

2. 생물이 다양해진 과정 : 변이 → 환경에 적응 → 생물이 다양해짐

예 목이 긴 갈라파고스땅거북이 나타난 과정

3. 생물의 분류 단계

종 < 속 < 과 < 목 < 강 < 문 < 계

〈생물의 5계〉

1) **원핵생물계** : 핵이 없고, 단세포 생물이다.
세포벽이 있고, 대부분 광합성을 하지 않는다.
예 대장균, 포도상 구균

2) **원생생물계** : 핵이 있다.
균계, 식물계, 동물계에 속하지 않는 나머지 무리이다. 대부분 단세포 생물이지만, 다세포 생물도 있다.
예 아메바(단세포) / 다시마, 미역(다세포)

3) **균계** : 핵이 있고, 세포벽이 있다.
버섯이나 곰팡이와 같이 운동성이 없는 생물이다.
광합성을 하지 못하기 때문에, 죽은 생물의 몸을 분해하여 양분을 얻는다.
예 느타리버섯, 검은빵곰팡이

4) **식물계** : 다세포 생물이고, 세포벽이 있다. 광합성을 하고, 기관(뿌리, 줄기, 잎)이 발달하였다.

예 진달래, 고사리

5) **동물계** : 다세포 생물이고, 세포벽이 없다. 운동성이 있고, 다른 생물을 먹이로 삼아 양분을 얻는다. 몸에 기관이 발달하였다.

예 불가사리, 나비, 해파리

4. 생태계 평형 : 생태계를 이루는 생물의 종류와 수가 크게 변하지 않고 안정된 상태를 유지하는 것

1) **(가)** : 생물 다양성이 낮다 ⇒ 먹이 사슬이 단순, 생태계 평형이 쉽게 파괴된다.

2) **(나)** : 생물 다양성이 높다 ⇒ 먹이 사슬이 복잡, 생태계 평형이 잘 유지된다.

5. 생물 다양성의 감소 원인과 대책

1) **원인** : 인간의 활동과 관계가 깊다. ⇒ 서식지 파괴, 남획, 외래종 유입, 환경오염 등

2) **대책** : 보호구역 지정, 법률 강화, 환경 정화시설 설치 등

6. 생물 다양성 보전을 위한 활동 : 여러 가지 협약을 맺고 실행하기(국제적), 멸종 위기종 복원 사업, 관련 법률 제정하기(국가적), 외래종 제거하기(사회적), 친환경 농산물 이용하기(개인적) 등

2 식물과 에너지

1. 광합성 : 식물이 빛에너지와 이산화탄소, 물을 원료로 양분을 만드는 과정

$$\text{이산화탄소} + \text{물} \xrightarrow{\text{빛에너지}} \text{포도당} + \text{산소}$$

1) **광합성 장소** : 엽록체

2) **광합성이 일어나는 시기** : 빛이 있을 때(낮)

3) **광합성으로 만들어지는 물질** : 포도당, 산소

4) **광합성에 영향을 주는 요인** : 빛의 세기, 이산화탄소 농도, 온도

2. 호흡 : 세포에서 양분을 분해하여 생명 활동에 필요한 에너지를 얻는 과정

포도당 + 산소 → 이산화탄소 + 물 + 에너지

1) **호흡 장소** : 모든 살아 있는 세포

2) **호흡이 일어나는 시기** : 항상

3) **호흡에 필요한 물질** : 포도당, 산소

4) **호흡으로 생성되는 물질** : 이산화탄소, 물, 에너지

3. 식물의 기체 교환 : 낮과 밤에 반대로 나타난다.

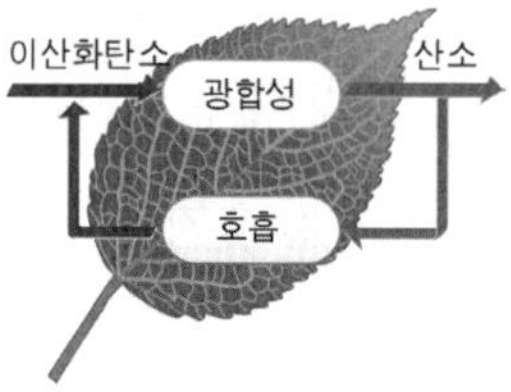

낮	· 빛이 강하여 광합성이 활발하게 일어난다. · 광합성량 > 호흡량 ⇒ 이산화탄소 흡수, 산소 방출
밤	· 빛이 없어 광합성이 일어나지 않는다. · 호흡만 일어남 ⇒ 산소 흡수, 이산화탄소 방출

4. 증산 작용 : 식물체 속의 물이 수증기로 변하여 잎의 기공을 통해 공기 중으로 빠져나가는 현상

1) 증산 작용 장소 : 기공

2) 증산 작용이 잘 일어나는 시기 : 낮

3) 증산 작용이 잘 일어나는 환경 조건

햇빛 – 강할 때, **온도** – 높을 때, **습도** – 낮을 때, **바람** – 잘 불 때

3 동물과 에너지

1. 소화

1) 영양소

① 탄수화물 : 주로 에너지원(약 4kcal/g)으로 이용, 남은 것은 지방으로 저장

예 밥, 빵, 감자, 고구마

② 단백질 : 주로 몸을 구성, 에너지원(약 4kcal/g)으로도 이용, 몸의 기능 조절

예 고기, 생선, 달걀, 두부

③ 지방 : 몸을 구성하거나 에너지원(약 9kcal/g)으로 이용 예 버터, 기름

④ 물 : 몸의 가장 많은 비중(약 70%), 영양소와 노폐물 등 운반, 체온 조절

⑤ 바이타민 : 적은 양으로 몸의 기능을 조절, A, B_1, C, D 등 예 채소, 과일

⑥ 무기염류 : 뼈, 이, 혈액 등을 구성, 몸의 기능을 조절, Ca, Na, Fe, K, Mg 등

예 멸치, 버섯, 다시마, 우유

2) **소화과정** : 녹말은 포도당으로, 단백질은 아미노산으로, 지방은 지방산과 모노글리세리드로 분해된다.

① 입 : 침 속의 아밀레이스가 녹말을 엿당으로 분해한다.

② 위 : 위액 속의 펩신이 염산의 도움을 받아 단백질을 분해한다.

③ 소장

㉠ 쓸개즙 : 지방의 소화를 돕는다.

㉡ 이자액 : 아밀레이스(녹말 분해), 트립신(단백질 분해), 라이페이스(지방 분해)가 들어 있다.

3) **영양소의 흡수** : 소장 융털의 모세 혈관과 암죽관으로 흡수되어 심장으로 이동한 후 온몸의 조직 세포로 운반된다.

① 수용성 영양소 : 포도당, 아미노산, 무기염류 ⇒ 융털의 모세 혈관으로 흡수

② 지용성 영양소 : 지방산, 모노글리세리드 ⇒ 융털의 암죽관으로 흡수

2. 순환

1) **심장** : 2심방 2심실

① 심방 : 심장으로 혈액이 들어오는 부위, 정맥과 연결

② 심실 : 심장에서 혈액을 내보내는 부위, 동맥과 연결(심방보다 벽이 두껍고, 좌심실의 벽이 가장 두껍다)

③ 판막 : 혈액의 역류 방지, 심방과 심실 사이, 심실과 동맥 사이, 정맥

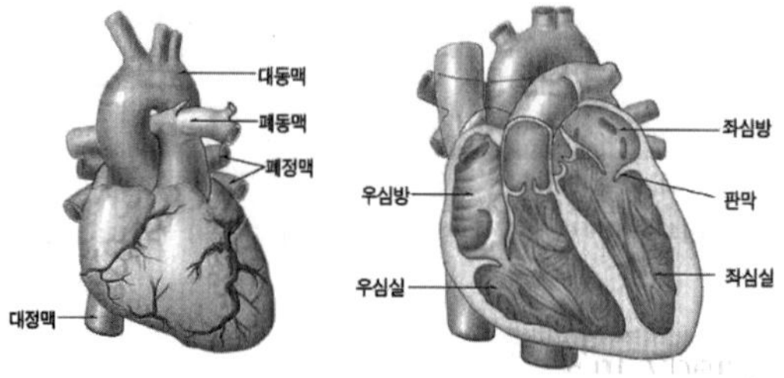

2) **혈관**

① 동맥 : 심장에서 나가는 혈액이 흐르는 혈관

② 정맥 : 심장으로 들어가는 혈액이 흐르는 혈관

③ 모세혈관 : 온몸에 그물처럼 퍼져있는 가느다란 혈관(동맥과 정맥을 연결, 주위의 조직 세포와 물질 교환)

3) **혈액** : 세포 성분인 혈구(45%)와 액체 성분인 혈장(55%)으로 이루어져 있다.

① 혈구

- 적혈구 : 가운데가 오목한 원반형, 산소 운반
- 백혈구 : 모양이 일정하지 않음, 식균 작용
- 혈소판 : 모양이 일정하지 않음, 혈액 응고 작용

② 혈장 : 물이 주성분(약 90%) ⇒ 체온 조절
영양소, 이산화탄소, 노폐물 등을 운반

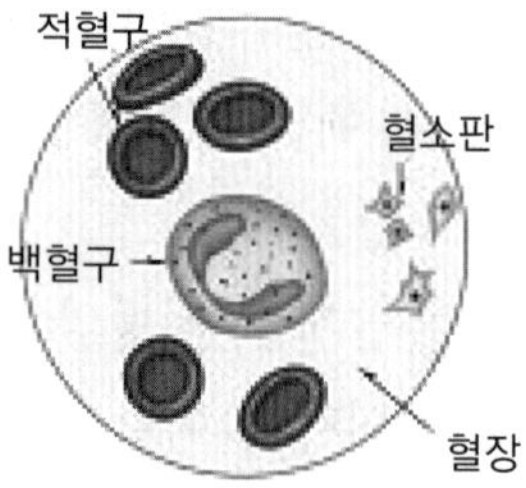

4) **혈액 순환**

① 폐순환(= 소순환) : 우심실 → 폐동맥 → 폐의 모세 혈관 → 폐정맥 → 좌심방

② 체순환(= 대순환) : 좌심실 → 대동맥 → 온몸의 모세 혈관 → 대정맥 → 우심방

3. 호흡

1) **호흡 기관** : 코, 기관, 기관지, 폐(폐포)

2) **호흡 운동** : 폐의 운동은 갈비뼈와 가로막의 상하 운동에 의해 이루어진다.

구분	갈비뼈	가로막	흉강	압력	공기 이동
들숨	올라감	내려감	넓어짐	낮아짐	외부 → 폐
날숨	내려감	올라감	좁아짐	높아짐	폐 → 외부

3) **기체 교환** : 기체의 농도 차이에 따른 확산에 의해 기체 교환이 일어난다.

4. 배설

1) **노폐물의 생성과 배설**

분해 영양소	노폐물	몸 밖으로 나가는 방법
탄수화물, 단백질, 지방	이산화탄소	폐에서 날숨으로 나간다.
탄수화물, 단백질, 지방	물	폐에서 날숨으로 나가거나, 콩팥에서 오줌으로 나간다.
단백질	암모니아	간에서 독성이 약한 요소로 바뀐 다음 콩팥에서 오줌으로 나간다.

2) **배설계의 구조** : 콩팥, 오줌관, 방광, 요도

3) **오줌의 생성 과정**

① 여과 : 크기가 작은 물질이 [사구체 → 보먼주머니]로 이동하는 현상

② 재흡수 : 몸에 필요한 물질이 [세뇨관 → 모세 혈관]으로 이동하는 현상

③ 분비 : 노폐물이 [모세 혈관 → 세뇨관]으로 이동하는 현상

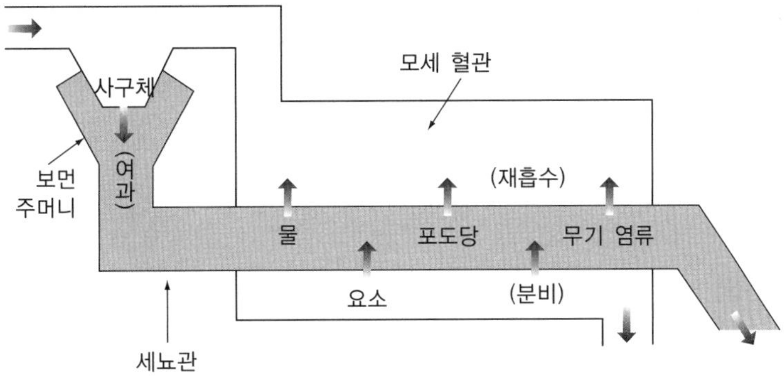

4 자극과 반응

1. 감각 기관

1) 눈(시각)

① 홍채 : 빛의 양을 조절

② 수정체 : 빛을 굴절

③ 망막 : 상이 맺힘

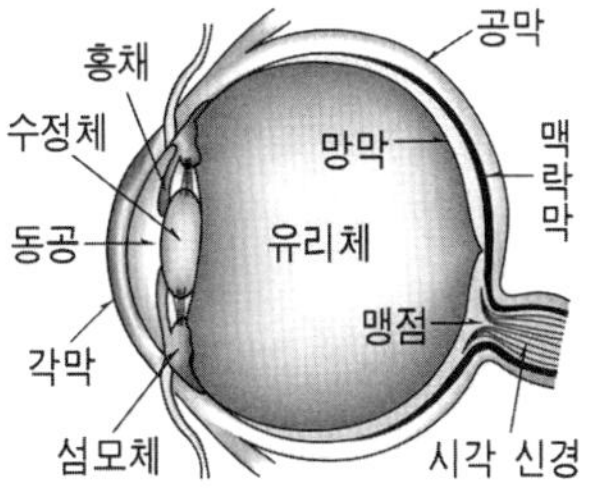

2) **시각 성립 경로** : 빛 → 각막 → 수정체 → 유리체 → 망막의 시각 세포 → 시각 신경 → 뇌

3) **눈의 조절 작용**

① 동공 크기 조절 : 밝을 때(홍채 이완 ⇒ 동공 축소), 어두울 때(홍채 수축 ⇒ 동공 확대)

② 수정체 두께 조절 : 먼 곳을 볼 때(섬모체 이완 ⇒ 수정체 얇아짐), 가까운 곳을 볼 때(섬모체 수축 ⇒ 수정체 두꺼워짐)

4) **귀(청각, 평형 감각)**

① 달팽이관 : 청각 세포

② 반고리관 : 몸의 회전 감지

③ 전정 기관 : 몸의 기울어짐 감지

④ 귀 인두관 : 압력 조절

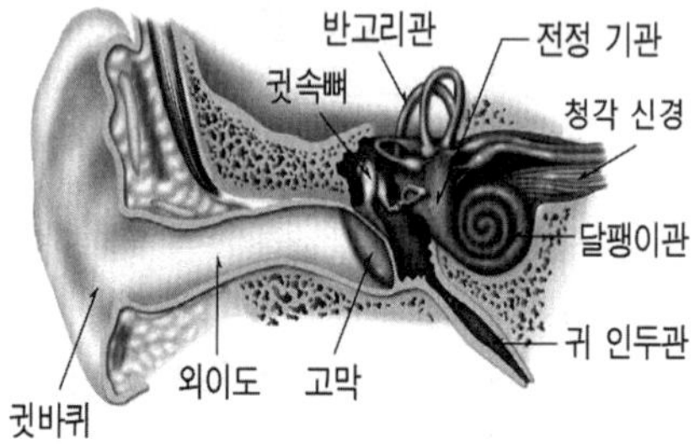

5) **청각의 성립 경로** : 소리 → 귓바퀴 → 외이도 → 고막 → 귓속뼈 → 달팽이관의 청각 세포 → 청각 신경 → 뇌

6) **코(후각), 혀(미각)**

① 후각(기체 상태의 화학 물질) : 가장 예민한 감각이지만, 쉽게 피로해진다.

⇒ 후각 세포는 같은 냄새를 계속 맡으면 나중에는 잘 느끼지 못한다.

② 미각(액체 상태의 화학 물질) : 기본 맛은 단맛, 신맛, 짠맛, 쓴맛, 감칠맛

2. 신경계

1) **뉴런** : 신경계를 이루고 있는 신경 세포

① 감각 뉴런 : 감각 기관에서 받아들인 자극을 연합 뉴런으로 전달

② 연합 뉴런 : 뇌와 척수를 이루는 뉴런, 감각 뉴런과 운동 뉴런을 연결

③ 운동 뉴런 : 연합 뉴런의 명령을 반응 기관으로 전달

2) **자극의 전달** : 감각 뉴런 → 연합 뉴런 → 운동 뉴런 순으로 일어난다.

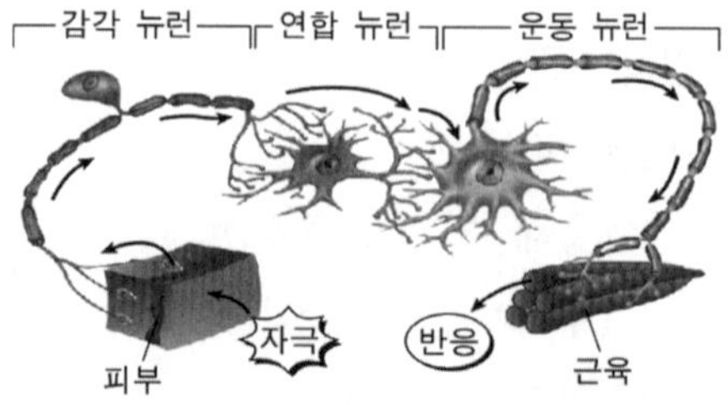

3) 중추 신경계

① 뇌

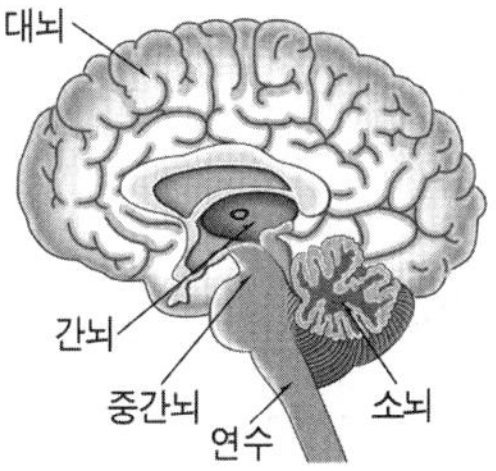

· 대뇌 : 고등 정신 활동
· 소뇌 : 몸의 균형 유지
· 간뇌 : 체온 유지
· 중간뇌 : 눈의 움직임, 동공과 홍채 조절
· 연수 : 심장 박동, 호흡 운동, 소화 운동 조절

② 척수 : 자신의 의지와 관계없이 일어나는 반응의 중추(위험 반사, 무조건 반사, 무릎 반사 등)

4) 말초 신경계

구분	동공 크기	심장 박동	호흡 운동	소화 운동
교감 신경	확대	촉진	촉진	억제
부교감 신경	축소	억제	억제	촉진

5) **무조건 반사** : 대뇌의 판단 과정을 거치지 않아 자신의 의지와 관계없이 일어나는 반응 ⇒ 반응이 매우 빠르게 일어나므로 위험한 상황에서 몸을 보호하는 데 중요한 역할을 한다.

예 뜨거운 주전자에 손이 닿았을 때 급히 손을 떼는 반응

3. 호르몬 : 특정 세포나 기관으로 신호를 전달하여 몸의 기능을 조절하는 물질

예 갑상샘(티록신), 이자(글루카곤, 인슐린), 정소(테스토스테론), 난소(에스트로젠)

1) 내분비샘에서 생성되어 혈액을 통해 운반된다.
2) 특정 세포나 기관에 작용한다. ⇒ 표적 세포(기관)가 있다.
3) 적은 양으로 큰 효과를 나타낸다. ⇒ 결핍증과 과다증이 있다.
4) 척추동물 사이에서는 종 특이성이 없다.

4. 항상성 : 몸 안팎의 환경이 변해도 몸의 상태를 일정하게 유지하는 성질

예 체온 유지, 혈당량 유지, 몸속 수분량 유지

1) 체온 조절

① 추울 때 : 열 방출량 감소, 열 발생량 증가

② 더울 때 : 열 방출량 증가, 열 발생량 감소

2) 혈당량 조절

① 혈당량 높을 때 : 이자에서 인슐린 분비 → 혈당량 낮아짐

② 혈당량 낮을 때 : 이자에서 글루카곤 분비 → 혈당량 높아짐

5 생식과 유전

1. 염색체 : DNA(유전 물질) + 단백질

1) 상동 염색체 : 체세포에서 쌍을 이루고 있는 크기와 모양이 같은 2개의 염색체

⇒ 하나는 어머니에게서, 하나는 아버지에게서 물려받은 것이다.

2) 사람의 염색체 : 사람의 체세포에는 46개(23쌍)의 염색체가 있다.

⇒ 상염색체 44개(22쌍) + 성염색체 2개(1쌍)

① 상염색체 : 남녀에게 공통적으로 들어 있는 염색체

② 성염색체 : 성을 결정하는 염색체

(남자 : *XY*, 여자 : *XX*)

2. 체세포 분열 : 생장과 재생

1) 간기 : 세포 분열 준비(유전물질 복제 등)

2) 분열기

① 전기 : 염색체가 처음 나타남

② 중기 : 염색체가 세포 중앙에 배열

(염색체 관찰 최적기!!)

③ 후기 : 염색 분체가 양극으로 이동

④ 말기 : 2개의 딸세포 형성

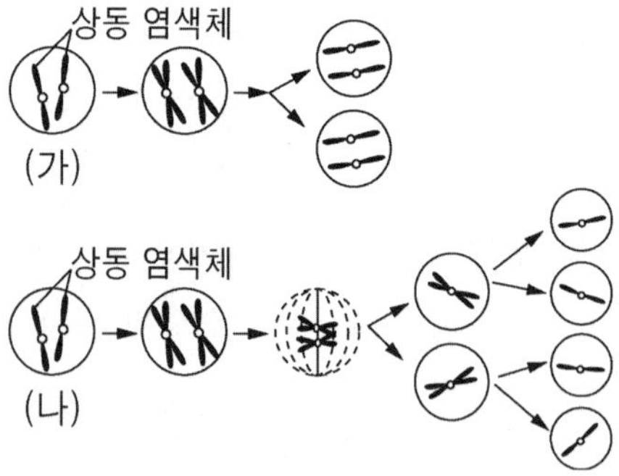

3. 감수 분열(생식 세포 분열) : 생식 기관에서 생식 세포 형성

1) **감수 1분열** : 상동 염색체가 분리되어 서로 다른 딸세포로 들어간다.

⇒ 염색체 수가 절반으로 줄어든다.

2) **감수 2분열** : 염색 분체가 분리되어 서로 다른 딸세포로 들어간다.

⇒ 염색체 수가 변하지 않는다.

3) **의의** : 세대를 거듭해도 자손의 염색체 수가 항상 일정하게 유지된다.

4. 사람의 생식 세포

구분	생성 장소	염색체 수	크기	운동성
정자	정소	23개	작다	있다
난자	난소	23개	크다	없다

5. 수정 : 정자와 난자 같은 암수의 생식세포가 결합하는 것

6. 발생 : 수정란이 세포 분열을 하면서 여러 과정을 거쳐 개체가 되는 것

1) **난할** : 체세포 분열이지만 딸세포의 크기가 커지지 않고, 세포 분열을 빠르게 반복한다.

⇒ 난할이 진행되면 세포 수가 늘어나고, 세포 각각의 크기는 작아진다.

2) **착상** : 수정 후 약 일주일이 지나 수정란이 포배가 되어 자궁 안쪽 벽을 파고들어 가는 현상

⇒ 착상되었을 때부터 임신이라고 한다.

3) **배란에서 착상까지의 과정** : 배란 → 수정 → 난할 → 착상(임신)

7. 출산 : 태아는 수정된 지 약 266일 후 출산 과정을 거쳐 모체 밖으로 나온다.

8. 멘델의 유전 원리

1) 순종의 둥근 완두(*RR*)와 순종의 주름진 완두(*rr*)를 교배했더니 잡종 1대에서 모두 둥근 완두(*Rr*)만 나왔고, 이를 자가 수분하였더니 잡종 2대에서 둥근 완두와 주름진 완두가 약 3 : 1의 비로 나왔다.

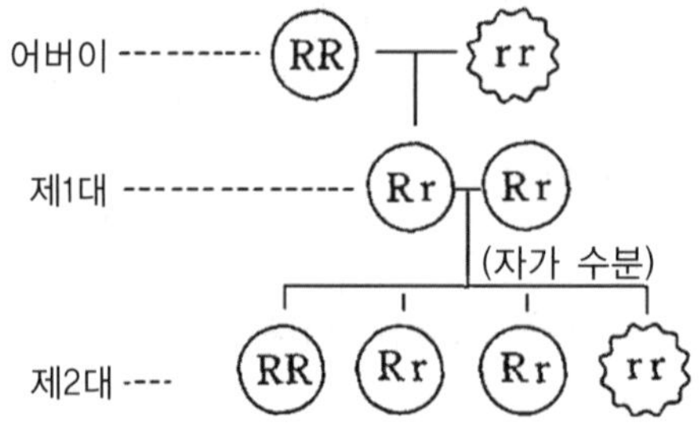

① 우열의 원리 : 대립 형질이 다른 두 순종 개체를 교배하여 얻은 잡종 1대에는 대립 형질 중 한 가지만 나타난다. ⇒ 나타나는 형질을 우성, 나타나지 않는 형질을 열성이라고 한다. (둥근 완두 : 우성, 주름진 완두 : 열성)

② 분리의 법칙 : 쌍을 이루고 있던 대립유전자가 감수 분열이 일어날 때 분리되어 서로 다른 생식 세포로 들어간다.

2) 우열의 원리가 성립하지 않는 유전

① 중간 유전 : 대립유전자의 우열 관계가 불완전하여 중간 형질이 표현되는 유전

예 분꽃 실험 : 순종의 붉은색 분꽃(*RR*)과 순종의 흰색 분꽃(*WW*)을 교배하면 잡종 1대에서 모두 분홍색 분꽃(*RW*)만 나타난다.

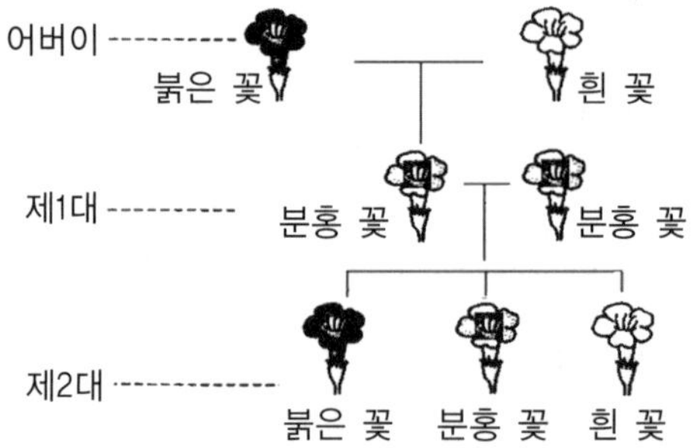

9. 사람의 유전

1) 사람의 유전 연구가 어려운 이유

① 한 세대가 길고 자손의 수가 적다.

② 대립 형질이 복잡하고, 환경의 영향을 많이 받는다.

③ 교배 실험이 불가능하다. ⇒ 주로 간접적인 방법을 이용한다.

: 가계도 조사, 쌍둥이 연구, 통계 조사, DNA 분석(최근) 등

2) **상염색체 유전** : ABO식 혈액형

유전자 A와 B 사이에는 우열 관계가 없고, 유전자 A와 B는 유전자 O에 대해 우성이다.
$(A = B > O)$

표현형	A형	B형	AB형	O형
유전자형	AA, AO	BB, BO	AB	OO

3) **성염색체 유전** : 적록 색맹

① 반성유전 : 유전자가 성염색체에 있어서 유전 형질이 나타나는 빈도가 남녀에 따라 차이가 나는 유전 현상

② 우열 관계 : 적록 색맹 유전자(X')는 정상 유전자(X)에 대해 열성이다.$(X > X')$

<table>
<tr><td colspan="2">표현형</td><td>정상</td><td>적록 색맹</td></tr>
<tr><td rowspan="2">유전자형</td><td>남자</td><td>XY</td><td>$X'Y$</td></tr>
<tr><td>여자</td><td>XX, XX'</td><td>$X'X'$</td></tr>
</table>

과학 3 (지구과학)

1 지권의 변화

1. 지구계 : 지권, 수권, 기권, 생물권, 외권

2. 지구 내부 구조

1) **지각** : 암석으로 되어 있으며, 대륙 지각과 해양 지각으로 나뉜다.

2) **맨틀** : 지구 전체 부피의 약 80%

3) **핵** : 철, 니켈 같은 무거운 금속 물질

① 외핵 : 액체 상태(지진파 S파가 통과하지 못함)

② 내핵 : 고체 상태 ⇒ 지구 내부 조사 방법 : 지진파 분석(가장 효과적인 조사 방법)

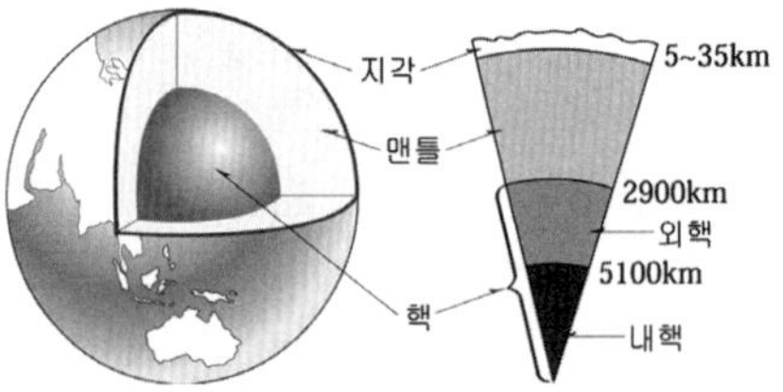

3. 암석

1) **화성암** : 마그마가 식어서 굳어진 암석

① 화산암 : 마그마가 지표 부근에서 빠르게 식음 예 현무암(돌하르방)

② 심성암 : 마그마가 지하 깊은 곳에서 천천히 식음 예 화강암(비석, 건축자재)

2) **퇴적암** : 퇴적물이 다져지고 굳어져 만들어진 암석⇒ 층리와 화석이 나타난다.

퇴적물	퇴적암	퇴적물	퇴적암
자갈, 모래, 진흙	역암	석회질 물질	석회암
모래	사암	화산재	응회암
진흙	셰일	소금	암염

3) **변성암** : 높은 열과 압력을 받아 성질이 변하여 만들어진 암석 예 편암, 편마암

⇒ 엽리와 알갱이의 변화가 나타난다.

4. 광물 : 암석을 이루는 작은 알갱이

⇒ 색, 조흔색(가루색), 굳기, 염산 반응, 자성, 결정형, 쪼개짐 등으로 구별

5. 토양 : 암석이 풍화 작용을 받아서 잘게 부서져 만들어진 흙

1) **기반암** : 풍화되지 않은 암석
2) **모질물** : 암석 조각과 모래 등으로 이루어진 층
3) **심토** : 표토에서 물에 녹은 물질이나 진흙이 쌓인 층
4) **표토** : 식물이 잘 자라고 생명 활동이 활발한 층

※ 토양의 단면 구조 : 기반암 → 모질물 → 심토 → 표토
※ 토양의 생성 순서 : 기반암 → 모질물 → 표토 → 심토

6. 대륙 이동설(베게너) : 과거 한 덩어리였던 거대한 대륙(판게아)이 여러 대륙으로 분리되고 이동하여 현재와 같은 분포를 이루었다는 학설

1) **대륙 이동의 증거** : 각 대륙의 해안선 모양 일치, 여러 대륙에서 같은 종의 화석 발견, 빙하의 이동 흔적과 분포, 멀리 떨어져 있는 대륙 간의 산맥이 연결

2) **대륙 이동의 원동력** : 맨틀의 대류

7. 판 : 지각과 맨틀 일부를 포함하는 단단한 암석층

⇒ 판은 각각 다른 방향과 속도로 이동하므로 판의 경계에서 판들은 멀어지거나 모여들고, 서로 어긋나기도 한다.(해령, 해구, 습곡산맥 등)

판의 경계	발산형 경계	수렴형 경계		보존형 경계
		섭입형	충돌형	
판의 이동	← →	→ ←		↓ ↑
모습			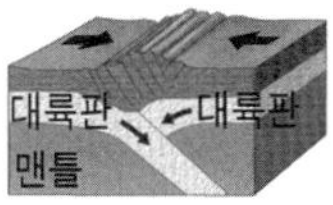	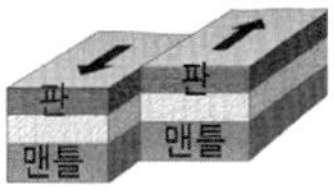
발달 지형	해령, 열곡	해구	습곡산맥	변환 단층

8. 화산과 지진

1) **화산** : 마그마가 지각의 틈을 뚫고 나오는 현상

2) **지진** : 지구 내부에 쌓인 에너지가 갑자기 방출되며 땅이 흔들리는 현상

9. 화산대와 지진대 : 화산대와 지진대는 대체로 판의 경계와 일치한다.

2 수권과 해수의 순환

1. 수권의 분포 : 해수가 대부분을 차지하고, 담수는 매우 적은 양을 차지한다.

1) **해수** : 바다에 있는 물, 수권의 97% 이상, 짠맛

2) **담수** : 주로 육지에 있는 물, 짠맛이 나지 않음

2. 해수의 수온 분포 : 깊이에 따라 다르다.

1) **영향을 주는 요인** : 태양 에너지, 바람

2) 해수의 층상 구조

① 혼합층 : 수온이 높고, 바람의 혼합 작용으로 수온이 일정 ⇒ 바람이 강할수록 두께가 두꺼워짐

② 수온 약층 : 깊이가 깊어질수록 수온이 급격하게 낮아짐 ⇒ 대류가 일어나지 않고 안정됨

③ 심해층 : 수온이 낮고 일정 ⇒ 위도나 계절에 상관없이 수온이 거의 일정

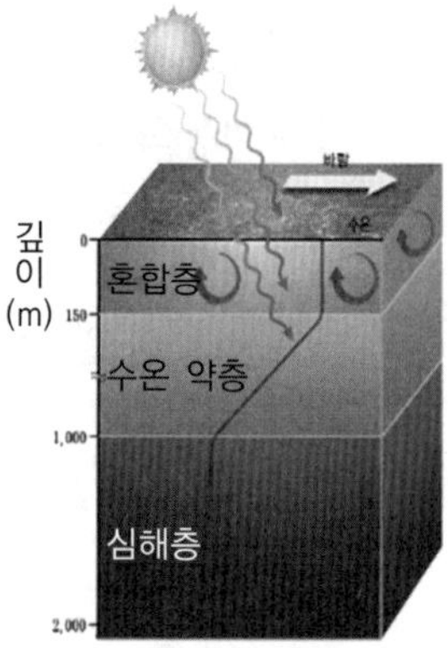

3. 염류와 염분

1) **염류** : 해수에 녹아 있는 여러 가지 물질 (염화나트륨 > 염화마그네슘)

2) **염분** : 해수 1kg에 녹아 있는 전체 염류의 양을 g수로 나타낸 것 (단위 : ‰ 퍼밀)

⇒ 전 세계 해수의 평균 염분 : 35‰

3) 염분의 분포

① 동해 > 황해 : 황해로 강물이 더 많이 유입되기 때문

② 겨울 > 여름 : 여름철에 강수량이 더 많기 때문

4. 해류 : 일정한 방향으로 나타나는 지속적인 해수의 흐름

1) **발생 원인** : 지속적으로 부는 바람

2) 해류의 구분

① 난류 : 저위도 → 고위도, 따뜻한 해류

② 한류 : 고위도 → 저위도, 차가운 해류

3) 우리나라 주변 해류

① 쿠로시오 해류에서 갈라져 나온 동한 난류와 황해 난류가 흐른다.

② 조경 수역 : 동한 난류와 북한 한류가 만나는 동해에 형성 ⇒ 좋은 어장이 형성됨

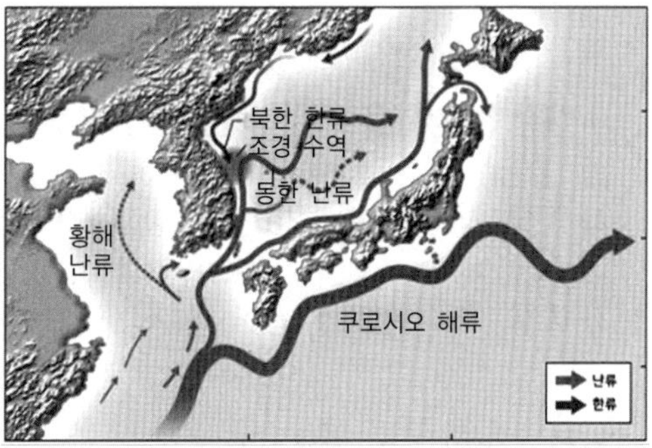

5. 조석 : 밀물과 썰물로 해수면의 높이가 주기적으로 높아지고 낮아지는 현상

3 기권과 날씨

1. 기권의 층상 구조

1) **대류권** : 공기의 대류가 있고, 기상현상(구름, 비, 눈)이 나타난다.

2) **성층권** : 대류가 일어나지 않아 안정되어, 비행기의 항로로 이용된다. 오존층이 있어 자외선을 흡수한다.

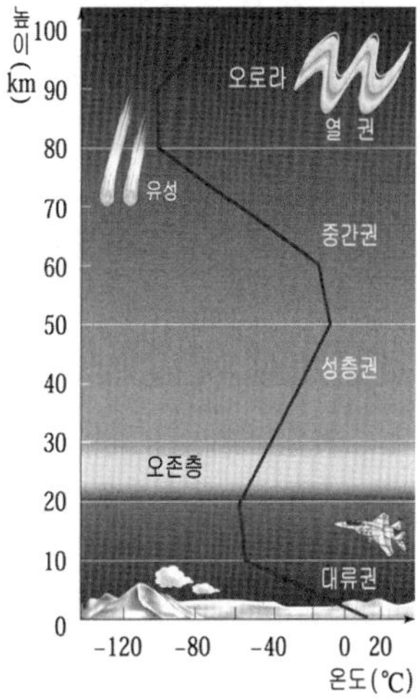

3) **중간권** : 대류가 있지만 수증기가 없어, 기상현상은 나타나지 않는다.

4) **열권** : 공기가 매우 희박하고, 밤낮의 기온 차가 크다. 오로라가 나타난다.

2. 지구의 복사 평형과 온실 효과

1) **지구의 복사 평형** : 지구는 태양 복사 에너지를 흡수한 양만큼 지구 복사 에너지를 방출하여 복사 평형을 이루고 있다. ⇒ 지구의 평균 기온이 거의 일정하게 유지된다.

2) **온실 효과** : 지표에서 방출하는 지구 복사 에너지의 일부를 대기가 흡수했다가 지표로 방출하여 지구의 평균 기온이 높게 유지되는 현상

3. 지구 온난화 : 대기 중으로 방출되는 온실 기체의 양이 증가하면서 온실 효과가 강화되어 지구의 평균 기온이 높아지는 현상

1) **가장 큰 영향을 미치는 온실 기체** : 이산화탄소(CO_2)

2) **영향** : 빙하 융해, 해수면 상승, 육지 면적 감소, 사막 증가, 기상이변 발생, 생태계 변화 등

3) **대책** : 화석 연료 사용 억제, 신재생 에너지 개발, 산림 면적 확대 등

4. 물의 증발과 포화 수증기량

1) **증발** : 물의 표면에서 물이 수증기로 변하는 현상

2) **포화 상태** : 어떤 공기가 수증기를 최대로 포함하고 있는 상태

3) **포화 수증기량** : 포화 상태의 공기 1kg에 들어 있는 수증기량(g) ⇒ 기온이 높을수록 포화 수증기량이 많아진다.

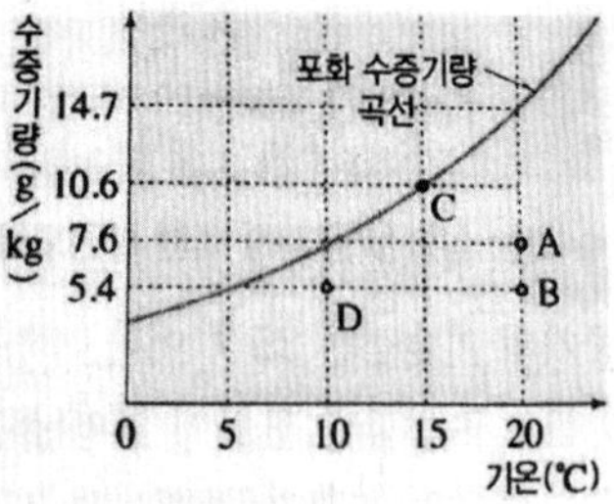

5. 이슬점

1) **이슬점** : 공기 중의 수증기가 응결하기 시작할 때의 온도
⇒ 실제 수증기량이 많을수록 높아진다.

2) **이슬점 찾기** : A의 이슬점(10℃)

6. 상대습도 : 공기의 건조하고 습한 정도

$$상대습도(\%) = \frac{현재\ 공기\ 중의\ 실제\ 수증기량}{현재\ 기온의\ 포화\ 수증기량} \times 100$$

⇒ 포화 수증기량 곡선 상에 있는 모든 공기의 상대 습도는 100%이다.

⇒ 수증기량이 많을수록, 기온이 낮을수록 상대 습도가 높다.

7. 구름의 생성 과정 : 공기 덩어리 상승 → 단열 팽창(부피 팽창) → 기온 하강 → 이슬점 도달 → 수증기 응결 → 구름 생성

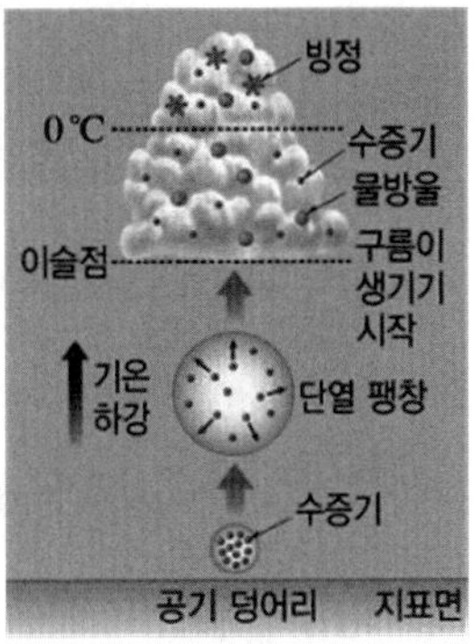

8. 기압(대기압)

1) **1기압의 크기** : 수은 기둥의 높이 76cm에 해당하는 공기의 압력

1기압 = 76cmHg = 1013hPa = 약 10m 물기둥의 압력

2) 기압의 분류

구분	고기압	저기압
정의	주위보다 기압이 높은 곳	주위보다 기압이 낮은 곳
바람(북반구)	시계 방향으로 불어 나감	반시계 방향으로 불어 들어감
기류	하강 기류	상승 기류
날씨	구름 소멸 → 날씨 맑음	구름 생성 → 날씨 흐림

9. 바람 : 기압이 높은 곳에서 낮은 곳으로 수평 방향으로 이동하는 공기의 흐름

1) **해륙풍과 계절풍** : 육지는 바다보다 빨리 가열되고 빨리 냉각되기 때문에 육지와 바다 사이에 기압 차이가 발생하여 바람이 분다.

① 해륙풍 : 해안에서 하루를 주기로 풍향이 바뀌는 바람

구분	해풍	육풍
부는 때	낮	밤
기온	육지 > 바다	육지 < 바다
기압	육지 < 바다	육지 > 바다
바람 방향	바다 → 육지	육지 → 바다

② 계절풍 : 대륙과 해양 사이에서 1년을 주기로 풍향이 바뀌는 바람

구분	남동 계절풍(우리나라)	북서 계절풍(우리나라)
부는 때	여름	겨울
기온	대륙 > 해양	대륙 < 해양
기압	대륙 < 해양	대륙 > 해양
바람 방향	해양 → 대륙	대륙 → 해양

10. 기단 : 성질이 비슷한 큰 공기 덩어리

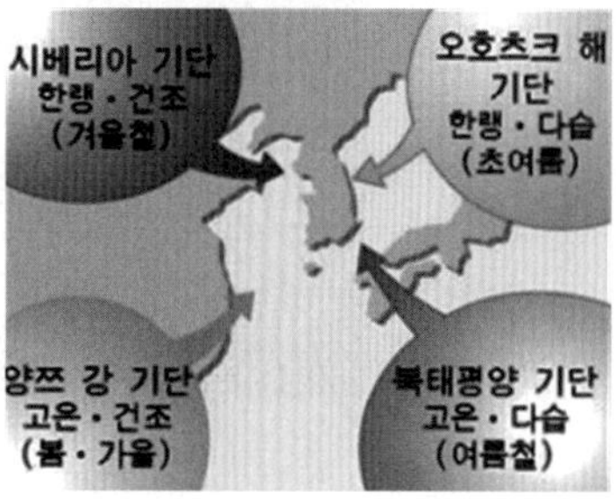

기단	성질	계절
시베리아 기단	한랭건조	겨울
오호츠크해 기단	한랭다습	초여름
양쯔강 기단	고온건조	봄, 가을
북태평양 기단	고온다습	여름

11. 전선

1) 한랭 전선

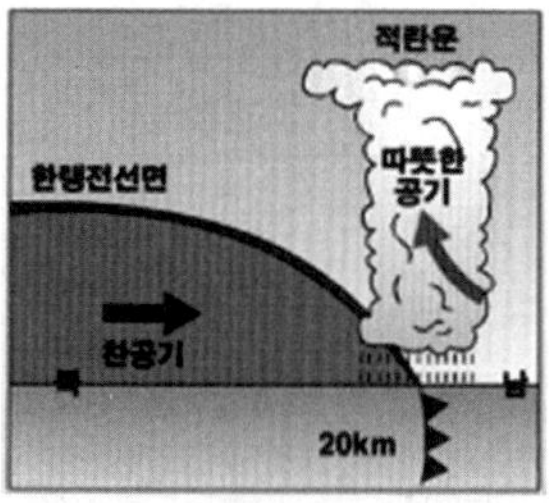

2) 온난 전선

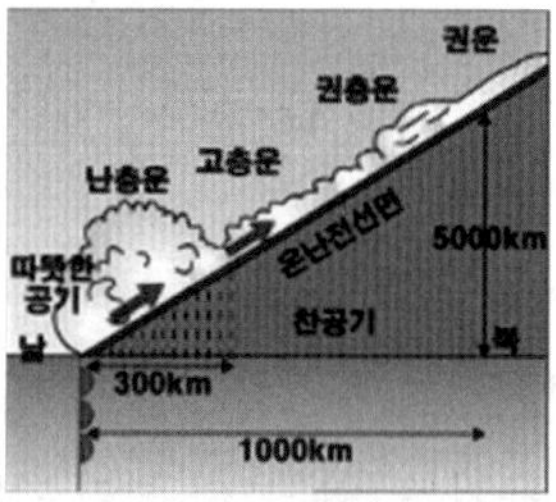

구분	한랭 전선	온난 전선
모습	찬 공기가 따뜻한 공기 아래를 파고들 때 생기는 전선	따뜻한 공기가 찬 공기를 타고 오를 때 생기는 전선
전선면의 기울기	급하다	완만하다
구름의 종류	적운형	층운형
강수	좁은 지역에 소나기	넓은 지역에 약한 비
이동 속도	빠르다	느리다
전선 통과 후	기온 하강	기온 상승

4 태양계

1. 지구의 운동

1) **자전** : 지구가 자전축을 중심으로 하루에 한 바퀴씩 서쪽에서 동쪽으로 도는 운동

예 천체의 일주 운동 : 태양의 일주 운동(낮과 밤의 반복), 달과 별의 일주 운동

2) **공전** : 지구가 태양을 중심으로 일 년에 한 바퀴씩 서쪽에서 동쪽으로 도는 운동

예 태양과 별의 연주 운동, 계절별 별자리 변화

2. 달의 운동

1) **공전** : 달이 지구를 중심으로 약 한 달에 한 바퀴씩 서쪽에서 동쪽으로 도는 운동

2) **달의 위상 변화** : 약 한 달을 주기로 **삭** → **상현** → **망** → **하현**으로 모양이 변한다.

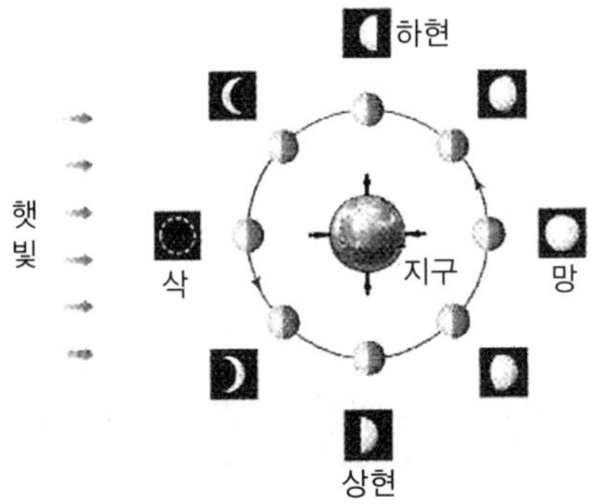

3. 일식과 월식

1) **일식** : 지구에서 볼 때 달이 태양을 가리는 현상

① 위치 관계 : 태양 - 달 - 지구 ⇒ 달의 위치는 삭

② 관측 지역 : 달의 본그림자가 닿는 지역은 개기일식, 달의 반그림자가 닿는 지역은 부분일식이 일어난다.

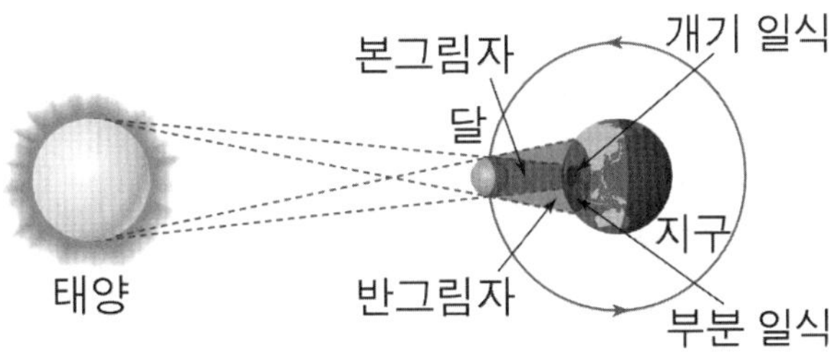

2) **월식** : 지구에서 볼 때 달이 지구 그림자에 가려지는 현상

① 위치 관계 : 태양 - 지구 - 달 ⇒ 달의 위치는 망

② 관측 지역 : 지구에서 밤이 되는 모든 지역

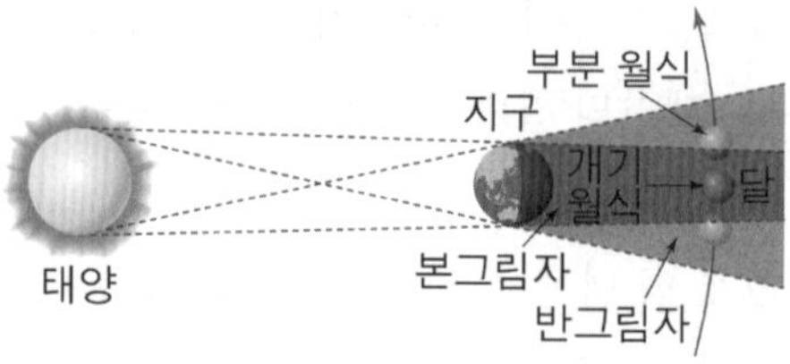

4. 태양 : 태양계에서 유일하게 스스로 빛을 내는 천체로, 지구에서 가장 가까운 별

1) **표면(광구)**

① 흑점 : 광구에 나타나는 검은 점으로, 주변보다 온도가 낮음

② 쌀알무늬 : 광구에 쌀알을 뿌려놓은 것 같은 무늬

2) **대기**

① 채층 : 광구 바로 위에 보이는 얇고 붉은 가스층

② 홍염 : 태양 표면에서 고온의 가스 불기둥이 솟아오르는 현상

③ 코로나 : 채층 밖으로 나타나는 청백색의 희미한 가스층

④ 플레어 : 흑점 주변의 폭발로, 많은 양의 에너지가 한꺼번에 방출되는 현상

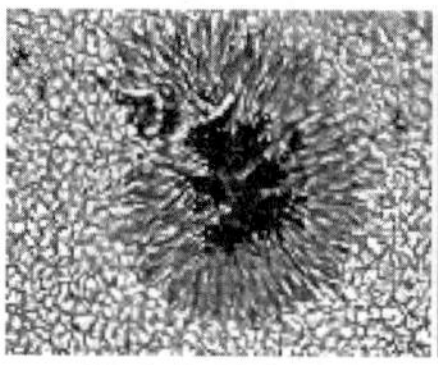
흑점과 쌀알무늬

코로나

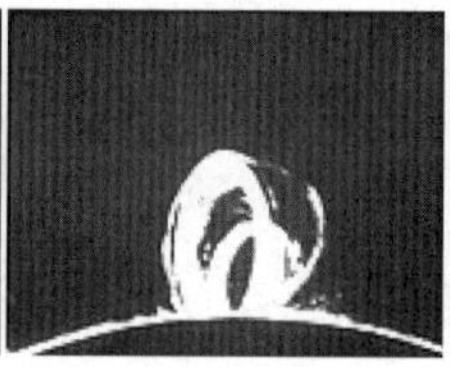
채층과 홍염

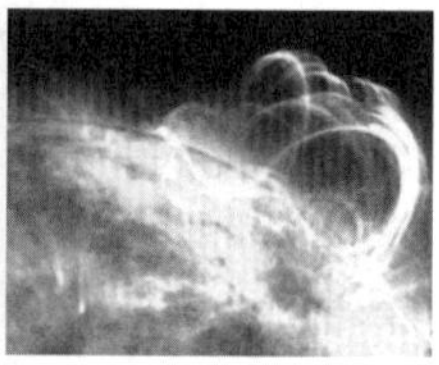
플레어

5. 행성

1) 내행성(수성, 금성)과 외행성(화성, 목성, 토성, 천왕성, 해왕성)

2) **지구형 행성과 목성형 행성**

구분	행성	크기	질량	밀도	위성수	고리	표면
지구형 행성	수성, 금성, 지구, 화성	작다	작다	크다	없다 (적다)	없다	단단한 암석
목성형 행성	목성, 토성, 천왕성, 해왕성	크다	크다	작다	많다	있다	기체

6. 행성의 특징

1) **수성** : 크기가 가장 작고, 대기가 없어 밤낮의 온도 차가 큼. 운석구덩이 많음.

2) **금성** : 두꺼운 이산화탄소 대기가 있어 표면 온도가 매우 높음.

3) **화성** : 붉은 색을 띠고, 흰색의 극관과 물이 흘렀던 흔적이 있음.

4) **목성** : 크기가 가장 크고, 가로줄무늬와 대적점(붉은점)이 나타남.

5) **토성** : 크기가 두 번째로 크고, 밀도가 가장 작으며, 뚜렷한 고리가 있음.

6) **천왕성** : 청록색을 띠고, 자전축이 공전 궤도면과 거의 나란함.

7) **해왕성** : 파란색을 띠고, 대흑점(검은점)이 나타남.

5 별과 우주

1. 연주 시차 : 지구에서 6개월 간격으로 별을 관측하여 측정한 시차의 1/2

1) 연주 시차는 지구가 공전하기 때문에 나타난다.

2) 가까이 있는 별일수록 연주 시차가 크다.

3) 연주 시차를 이용하여 별까지의 거리를 구한다.

$$\text{별까지의 거리} = \frac{1}{\text{연주 시차}}(pc)$$

2. 별의 밝기와 등급

1) 별의 밝기 표시

① 가장 밝게 보이는 별을 1등급, 가장 어둡게 보이는 별을 6등급으로 정하였다.

② 1등급인 별은 6등급인 별보다 약 100배 밝다.(1등급 차이는 약 2.5배)

2) 겉보기 등급과 절대 등급

겉보기 등급	절대 등급
· 우리 눈에 보이는 별의 밝기를 나타낸 등급 · 별까지의 거리를 고려하지 않고 나타낸 등급 · 등급이 작을수록 우리 눈에 밝게 보임	· 별이 10pc 거리에 있다고 가정했을 때 별의 밝기를 나타낸 등급 · 별의 실제 밝기 비교 가능 · 절대 등급이 작을수록 실제로 밝은 별임

3. 별의 색깔 : 표면 온도가 높을수록 파란색을 띠고, 표면 온도가 낮을수록 붉은색을 띤다.

4. 우리은하 : 태양계가 속해 있는 은하

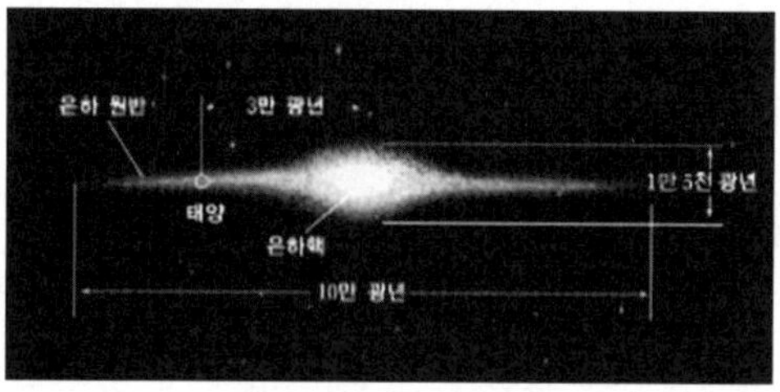

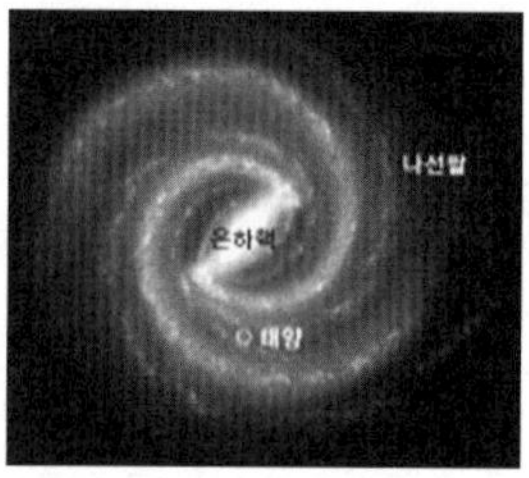

1) **모양** : 옆에서 본 모습은 원반형, 위에서 본 모습은 나선형(막대 나선 은하)

2) **크기** : 지름이 약 10만 광년

3) **태양계 위치** : 은하 중심에서 약 3만 광년 떨어진 나선팔

5. 성단과 성운

1) **성단** : 수많은 별들이 무리를 지어 모여 있는 집단

① 구상 성단 : 수많은 별들이 구형으로 빽빽하게 모여 있는 성단

· 구성 : 늙은 별
· 색 : 붉은 색
· 온도 : 낮다.

② 산개 성단 : 별들이 비교적 엉성하게 모여 있는 성단

· 구성 : 젊은 별
· 색 : 푸른 색
· 온도 : 높다.

2) **성운** : 성간 물질이 많이 모여 구름처럼 보이는 천체

종류	방출 성운	반사 성운	암흑 성운
모습			
특징	성간 물질이 주변의 별빛을 흡수하여 가열되면서 스스로 빛을 내는 성운	성간 물질이 주변의 별빛을 반사하여 밝게 보이는 성운	성간 물질이 뒤쪽에서 오는 별빛을 가로막아 어둡게 보이는 성운
예	오리온 대성운	메로페 성운	말머리 성운

6. 우주의 팽창

1) 모든 은하는 서로 멀어지고 있다.

2) 멀리 있는 은하일수록 더 빨리 멀어진다.

3) 특별한 중심 없이 모든 방향으로 균일하게 팽창하고 있다.

4) **대폭발 우주론(빅뱅 우주론)** : 하나의 점이었던 우주가 약 138억 년 전 폭발한 후 계속 팽창하여 오늘날의 우주가 만들어졌다는 이론

1 여러 가지 힘

1. 힘 : 물체의 모양이나 운동 상태를 변화시키는 원인

① 힘은 화살표로 표시한다.

② 힘의 3요소 : 힘의 크기, 힘의 방향, 힘의 작용점

③ 힘의 단위 : N(뉴턴)

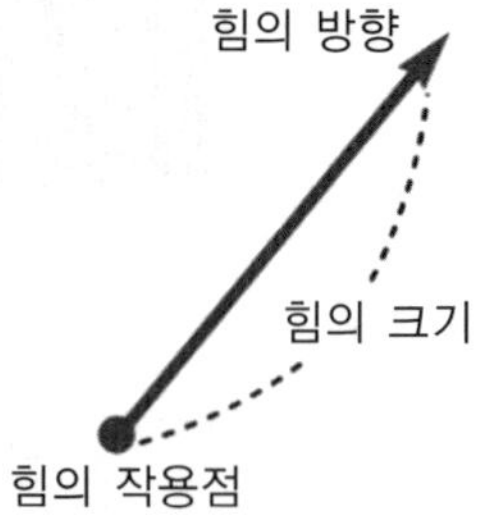

2. 중력 : 지구가 물체를 당기는 힘

1) **중력의 방향** : 지구 중심 방향(연직 아래 방향)

2) 중력의 크기

① 물체의 질량이 클수록 중력이 크게 작용한다.

② 지구 중심에 가까울수록 중력이 커진다.

③ 달에서의 중력 : 지구 중력의 1/6

예 고드름이 아래쪽으로 얼어붙는다. 번지점프를 하면 아래로 떨어진다.

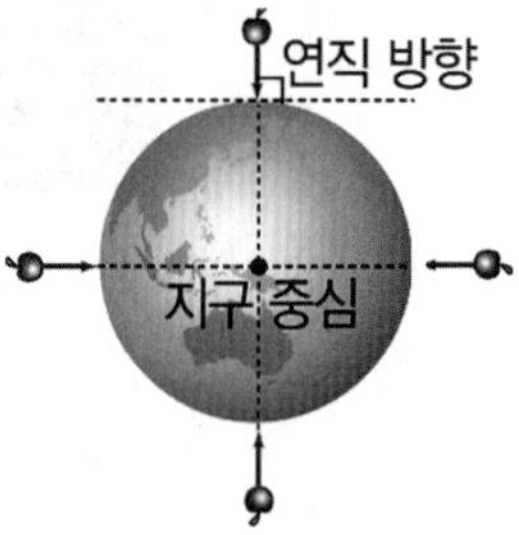

3. 질량과 무게

구분	뜻	측정기구	단위
질량	물체의 고유한 양, 변하지 않는다.	윗접시 저울, 양팔 저울	kg, g
무게	물체에 작용하는 중력의 크기, 측정 장소에 따라 달라진다. (달에서의 무게는 지구에서의 1/6이다.)	용수철 저울, 앉은뱅이 저울	N

4. 탄성력 : 모양이 변한 물체가 원래 모양으로 되돌아가려는 힘

예 컴퓨터 자판, 트램펄린, 장대높이뛰기, 침대, 자전거 안장 등

5. 마찰력 : 두 물체의 접촉면에서 물체의 운동을 방해하는 힘

1) **마찰력의 방향** : 물체의 운동 방향과 반대 방향

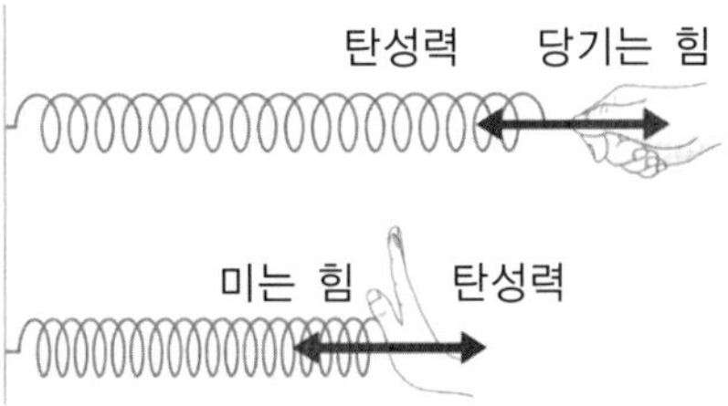

2) 마찰력의 이용

① 마찰력을 크게 하는 경우 : 등산화 바닥, 자동차 타이어 체인, 사포 등

② 마찰력을 작게 하는 경우 : 미끄럼틀, 스케이트, 기계나 자전거의 체인에 윤활유 사용 등

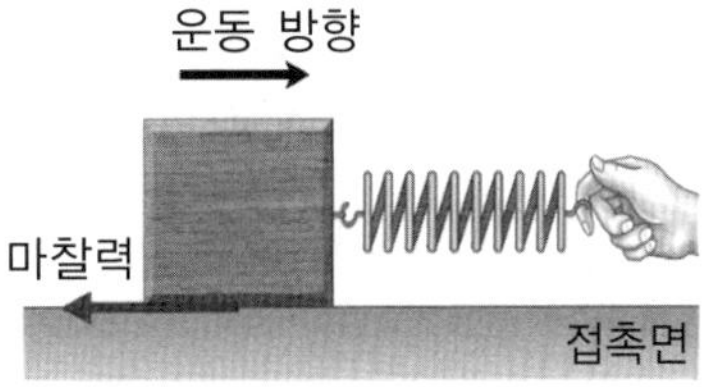

6. 부력 : 액체나 기체가 물체를 밀어 올리는 힘

1) **부력의 방향** : 중력과 반대 방향인 위쪽

2) 물체가 뜨고 가라앉는 이유

부력 > 중력	부력 = 중력	부력 < 중력
물속의 물체가 위로 떠오른다.	물 위나 물속에 물체가 떠 있다.	물체가 가라앉는다.

3) 부력의 이용

① 액체 속에서 받는 부력 : 구명조끼, 튜브, 물에 뜨는 배, 물에 잠기는 잠수함 등

② 기체 속에서 받는 부력 : 열기구, 비행선, 헬륨을 채운 풍선 등

2 전기와 자기

1. 마찰 전기(정전기) : 마찰에 의해 물체가 띠는 전기

1) 서로 다른 물체를 마찰시키면 전자가 한 물체에서 다른 물체로 이동한다.

① 전자를 잃은 물체 : (+)전하로 대전

② 전자를 얻은 물체 : (−)전하로 대전

2) **전기력** : 대전체 사이에 작용하는 힘

① 인력 : 다른 전기를 띤 물체 사이에서 서로 끌어당기는 힘

② 척력 : 같은 전기를 띤 물체 사이에서 서로 밀어내는 힘

2. 정전기 유도 : 대전되지 않은 금속 물체에 대전체를 가까이 할 때, 금속의 끝부분이 전하를 띠는 현상

대전체와 가까운 쪽은 대전체와 다른 종류의 전하로, 대전체와 먼 쪽은 대전체와 같은 종류의 전하로 대전된다.

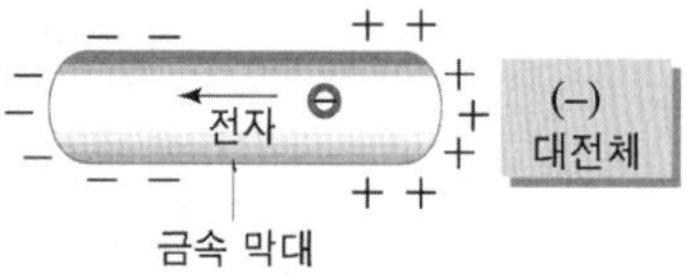

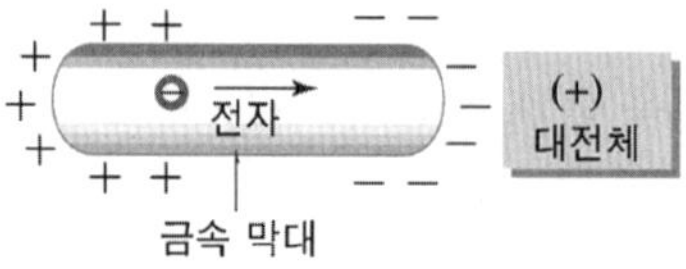

3. 검전기 : 정전기 유도 현상을 이용하여 물체의 대전 여부를 알아 보는 장치

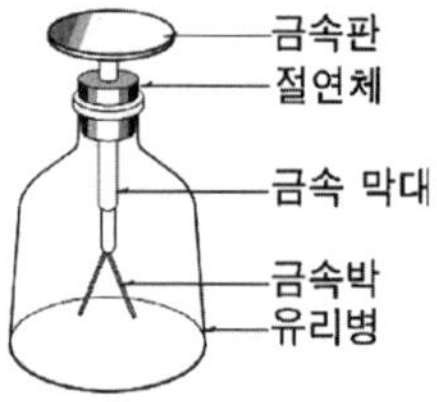

1) **금속판** : 대전체와 다른 종류의 전하가 유도

2) **금속박** : 대전체와 같은 종류의 전하가 유도

4. 전류, 전압, 저항

1) **전류** : 전하의 흐름 (단위 : A 암페어)

2) **전압** : 전류를 흐르게 하는 능력 (단위 : V 볼트) ⇒ 전압이 클수록 전류가 세게 흐른다.

3) **전기 저항** : 전류의 흐름을 방해하는 정도 (단위 : Ω 옴) ⇒ 저항이 클수록 전류의 세기가 약하다.

4) **옴의 법칙** : 전류의 세기는 전압에 비례하고, 저항에 반비례한다.

$$\text{전류의 세기} = \frac{\text{전압}}{\text{저항}}$$

5. 자기장 : 자석 주위에서 자석의 힘(자기력)이 미치는 공간

1) **방향** : 자석 주위에 나침반을 놓았을 때 나침반 자침의 N극이 가리키는 방향

2) **세기** : 자석의 양 극에 가까울수록 세다.

3) **직선 도선 주위의 자기장** : 자기장은 자석의 주위에만 생기는 것이 아니라 전류가 흐르는 도선 주위에도 생긴다.

① 자기장의 방향 : 오른손의 엄지손가락을 전류의 방향과 일치시키고 네 손가락으로 도선을 감아쥘 때, 네 손가락이 가리키는 방향 ⇒ 직선 도선을 중심으로 동심원 모양의 자기장이 형성된다.

② 전류의 방향과 세기가 달라지면 자기장의 방향과 세기도 달라진다.

6. 전자석 : 코일 속에 철심을 넣어 만든 자석

1) 전류가 흐르는 동안에만 자석이 된다.

2) 전류의 방향이 바뀌면 전자석의 극도 바뀌며, 전류의 세기에 따라 전자석의 세기가 변한다.

3) **이용** : 자기부상열차, 스피커, 전자석 기중기, 전화기, 자기 공명 영상 장치(MRI) 등

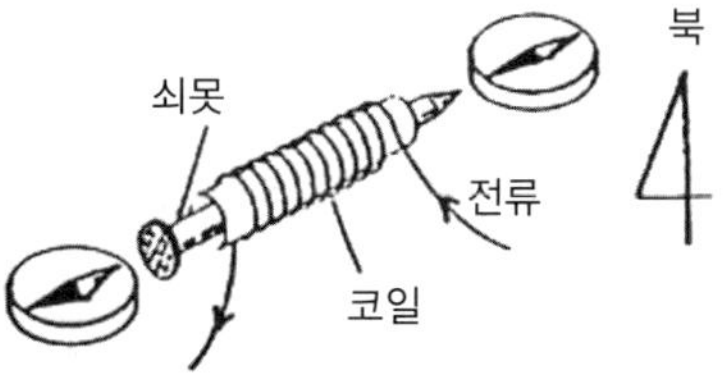

7. 자기장에서 전류가 흐르는 도선이 받는 힘 : 자석 사이에 있는 도선에 전류가 흐르면 자석에 의한 자기장과 전류에 의한 자기장이 상호 작용하여 도선은 힘을 받는다.

1) **힘의 크기** : 전류의 세기가 셀수록, 전류의 방향과 자기장의 방향이 수직일수록 크다.

2) **이용** : 전동기, 전류계, 전압계, 스피커 등

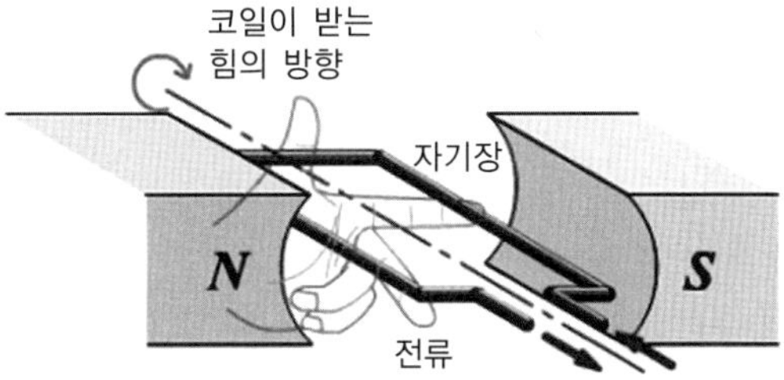

〈전동기의 회전 원리〉

3 빛과 파동

1. 빛의 직진 : 광원에서 나온 빛이 한 물질 내에서 곧게 나아가는 현상

2. 빛의 합성 : 두 가지 색 이상의 빛이 합쳐져서 또 다른 색의 빛으로 보이는 현상

1) **빛의 삼원색** : 빨간색, 초록색, 파란색

2) 빛의 삼원색을 적절하게 합성하면 모든 색의 빛을 만들 수 있다.

3) 빛은 합성할수록 밝아진다.

이용) 영상 장치(텔레비전, 휴대전화, 컴퓨터 모니터, 전광판 등)의 화면, 무대 조명

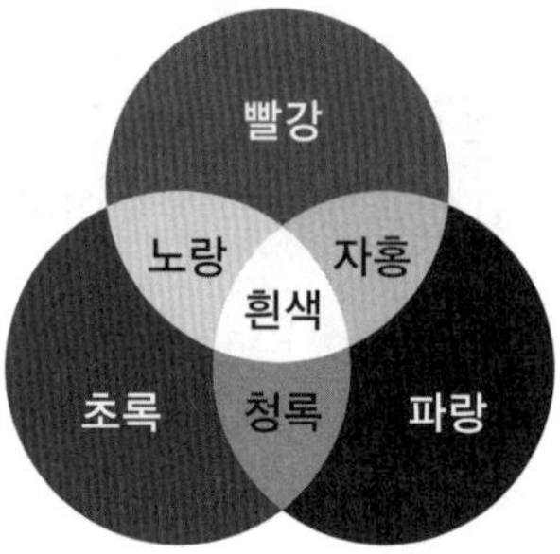

3. 물체의 색 : 물체의 색은 물체가 반사하는 빛이 합성된 색으로 보인다.

1) 바나나는 빛의 삼원색 중 빨간색, 초록색 빛만 반사하여 노란색으로 보인다.

2) 반사하는 빛이 없을 때는 검은색으로 보인다.

3) **조명과 물체의 색** : 같은 물체라도 조명색이 다르면 물체의 색이 다르게 보인다.

예 바나나는 햇빛 아래에서 노란색으로 보이지만, 빨간색 조명 아래에서는 빨간색으로 보인다.

4. 평면거울에 의한 상

1) **빛의 반사** : 직진하는 빛이 거울이나 물체에 닿으면 진행 방향이 바뀌는 현상

2) **반사 법칙** : 입사각과 반사각의 크기는 항상 같다.

3) **상의 특징**

① 상의 크기 : 실제 물체와 같다.

② 상의 모양 : 좌우가 바뀌어 보인다.

③ 상의 위치 : 거울에서 물체까지의 거리와 거울에서 상까지의 거리가 같다.

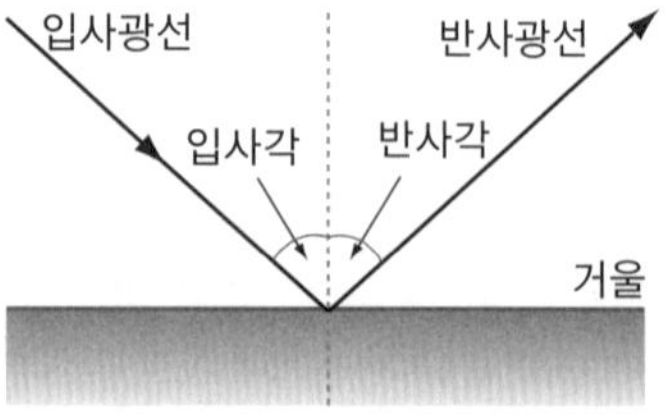

5. 구면 거울에 의한 상

거울	볼록 거울	오목 거울
빛의 진행	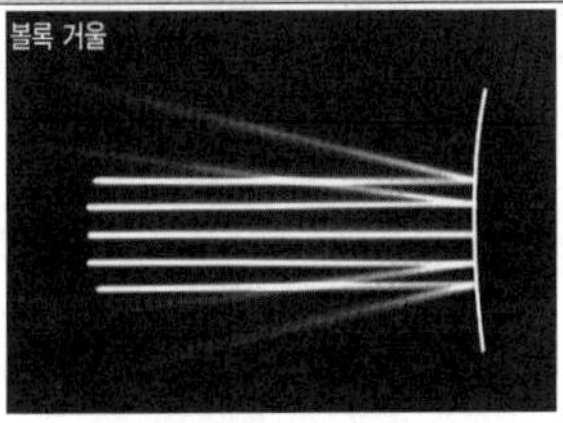 빛을 퍼지게 한다.	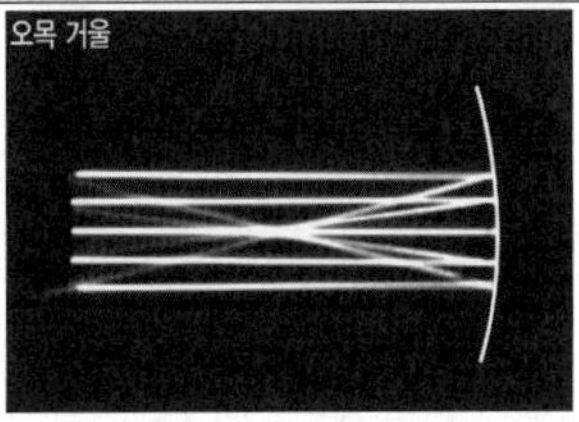 빛을 한 점에 모은다.
상의 크기	항상 실물보다 작은 상이 보인다.	거울에 가까이 있는 물체가 확대되어 보인다.
이용	자동차의 사이드 미러, 편의점의 감시 거울 등	화장용 확대 거울, 치과용 거울, 자동차 전조등 등

6. 렌즈에 의한 상

1) **빛의 굴절** : 두 물질의 경계면에서 빛의 진행 방향이 꺾이는 현상

렌즈	볼록 거울	오목 거울
빛의 진행	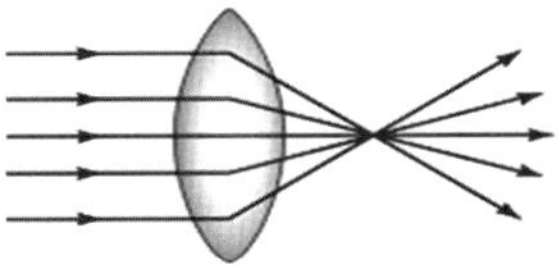 빛을 모은다.	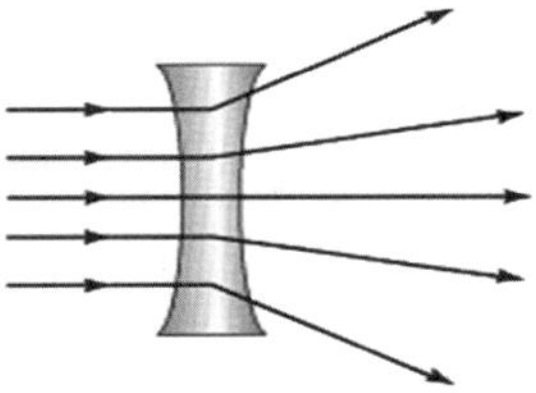 빛을 퍼지게 한다.
상의 크기	렌즈에 가까이 있을 경우 실물보다 크고 바로 선 상이 보인다.	항상 실물보다 작고 바로 선 상이 보인다.
이용	원시 교정용 안경, 돋보기, 망원경 등	근시 교정용 안경 등

7. 파동 : 한곳에서 생긴 진동이 주위로 퍼져 나가는 현상

1) **매질** : 파동을 전달시키는 물질 예 물결파(물), 소리(공기), 지진파(지각), 빛(없다)

2) 파동의 종류

① 종파 : 파동의 진행 방향과 매질의 진동 방향이 나란한 파동 예 음파, 지진파의 P파 등

② 횡파 : 파동의 진행 방향과 매질의 진동 방향이 수직인 파동

예 물결파, 빛, 전파, 지진파의 S파 등

3) 파동의 표시

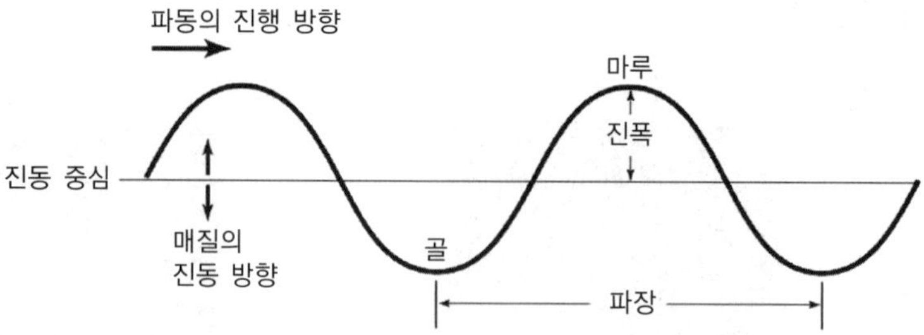

① 마루 : 파동에서 가장 높은 부분

② 골 : 파동에서 가장 낮은 부분

③ 파장 : 마루에서 다음 마루까지의 거리, 또는 골에서 다음 골까지의 거리

④ 진폭 : 진동 중심에서 마루까지의 거리, 또는 진동 중심에서 골까지의 거리

8. 소리(음파) : 물체가 진동하여 발생하고, 공기를 매질로 전달되는 파동

1) 소리의 3요소

① 소리의 세기 ⇒ 진폭이 클수록 큰 소리이다.

② 소리의 높낮이 ⇒ 진동수가 클수록 높은 소리이다.

③ 음색

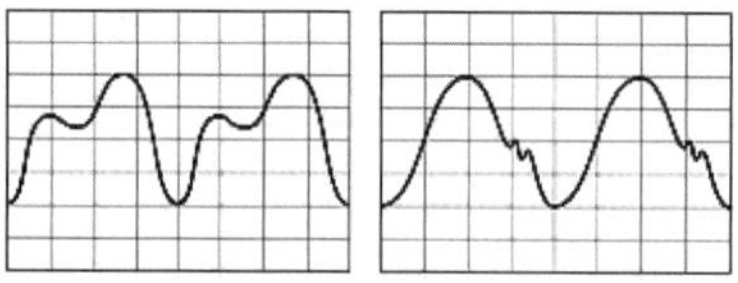

⇒ 파형이 다르면 다른 소리이다.

(높이와 세기가 같아도 음색이 다르면 다른 소리로 들린다.)

4 운동과 에너지

1. 다중 섬광 사진 : 일정한 시간 간격으로 운동하는 물체를 촬영한 사진

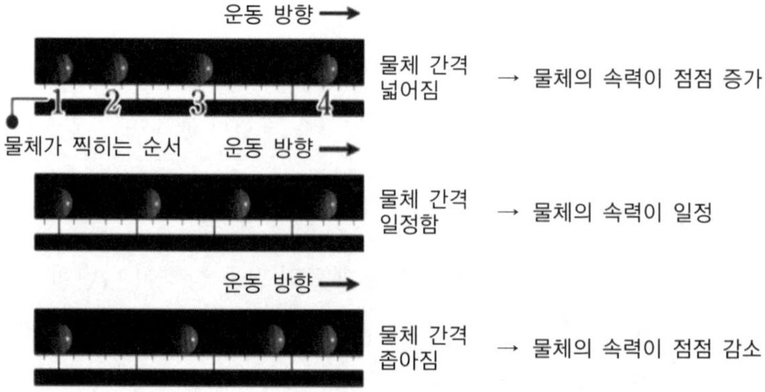

1) **속력** : 일정한 시간 동안 물체가 이동한 거리

$$속력(m/s) = \frac{이동\ 거리(m)}{걸린\ 시간(s)}$$

2. 등속 운동 : 시간에 따라 속력이 일정한 운동

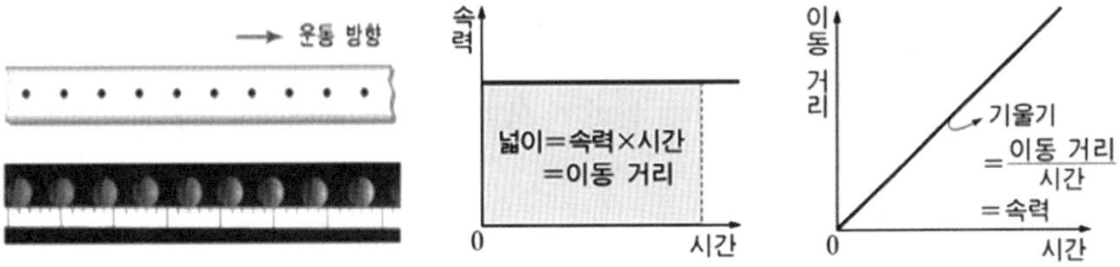

예 에스컬레이터, 스키 리프트, 무빙워크, 컨베이어 등

3. 자유 낙하 운동 : 공기 저항이 없을 때, 정지해 있던 물체가 중력만 받으면서 아래로 떨어지는 운동

1) **진공 상태일 때** : 질량이 다른 두 물체를 같은 높이에서 동시에 떨어뜨리면 동시에 바닥에 도착한다.

2) **공기 저항이 있을 때** : 물체의 크기와 모양에 따라 공기 저항이 다르게 작용하므로, 같은 높이에서 동시에 떨어뜨려도 동시에 바닥에 도착하지 않는다.

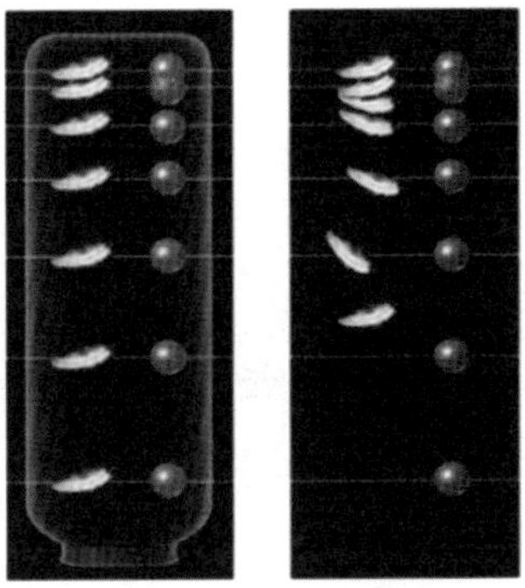
진공　　공기 중

4. 과학에서의 일 : 물체에 힘이 작용하여 물체가 힘의 방향으로 이동하는 경우

1) 일의 양(W) = 힘(F) × 이동 거리(s) (단위 : J(줄))

2) **일의 양이 0인 경우** : 작용하는 힘이 0일 때, 이동한 거리가 0일 때, 힘의 방향과 이동 방향이 수직일 때

5. 중력과 일의 양

1) **중력에 의한 위치 에너지** : 높은 곳에 있는 물체가 가지는 에너지

$$위치\ 에너지 = 9.8 \times 질량 \times 높이,\quad E = 9.8mh$$

2) **운동 에너지** : 운동하는 물체가 가지는 에너지

$$운동\ 에너지 = \frac{1}{2} \times 질량 \times (속력)^2,\quad E = \frac{1}{2}mv^2$$

5 에너지 전환과 보존

1. 역학적 에너지 : 물체가 가진 중력에 의한 위치 에너지와 운동 에너지의 합

2. 역학적 에너지의 전환

1) **물체가 자유 낙하할 때** : 위치 에너지 감소, 운동 에너지 증가

2) **물체를 던져 올렸을 때** : 위치 에너지 증가, 운동 에너지 감소

3. 역학적 에너지 보존 법칙 : 공기 저항이나 마찰이 없을 때 운동하는 물체의 역학적 에너지는 항상 일정하게 보존된다.

역학적 에너지 = 위치 에너지 + 운동 에너지 = 일정

4. 여러 가지 운동의 역학적 에너지 보존

1) 롤러코스터 운동

① A점에서 위치 에너지 최대

② $A \rightarrow C$: 위치 에너지가 운동 에너지로 전환

③ C점에서 운동 에너지 최대, 위치 에너지 최소

④ $C \rightarrow D$: 운동 에너지가 위치 에너지로 전환

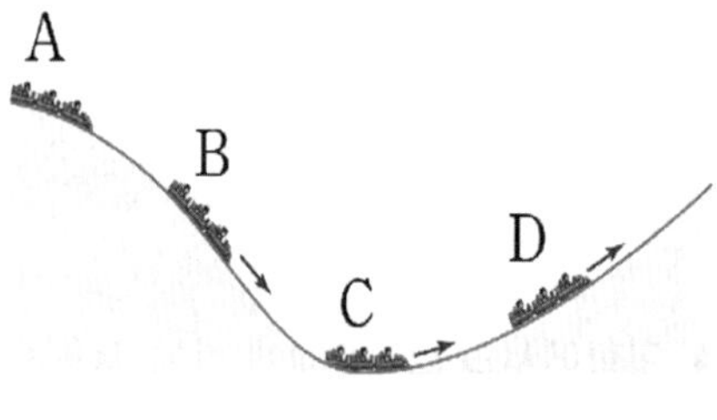

2) 진자 운동

① A, B점에서 위치 에너지 최대, 운동 에너지 0

② $A \rightarrow O$: 위치 에너지가 운동 에너지로 전환

③ O점에서 운동 에너지 최대

④ $O \rightarrow B$: 운동 에너지가 위치 에너지로 전환

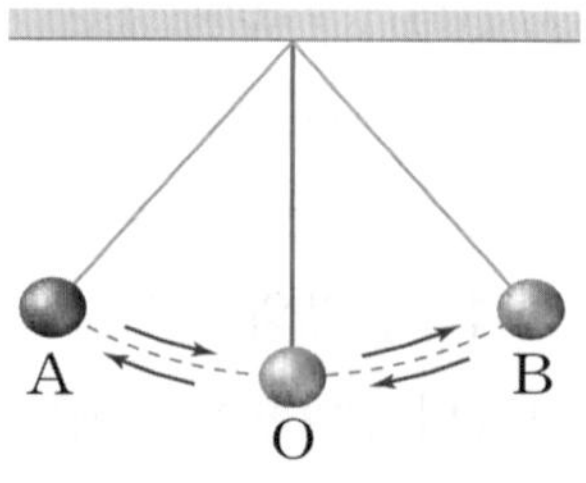

5. 전자기 유도 : 코일 주위에서 자석을 움직이면 코일을 통과하는 자기장이 변하면서 코일에 전류가 흐르는 현상

1) 강한 자석을 움직일수록
2) 코일을 많이 감을수록
3) 자석을 빠르게 움직일수록 센 전류가 유도된다.

이용) 발전기, 변압기, 금속 탐지기, 도난 방지 장치, 교통 카드 판독기 등

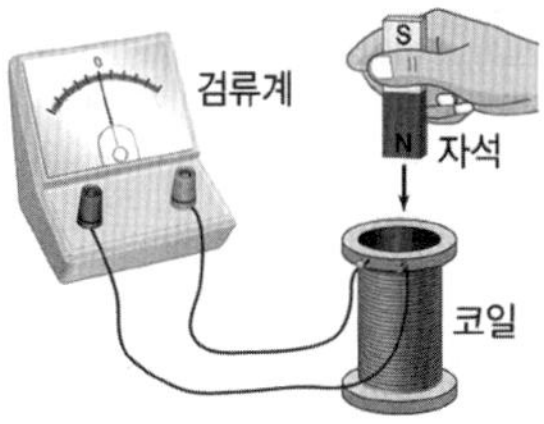

6. 전기 에너지의 전환

1) **열에너지** : 전기다리미, 전기밥솥, 전기난로 등
2) **빛에너지** : 형광등, TV, 컴퓨터 모니터 등
3) **소리 에너지** : 오디오, 스피커, 휴대전화 등
4) **운동 에너지** : 선풍기, 청소기, 세탁기 등

7. 소비 전력 : 1초 동안 전기 기구가 소모하는 전기 에너지의 양 (단위 : *W*(와트))

1) 1 *W* : 1초 동안 1 *J*의 전기 에너지를 사용할 때의 전력
2) 220 *V*-100 *W*인 전기 기구는 220 *V*에 연결 시 1초 동안 100 *J*의 전기 에너지를 사용

8. 전력량 : 전기 기구가 일정 시간 동안 소모하는 전기 에너지의 양 (단위 : *Wh*(와트시))

1) **전력량**(*Wh*) = 소비 전력(*W*) × 시간(*h*)
2) 1 *Wh*는 소비 전력이 1 *W*인 전기 기구를 1시간 동안 사용했을 때의 전력량

9. 에너지 전환과 보존

1) **에너지 전환** : 에너지는 한 형태에서 다른 형태로 전환된다.
2) **에너지 보존 법칙** : 에너지는 전환 과정에서 새로 생기거나 없어지지 않으므로 에너지의 총량은 항상 일정하게 보존된다. ⇒ 에너지의 총량은 보존되나, 에너지가 전환되는 과정에서 일부는 다시 사용할 수 없는 열에너지, 소리 에너지 등으로 전환되므로 에너지를 절약해야 한다.

06 한국사

1 선사 문화와 여러 나라의 성장

1. 선사 시대의 생활

구분	구석기 시대	신석기 시대
도구	뗀석기(주먹도끼)	간석기, 가락바퀴, 빗살무늬 토기
경제	채집, 사냥, 어로	농경과 목축 시작
사회	평등 사회	평등 사회
주거	이동 생활(동굴)	정착 생활, 움집

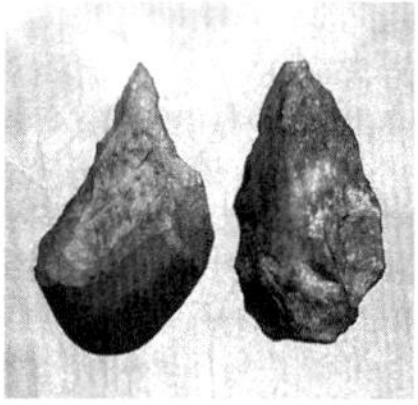
주먹도끼

빗살무늬 토기

가락바퀴

2. 고조선의 성립과 여러 나라의 성장

1) 청동기 시대

① 도구 : 비파형동검, 반달돌칼, 미송리식 토기

② 경제 : 농경과 목축 확대, 벼농사 실시

③ 사회 : 사유 재산과 계급 발생, 국가 성립

④ 무덤 : 고인돌(지배층의 무덤), 돌널무덤

고인돌

비파형동검

2) 고조선의 성립과 발전

① 청동기 문화 바탕, 우리나라 최초의 국가

② 단군신화 : 제정일치(단군왕검), 농경 사회

③ 사회 : 8조법 중 3개 조항이 전해짐 → 생명·노동력 중시, 사유 재산 보호, 노비 존재

④ 위만 조선 : 철기 문화의 본격적 수용

⑤ 멸망 : 한나라의 침략으로 멸망

3) 철기 시대

① 철제 농기구, 철제 무기 사용

② 독자적 청동기 문화 : 세형동검, 잔무늬 거울, 거푸집

4) 여러 나라의 형성과 발전

① 부여 : 영고, 순장

② 고구려 : 동맹, 서옥제

③ 옥저 : 민며느리제, 가족 공동 무덤

④ 동예 : 무천, 족외혼, 책화

⑤ 삼한 : 제정분리(소도-천군), 철 생산

2 삼국의 성립과 발전

1. 삼국의 형성과 발전

1) 고구려의 성립과 발전

① 소수림왕 : 율령 반포, 불교 수용, 태학 설립

② 광개토대왕

㉠ 만주와 한반도 중부에 이르는 영토 확장

㉡ 신라에 침입한 왜 격퇴 → 호우명 그릇

③ 장수왕(5세기)

㉠ 남진 정책, 평양 천도, 나·제 동맹

㉡ 충주 고구려비, 백제의 웅진 천도

2) 백제의 성립과 발전

① 고이왕 : 고대 국가 기틀 마련, 율령 반포

② 근초고왕(4세기)

㉠ 마한의 전 지역 확보, 고구려의 평양성 공격

㉡ 중국의 요서 · 산둥 반도, 일본의 규슈 지방에 진출

③ 무령왕 : 22담로에 왕족 파견

④ 성왕 : 사비(부여) 천도, 국호를 '남부여'로 변경

3) 신라의 성립과 발전

① 내물왕

㉠ 김씨 왕위 세습 확립

㉡ 왕의 칭호를 '마립간'으로 변경

② 지증왕

㉠ 국호를 '신라'로 확정

㉡ 왕호를 마립간에서 '왕'으로 변경, 우산국 복속

③ 법흥왕 : 율령 반포, 불교 공인, 금관가야 병합

④ 진흥왕(6세기)

㉠ 화랑도를 국가적인 조직으로 개편

㉡ 영토 확장 : 한강 유역 장악, 대가야 병합, 함경도 진출 → 단양 신라 적성비와 순수비 건립

4) 가야의 성립과 발전

① 건국 : 변한 지역에서 성장 → 중앙 집권 국가로 성장하지 못함

② 전기 가야 연맹

㉠ 김해 지역의 금관가야가 연맹 주도

㉡ 농경 문화 발달, 철 생산

③ 후기 가야 연맹

㉠ 고령 지역의 대가야가 연맹 주도

㉡ 멸망 : 신라 법흥왕 때 금관가야, 진흥왕 때 대가야 멸망

2. 삼국의 사회

1) 삼국의 귀족 회의

① 고구려 : 제가회의

② 백제 : 정사암회의

③ 신라 : 화백회의(만장일치제)

2) 고구려 : 진대법(봄철에 곡식을 대여하였다가 가을 추수 후 회수하는 빈민 구제 정책)

3) 신라

① 골품제도 : 엄격한 신분제도로 골품에 따라 개인의 사회 · 정치 활동의 범위를 결정

② 화랑도 : 청소년 수련 단체로 진흥왕 때 국가적인 조직으로 개편

3. 삼국의 문화

1) 불교

① 백제 : 미륵사지 석탑, 정림사지 5층 석탑

② 신라 : 황룡사 9층 목탑, 경주 분황사 석탑

2) 도교

① 고구려 고분의 사신도

② 백제의 금동대향로, 산수무늬벽돌

3) 천문학 발달 : 첨성대(신라)

4) 금속기술 발달 : 칠지도(백제 - 왜 교류)

5) 고분 : 돌무지 무덤 → 굴식 돌방 무덤

① 고구려 : 장군총, 무용총

② 백제 : 석촌동 고분, 무령왕릉(벽돌무덤, 중국의 영향)

③ 신라 : 천마총(돌무지 덧널무덤)

6) 삼국 문화의 일본 전파

① 고구려

㉠ 담징 : 종이 · 먹 제조법 전파, 호류사 금당벽화

㉡ 혜자 : 일본 쇼토쿠 태자의 스승

② 백제 : 일본 문화에 가장 많은 영향

㉠ 아직기와 왕인 : 천자문과 논어 등을 전파

㉡ 노리사치계 : 불경, 불상 전파

③ 신라 : 조선술, 축제술 전래

④ 영향 : 일본 아스카 문화 발전에 기여

3 통일신라와 발해의 발전

1. 고구려의 대외 항쟁과 신라의 삼국 통일

1) 고구려와 수 · 당의 전쟁

① 살수대첩(612) : 살수에서 을지문덕이 승리

② 안시성 전투(645) : 당의 침략 → 안시성에서 격퇴

2) 신라의 삼국 통일

① 백제와 고구려의 멸망

㉠ 나 · 당 동맹 결성

㉡ 백제의 멸망(660) : 계백의 황산벌 전투 실패

㉢ 고구려의 멸망(668) : 연개소문 사후 지도층의 분열

② 나 · 당 전쟁 : 매소성과 기벌포에서 당군 격퇴 → 삼국 통일 완성(676)

2. 통일 신라의 성립과 발전

1) 통일 신라의 성립과 제도 정비

① 전제 왕권 확립

㉠ 무열왕(김춘추) : 진골 출신 최초의 왕

㉡ 문무왕 : 삼국 통일의 완성

㉢ 신문왕 : 9주 5소경 정비, 국학 설립, 관료전 지급, 녹읍 폐지

② 새로운 제도의 마련

㉠ 중앙 정치 제도 : 집사부를 중심으로 운영

㉡ 지방 행정 제도

· 9주 5소경

· 상수리 제도 : 지방 세력 견제

㉢ 군사 제도 : 9서당(중앙군) 10정(지방군)

2) 통일 신라의 활발한 대외 교류

① 무역항 : 울산항 → 최대 국제 무역항

② 청해진 : 장보고, 완도에 청해진 설치

3) **민정 문서** : 신라 촌락 문서로 일본에서 발견, 촌주가 3년 마다 토지, 인구 등을 조사

4) 통일 신라의 문화

① 불교의 발달

㉠ 원효 : 화쟁 사상, 아미타 신앙(불교의 대중화)

㉡ 의상 : 신라 화엄종 개창, 부석사를 건립

㉢ 혜초 : 「왕오천축국전」을 저술

㉣ 불교 예술 : 불국사 3층 석탑, 다보탑, 석굴암(본존불상), 성덕대왕신종

② 유학의 발달

㉠ 6두품 출신 : 강수, 설총, 최치원

㉡ 독서삼품과 : 학문 성적에 따라 관리 선발, 귀족들의 반발로 실패

③ 목판 인쇄본 : 무구정광대다라니경(불국사 3층 석탑에서 발견) → 현존 최고 목판 인쇄본

3. 발해의 성립과 발전

1) 발해의 건국과 발전

① 건국(698) : 대조영이 동모산에서 건국

② 고구려 계승 의식

㉠ 일본에 보낸 외교 문서에 '고려' 국호 사용

㉡ 지배층의 대다수가 고구려인

㉢ 고구려 문화 계승 : 온돌, 고분 양식

③ 주민 구성 : 지배층(고구려인), 피지배층(말갈인)

④ 대외 관계

㉠ 무왕 : 당의 산둥 지방 공격

㉡ 문왕 : 당과 친선 관계, 신라와 교류(신라도)

㉢ 선왕 : 최대 전성기로 '해동성국'으로 불림

4. 신라 사회의 동요와 후삼국의 성립

1) 신라 사회의 동요

① 귀족들 간 왕위 쟁탈전 심화

② 6두품 세력의 변화 : 골품제의 모순 비판, 반신라 세력으로 성장

③ 지방 세력 성장 : 호족들이 지방에서 독자적인 세력 형성

④ 농민 봉기 발생 : 원종과 애노의 봉기

⑤ 선종의 확산과 풍수지리설의 유행

2) 후삼국 시대의 성립

① 후백제 건국(900) : 견훤, 완산주(전주)에 건국

② 후고구려 건국(901) : 궁예, 송악(개성)에 건국

4 고려의 성립과 변천

1. 고려의 건국과 귀족 사회의 형성

1) 고려의 건국

① 태조(왕건)

㉠ 북진 정책 : 서경(평양) 중시

㉡ 호족 포섭 : 혼인 정책

㉢ 호족 견제 : 사심관 제도, 기인 제도

② 광종

㉠ 과거 제도 시행

㉡ 노비안검법 시행

③ 성종

㉠ 최승로의 시무 28조 → 유교를 통치 이념으로 확립

㉡ 12목 설치(지방관 파견), 국자감 설치

2) 통치 체제의 정비

① 중앙 정치 제도

㉠ 2성 6부 : 중서문하성, 상서성

㉡ 도병마사 : 최고 회의 기구

㉢ 어사대 : 관리 감찰, 풍기 단속

② 지방 행정 제도

㉠ 5도 : 일반 행정 구역 → 안찰사 파견

㉡ 양계 : 군사 행정 구역 → 병마사 파견

㉢ 주현, 속현, 특수 행정 구역(향 · 부곡 · 소)

③ 군사 제도

㉠ 중앙군 : 2군 6위

㉡ 지방군 : 주현군(5도), 주진군(양계)

④ 교육 제도 : 국자감(개경), 향교(지방)

⑤ 관리 등용 제도

㉠ 과거 제도 : 문과, 잡과, 승과

㉡ 음서제 : 공신이나 5품 이상 관리의 자손을 시험 없이 관직에 임명

2. 고려 전기의 대외 관계

1) 거란의 침입과 격퇴

① 1차 침입 : 서희, 외교 담판 → 강동 6주 회복

② 3차 침입 : 강감찬의 귀주대첩, 천리장성 축조

2) 여진의 성장

① 윤관의 별무반 편성 → 여진 정벌 → 동북 9성 축조

② 여진의 세력 확장 : 금 건국 → 고려에 군신 관계 요구 → 고려(이자겸)의 사대 요구 수용

3. 고려의 경제와 사회

1) 고려의 경제 생활

① 토지 제도

㉠ 전시과 : 관리 등급에 따라 지급

㉡ 공음전 : 5품 이상의 고위 관료에게 지급 → 자손에게 세습 가능

② 화폐 주조 : 건원중보, 해동통보, 활구(은병)

③ 국제 무역항 : 벽란도

2) 고려의 사회 생활

① 신분 제도

㉠ 귀족 : 왕족, 고위 관료, 음서와 공음전

㉡ 중류층 : 서리, 남반, 향리, 하급 장교 등

㉢ 양민(평민) : 농민(백정), 상인, 수공업자, 향 · 부곡 · 소민(이주 금지)

㉣ 천민 : 대다수가 노비

② 민생 안정을 위한 시설

㉠ 의창 : 고구려의 진대법 계승, 곡식 빌려줌

㉡ 상평창 : 물가 조절 기관

㉢ 동 · 서 대비원 : 빈민 환자 치료, 개경에 설치

③ 고려 여성의 지위 : 부모 봉양과 제사를 자녀가 동등하게 부담, 여성 호주 가능, 여성의 재가가 자유로움

④ 향도 : 매향, 불교 신앙 조직 → 농민조직

4. 문벌 귀족 사회의 동요와 무신정변

1) **이자겸의 난** : 왕실의 권위 하락, 문벌 귀족 사회의 동요

2) **묘청의 서경 천도 운동**(1135) : 묘청과 정지상 등 서경 세력이 서경 천도, 칭제건원, 금 정벌 등 주장 → 김부식이 이끄는 관군에게 진압

3) **무신 정변**(1170)

① 배경 : 문신 위주의 정치와 무신 차별 대우

② 최충헌 집권 이후 최씨 무신 정권의 성립

㉠ 교정도감 : 최씨 무신 정권의 최고 권력 기구

㉡ 삼별초 : 최씨 무신 정권의 군사적 기반

4) 농민과 천민의 봉기

① 망이·망소이의 난(공주 명학소)

② 만적의 난 : 신분 해방을 목표로 봉기 → 실패

5. 대몽 항쟁과 반원 정책

1) **몽골과의 항쟁** : 강화도 천도, 팔만 대장경 조판, 황룡사 9층 목탑 소실, 삼별초의 항쟁

2) 원의 내정 간섭과 권문세족의 등장

① 원의 내정 간섭 : 정동행성

② 권문세족의 등장 : 친원파, 음서, 대농장 경영

③ 공민왕의 개혁 정치

㉠ 반원 정책

· 친원파 숙청

– 정동행성 폐지, 몽골풍 금지

· 쌍성총관부 공격 → 철령 이북 회복

㉡ 왕권 강화 정책 : 전민변정도감 설치

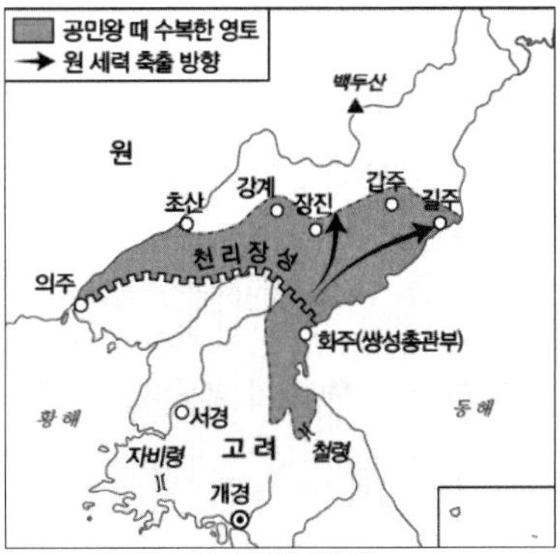

철령 이북 회복

6. 고려 문화의 발달

1) 학문의 발달

① 역사서

㉠ 김부식의 「삼국사기」 : 현존 최고 사서

㉡ 일연의 「삼국유사」 : 최초로 단군신화 기록

② 성리학 : 신진 사대부가 수용

2) 불교의 발전

① 불교 통합 운동

㉠ 천태종(의천) : 교종을 중심으로 선종까지 통합

㉡ 조계종(지눌) : 선종을 중심으로 교종까지 통합

→ 돈오점수, 정혜쌍수

② 불교 예술의 발달

㉠ 탑 : 월정사 8각 9층 석탑, 경천사지 10층 석탑

㉡ 건축 : 안동 봉정사 극락전, 영주 부석사 무량수전

3) 과학기술의 발달

① 인쇄술의 발달

㉠ 팔만대장경 : 부처의 힘으로 몽골을 물리치기 위한 염원에서 제작

㉡ 직지심체요절 : 현존하는 세계에서 가장 오래된 금속 활자본(프랑스 국립 도서관)

② 농업기술 발달 : 깊이갈이 일반화, 모내기법 보급

4) 고려 청자 : 상감청자, 고려의 귀족 문화

7. 신진 사대부의 성장과 고려의 멸망

1) 신진 사대부의 성장 : 성리학 지식을 갖추고 과거를 통해 관직 진출

2) 신흥 무인 세력의 성장 : 홍건적과 왜구의 격퇴 과정에서 신흥 무인 세력 성장

3) 고려의 멸망과 조선의 건국

① 원 멸망, 명 건국

② 위화도 회군(1388) : 이성계가 위화도에서 회군 → 최영 제거, 우왕 폐위

③ 과전법 실시(1391) : 권문세족의 토지를 몰수, 신진 사대부에게 재분배

④ 조선의 건국(1392) : 이성계를 중심으로 한 신흥 무인 세력 + 정도전 등의 신진 사대부

⑤ 한양 천도(1394)

5 조선의 성립과 발전

1. 조선의 건국과 통치 체제 정비

1) 국가 기틀의 확립

① 태종 : 6조 직계제, 사병 혁파, 호패법

② 세종 : 의정부 서사제, 집현전 설치, 훈민정음 창제, 4군 6진 개척

③ 세조 : 6조 직계제, 직전법 실시

④ 성종 : 경국대전 완성

2) 통치 체제의 정비

① 중앙 정치 제도

㉠ 의정부 : 국정 총괄
㉡ 6조 : 행정 실무 담당
㉢ 삼사 : 언론 기관, 권력의 독점과 부정 방지
· 사헌부 : 관리 감찰
· 사간원 : 왕이 올바른 정치를 하도록 간언
· 홍문관 : 왕의 정책 자문, 경연 담당
㉣ 승정원(왕명 출납), 의금부(왕의 사법 기구)
㉤ 춘추관(역사 편찬), 성균관(최고 교육 기관)

② 지방 행정 제도
㉠ 8도(관찰사) : 부 · 목 · 군 · 현 설치
㉡ 특징 : 모든 군 · 현에 지방관(수령) 파견
㉢ 유향소 : 지방 양반의 자치 기구

③ 군사 제도
㉠ 중앙군 : 5위
㉡ 지방군 : 잡색군(예비군)

④ 교통과 통신 제도 : 조운 제도, 역원 제도, 봉수 제도

⑤ 토지 제도
㉠ 과전법 : 전 · 현직 관리에게 수조권 지급
㉡ 직전법 : 현직 관리에게만 수조권 지급
㉢ 관수관급제 : 조세를 국가에서 직접 걷어서 관리에게 지급, 국가의 토지 지배권 강화

2. 조선 전기의 사회와 문화

1) 양반 사회의 성립

① 신분 구조
㉠ 양반 : 과거 등을 통해 관직에 진출
㉡ 중인 : 기술관(역관, 의관), 향리, 서리, 서얼
㉢ 상민 : 농민, 수공업자, 상인 → 조세, 공납, 역 부담
㉣ 천민 : 노비, 백정, 광대

② 관리 등용 제도
㉠ 과거제 : 문과, 무과, 잡과(기술관 선발)
㉡ 상피제 : 관리를 출신 지역에 임명하지 않음

③ 교육 제도

㉠ 서당 : 초보적인 유학 지식 교육

㉡ 4부 학당과 향교(지방) : 중등 교육 담당

㉢ 성균관 : 최고 교육 기관

2) 민족 문화의 발전

① 훈민정음 창제 : 민족 문화 발달의 바탕

② 예술의 발달

㉠ 도자기 : 분청사기 → 백자 유행(16세기)

㉡ 회화 : <몽유도원도>, <고사관수도>

③ 과학 기술의 발달 : 천상열차분야지도(천문도), 칠정산(한양 기준, 역법서)

④ 농업 기술의 발달 : 측우기, 「농사직설」

3. 사림의 성장과 성리학적 사회 질서의 확립

1) 사림의 성장

① 훈구와 사림

㉠ 훈구 : 세조의 즉위를 도운 공신들로 형성, 중앙 집권 체제 추구

㉡ 사림 : 온건파 사대부의 제자들로 형성, 향촌 자치, 왕도 정치 추구

② 사화 : 훈구와 사림의 대립 속에서 사림이 피해를 입은 사건
→ 무오사화, 기묘사화(조광조, 현량과)

③ 사림의 세력 기반 : 서원과 향약

2) 붕당의 출현 : 이조 전랑의 임명 문제를 놓고 사림 간 갈등 심화 → 서인과 동인으로 나뉨

3) 성리학적 사회 질서의 확산

① 서원

㉠ 선현 제사, 지방 양반 자제 교육, 성리학 연구

㉡ 최초의 서원 : 백운동 서원 → 소수서원

② 향약의 발달 : 전통적 향촌 규약에 삼강오륜의 윤리를 가미한 향촌 사회의 규약

③ 성리학의 발달

㉠ 이황 : 「성학십도」 저술, 일본 성리학에 영향

㉡ 이이 : 「성학집요」 저술, 현실적 · 개혁적 경향

4. 왜란과 호란의 극복

1) 임진왜란(1592)

① 왜군의 침략

② 수군과 의병의 활약

㉠ 이순신이 남해 제해권을 장악 → 왜군의 보급로 차단, 전라도 곡창 지대 보호

㉡ 의병의 활약 : 곽재우, 조헌

③ 왜란의 영향

㉠ 조선 : 국토의 황폐화, 인구 감소, 신분제 동요, 문화재 손실(경복궁, 불국사)

㉡ 일본 : 에도 막부, 문화 발전(도자기, 성리학)

㉢ 중국 : 명의 쇠퇴, 여진족 성장(후금 건국)

④ 통신사 파견 : 조선의 선진 문화와 기술 전파

2) 광해군의 중립 외교

① 중립 외교 정책 : 명과 후금 사이에 중립 외교 추진 → 후금과의 전쟁을 피함

② 인조반정(1623) : 광해군 폐위, 인조 즉위

3) 청의 침략과 북벌 운동

① 정묘호란(1627)

㉠ 배경 : 친명배금 정책 추진

㉡ 전개 : 후금의 침략 → 형제 관계 체결

② 병자호란(1636)

㉠ 배경 : 후금의 성장, 국호를 '청'으로 바꾸고 군신 관계 요구

㉡ 전개 : 인조의 남한산성 피신과 항전 → 삼전도에서 굴욕적인 강화 → 군신관계 체결

6 조선 사회의 변동

1. 제도 개혁과 조선 후기의 정치 변화

1) 통치 체제의 개편

① 비변사 : 임진왜란 이후 최고 기구로 변화

② 군사 제도 개편

㉠ 중앙군 : 5군영 체제(훈련도감 등)

㉡ 지방군 : 속오군(양반~노비, 예비군)

③ 조세 제도 개혁

㉠ 영정법 : 풍흉에 관계없이 전세를 1결당 쌀 4두 징수

㉡ 대동법

· 배경 : 방납의 폐단 발생

· 토지를 기준으로 쌀(1결당 12두), 옷감, 동전 등 징수

· 공인 등장 : 국가의 필요한 물품 구입

㉢ 균역법 : 1년에 부담하는 군포를 2필에서 1필로 줄임

2) 붕당 정치의 변화와 세도 정치의 전개

① 붕당 정치의 변질 : 일당전제화

② 탕평 정치의 시행

㉠ 영조 : 탕평책, 균역법 시행, 속대전 편찬

㉡ 정조 : 탕평책, 규장각(왕실 도서관, 학문 연구), 장용영(친위 부대), 화성 축조(정약용의 거중기 사용), 대전통편 편찬

3) 세도 정치의 전개

① 순조, 헌종, 철종의 3대 60여 년간 → 특정 외척 가문이 권력을 독점

② 영향 : 정치 기강 문란, 매관매직 성행, 삼정의 문란

③ 홍경래의 난(1811) : 평안도 지역(서북 지방)에 대한 차별 대우

④ 임술 농민 봉기(1862) : 진주 → 전국

2. 사회 · 경제 변화와 사회 개혁론의 등장

1) 조선 후기의 경제 변화

① 농업 생산력 증대

㉠ 모내기법의 전국적 보급 → 이모작

㉡ 농민층의 분화 : 일부 농민이 부농으로 성장

② 민영 수공업 발달 : 선대제 수공업

③ 상업

㉠ 장시 발달 : 보부상 활동

㉡ 사상의 성장 : 송상(개성, 인삼), 경강상인(한강)

④ 화폐 유통 : 상평통보(엽전)의 전국 유통

2) 조선 후기의 사회 변화

① 신분제 동요

㉠ 원인 : 납속책 실시, 공명첩 발급

㉡ 결과 : 양반 수 증가, 상민과 노비 수 감소

3) 사회 개혁론의 등장

① 실학의 대두 : 정치, 경제, 사회의 현실을 개혁하기 위한 방안 제시

② 중농 학파 : 토지 제도 개혁

㉠ 유형원 : 균전론

㉡ 이익 : 한전론, 「성호사설」

㉢ 정약용 : 여전론, 「목민심서」

③ 중상 학파(북학파) : 상공업 중심 개혁, 청 문물 수용

㉠ 박지원 : 수레와 선박의 이용, 화폐 사용 강조, 「열하일기」, 「양반전」, 「허생전」

㉡ 박제가 : 수레와 선박의 이용, 소비 권장(우물에 비유), 「북학의」

④ 의의 및 한계

㉠ 의의 : 실용적, 실증적, 근대 지향적 성격

㉡ 한계 : 국가 정책에 반영되지 못함

3. 조선 후기의 문화

1) 국학 연구

① 역사 : 「동사강목」(안정복), 「발해고」(유득공)

② 지리 : 「택리지」(이중환), 「대동여지도」(김정호)

③ 백과사전 : 「지봉유설」(이수광)

2) 문화와 예술의 새 경향

① 서민 문화의 발달 : 한글소설, 사설시조, 판소리, 탈춤, 민화

② 새로운 예술의 경향

㉠ 회화 : 진경 산수화(정선, 「인왕제색도」), 풍속화(김홍도, 신윤복)

㉡ 서예 : 김정희의 추사체

㉢ 도자기 : 백자 → 청화백자

4. 사회 변혁의 움직임

1) 천주교와 동학의 전파

① 천주교

㉠ 서학으로 소개 → 점차 신앙으로 수용

㉡ 제사 거부, 평등 사상 → 정부의 탄압(신유박해)

② 동학

㉠ 창시 : 1860년 경주에서 최제우가 창시

㉡ 내용 : 유교, 불교, 도교를 바탕으로 민간 신앙 융합, 인내천(사람이 곧 하늘), 보국안민 → 정부의 탄압

7 근대 국가 수립 운동

1. 흥선대원군의 집권 및 문호 개방

1) 흥선대원군의 내정 개혁

① 정치 질서 회복 : 안동 김씨 세력 축출, 비변사 기능 축소, 대전회통 편찬

② 삼정의 문란 시정 : 호포제(양반에게도 군포 부과), 환곡을 사창제로 개혁

③ 서원 철폐 → 양반 유생층 반발

④ 경복궁 중건 : 원납전 징수, 당백전 발행

2) 흥선대원군의 통상 수교 거부 정책

① 병인양요(1866) : 프랑스가 강화도에 침입, 외규장각 도서 약탈

② 오페르트 도굴 사건

③ 신미양요(1871) : 제너럴 셔먼 호 사건, 미국이 강화도에 침입

3) 문호 개방

① 강화도 조약(1876)

㉠ 배경 : 통상 개화론 대두, 운요호 사건

㉡ 내용 : 3개 항구 개항(부산, 원산, 인천), 일본에게 영사 재판권 및 해안 측량권 허용

㉢ 성격 : 최초의 근대적 조약, 불평등 조약

2. 근대적 개혁의 추진과 동학 농민 운동의 전개

1) 개화 정책의 추진과 반발

① 정부의 개화 정책

㉠ 사절단 파견 : 수신사(일본), 영선사(청)

㉡ 통리기무아문 설치 : 개화 정책 담당

㉢ 별기군(신식 군대), 박문국(출판) 등 설립

② 위정척사 운동 : 성리학을 지키고, 성리학 이외의 것은 배격 → 양반 유생층 주도

2) 임오군란과 갑신정변

① 임오군란(1882)

㉠ 발단 : 구식 군인들에 대한 차별 대우

㉡ 결과 : 청의 내정 간섭 심화, 조 · 청 상민 수륙 무역 장정

② 갑신정변(1884)

㉠ 전개 : 김옥균, 박영효 등의 급진 개화파가 우정국 개국 축하연을 이용하여 정변
→ 청군의 개입으로 3일 만에 실패(3일 천하)

㉡ 의의 : 최초의 정치 개혁 운동(입헌 군주제)

3) 동학 농민 운동의 전개

① 고부 농민 봉기 : 전봉준

② 1차 봉기 : 전주성 점령, 전주 화약 체결

③ 폐정 개혁안 : 신분제 폐지, 토지의 평균적인 분작 요구, 집강소(농민 자치 기구)

④ 2차 봉기 : 일본의 경복궁 습격, 청일 전쟁 발발 → 동학 농민군 재봉기 → 공주 우금치 전투 패배

⑤ 의의 : 반봉건 · 반외세 민족 운동

4) 근대적 개혁의 추진

① 갑오개혁(1894) : 신분제 폐지, 과부의 재가 허용, 과거제 폐지

② 을미개혁의 추진

㉠ 을미사변(1895) : 조선의 친러 정책에 위협을 느낀 일본이 명성황후 시해

㉡ 을미개혁(1895) : 태양력 사용, 종두법 실시, 단발령 실시, '건양' 연호 사용

㉢ 아관파천(1896) : 고종이 러시아 공사관으로 피신 → 열강의 이권 침탈

3. 독립협회와 대한제국

1) 독립협회

① 조직 : 서재필 등 개화파 지식인

② 목표 : 자주 국권, 자유 민권, 자강 개혁

③ 활동

㉠ 독립신문 발행, 독립문 건립

㉡ 만민공동회, 관민 공동회(헌의 6조)

㉢ 의회 설립 운동 전개

2) 대한제국(1897)

① 대한제국 수립 : 대한국 국제 반포

② 광무개혁 : 구본신참, 지계 발급

3) 근대 문물의 수용

① 근대 문물의 도입

㉠ 통신 : 전신, 전화, 우편 시설(우정총국) 설치

㉡ 교통 : 전차 운행(서울), 경인선, 경부선

㉢ 의료 : 광혜원 등 근대식 의료 기관 설립

② 근대 교육의 실시

㉠ 원산학사(1883) : 최초의 근대적 사립 학교

㉡ 육영공원(1886) : 최초의 근대적 관립 학교

4. 일제의 국권 침탈과 국권 수호 운동

1) 일제의 국권 침탈 과정

① 을사늑약(1905)

㉠ 내용 : 외교권 박탈, 통감부 설치

ⓛ 을사늑약 반대 : 나철 등이 오적 암살단 조직, 안중근의 이토 히로부미 사살, 을사의병, 헤이그 특사 파견(실패, 고종의 강제 퇴위)

② 한 · 일 신협약 : 일본인 차관 임명, 군대 해산

③ 한국 병합 조약(1910) : 일제가 대한 제국의 국권 강탈, 조선 총독부 설치

2) 항일 의병 운동 전개

① 을미의병(1895) : 을미사변과 단발령에 반발

② 을사의병(1905) : 을사늑약 체결에 반발, 평민 의병장 활약(신돌석)

③ 정미의병(1907) : 고종의 강제 퇴위와 군대 해산에 반발, 13도 창의군 결성, 서울 진공 작전

3) 애국 계몽 운동의 전개

① 단체

㉠ 보안회 : 일제의 황무지 개간권 요구 철회

ⓛ 신민회(1907)

· 안창호, 양기탁 등이 비밀 단체로 조직

· 활동 : 대성학교, 오산학교, 신흥 강습소

· 해체 : 105인 사건으로 해산(1911)

4) **국채 보상 운동 전개(1907)** : 일본에 진 빚을 갚아 국권 회복 추구

5) 간도와 독도

① 간도 협약(1909) : 일본이 철도부설권 등을 얻는 대가로 간도를 청의 영토로 인정

② 독도 : 러 · 일 전쟁 중, 일본이 독도를 시마네현에 불법 편입, 광복 이후 우리나라 영토로 되찾음

8 민족 운동의 전개

1. 일제의 식민지 지배 정책

1) 1910년대 통치 방식

① 무단 통치(헌병 경찰 제도) : 조선 총독부, 태형령, 관리 · 교원-제복, 칼

② 토지 조사 사업, 회사령(허가제)

2) 1920년대 통치 방식

① 문화 통치(민족 분열 통치) : 친일파 양성, 보통 경찰 제도

② 산미 증식 계획 : 증산량 < 수탈량

3) 1930년대 이후 통치 방식

① 민족 말살 통치 : 황국 신민화 정책, 일선 동조론, 내선 일체, 일본식 성과 이름 사용

② 병참 기지화 정책, 국가총동원법(징병제, 국민징용령, 여자 정신 근로령)

2. 3 · 1 운동과 대한민국 임시 정부

1) 3 · 1 운동의 전개(1919)

① 배경 : 민족 자결주의, 2 · 8 독립 선언

② 전개 : 민족 대표 33인이 태화관에서 독립 선언 → 전국과 해외로 확산

③ 일제의 탄압 : 유관순 순국, 제암리 사건

④ 의의 및 영향

㉠ 일제 통치 방식 : 무단 통치 → 문화 통치

㉡ 대한민국 임시 정부 수립의 계기

㉢ 중국 5 · 4 운동, 인도 반영 운동 등에 영향

2) 대한민국 임시 정부의 수립과 활동

① 연통제(비밀 행정 조직)와 교통국 실시

② 파리 강화 회의에 김규식 파견, 미국에 구미 위원부 설치

③ 한국광복군 창설(1940)

3. 국내 민족 운동의 전개

1) 실력 양성 운동

① 물산 장려 운동 : 국산품 애용, '내 살림 내 것으로', '조선 사람 조선 것으로' 등의 구호 제시

② 민립 대학 설립 운동 : '한민족 1천만이 한 사람이 1원씩'

③ 문맹 퇴치 운동 : 문자 보급 운동, 브나로드 운동

2) 사회 운동

① 형평 운동 : 백정에 대한 사회적 차별 철폐, 조선 형평사(1923) 조직

② 농민 운동과 노동 운동 : 암태도 소작 쟁의, 원산 노동자 총파업

3) 민족 협동 전선 운동의 전개

① 6·10 만세 운동(1926) : 순종의 인산일에 학생들이 만세 시위 → 일제의 탄압

② 신간회 조직(1927)

㉠ 조직 : 민족주의 계열과 사회주의 계열의 연합

㉡ 강령 : 민족의 단결, 정치적 · 경제적 각성 촉구, 기회주의자 배격 → 민족 유일당 운동

㉢ 활동 : 광주 학생 항일 운동 때 진상 조사단 파견

③ 광주 학생 항일 운동(1929)

㉠ 배경 : 일제의 차별 교육, 반일 감정 고조

㉡ 전개 : 광주에서 한 · 일 학생 충돌 → 전국으로 확산

㉢ 의의 : 3 · 1 운동 이후 최대 규모의 민족 운동

4. 국외 민족 운동의 전개

1) 의열단과 한인 애국단

① 의열단 : 김원봉, 식민지 통치 기관 파괴

② 한인 애국단(1931) : 김구가 결성

㉠ 이봉창 의거(1932) : 일본 도쿄에서 일본 국왕에 폭탄 투척 → 실패

㉡ 윤봉길 의거(1932) : 상하이 훙커우 공원에 폭탄 투척 → 중국 정부의 대한민국 임시 정부 지원 계기

2) 1920년대 국외 무장 독립 투쟁

① 봉오동 전투(1920) : 홍범도(대한 독립군)

② 청산리 대첩(1920) : 김좌진(북로 군정서)

③ 독립군의 시련 : 간도 참변, 자유시 참변

3) 한국광복군

① 연합군의 일원으로 태평양 전쟁에 참여, 영국군의 요청으로 인도 · 미얀마 전선에 참전

② 국내 진공 작전 계획

5. 민족 문화 수호 운동

1) 조선어 학회(1931) : 한글 맞춤법 통일안 및 표준어 제정, '우리말 큰 사전' 편찬 시도

2) 민족주의 사학

① 박은식 : 민족 혼 강조, 「한국통사」

② 신채호 : 낭가 사상, 「조선상고사」

3) 종교계의 활동

① 천도교 : 소년 운동과 농촌 계몽 운동 전개

② 대종교 : 단군 숭배, 무장 독립 투쟁 전개

9 대한민국의 발전

1. 대한민국 정부의 수립과 6 · 25 전쟁

1) 8 · 15 광복과 대한민국 정부의 수립

① 카이로 회담(1943) : 한국의 독립 최초 약속

② 8 · 15 광복(1945.8.15)

③ 모스크바 3국 외상 회의(1945.12) : 임시 민주 정부 수립, 미 · 소 공동 위원회 설치, 신탁 통치 실시

④ 대한민국 정부 수립 : 제 1차 미 · 소 공동 위원회 결렬 → 좌우 합작 운동(여운형, 김규식) → 제 2차 미 · 소 공동 위원회 결렬 → 유엔 소총회에서 남한에서만 총선거 실시 결정 → 남북 협상 추진(김구, 김규식), 실패 → 5 · 10 총선거 실시 → 제헌국회 구성, 이승만 대통령 선출 → 대한민국 정부 수립 선포(1948.8.15)

⑤ 반민족 행위 처벌법 제정 : 친일파 청산 시도, 실패

⑥ 농지 개혁 : 유상 매수, 유상 분배

2) 6 · 25 전쟁(1950) : 북한이 남침(1950.6.25) → 유엔군 파견 → 인천 상륙 작전, 서울 수복 → 중국 개입 → 1 · 4 후퇴 → 휴전 협정(1953)

2. 민주주의의 시련과 발전

1) 4 · 19 혁명(1960)

① 3 · 15 부정 선거, 학생과 시민의 시위 → 이승만 대통령 하야

② 장면 내각 : 내각 책임제

2) 5 · 16 군사 정변과 유신 체제

① 5·16 군사 정변(1961)

② 박정희 정부

㉠ 경제 개발 5개년 계획 추진, 한 · 일 협정 체결

㉡ 유신 헌법(1972) : 통일 주체 국민 회의에서 간접 선거로 대통령 선출, 대통령에게 강력한 권한 부여(국회 해산권, 긴급조치권)

3) 5 · 18 광주 민주화 운동과 6월 민주 항쟁

① 5 · 18 광주 민주화 운동(1980) : 신군부의 전국 계엄령 확대 → 광주에서 민주화 시위

② 6월 민주 항쟁(1987) : 박종철 고문 치사 사건, 4 · 13 호헌 → 대통령 직선제 개헌을 요구하는 시위 → 6 · 29 민주화 선언(대통령 직선제)

③ 민주주의의 발전과 정착

㉠ 노태우 정부 : 서울 올림픽 개최, 남북 유엔 동시 가입

㉡ 김영삼 정부 : 금융 실명제 실시, 역사 바로 세우기 운동, 지방 자치제 실시, 외환 위기

㉢ 김대중 정부 : 외환 위기 극복, 대북 화해 협력 정책, 제1차 남북 정상 회담(2000, 평양)

㉣ 노무현 정부 : 제2차 남북 정상 회담 개최

3. 경제 성장과 사회 · 문화의 변동

1) 경제 성장과 발전

① 6 · 25 전쟁 이후 : 원조 경제, 삼백 산업

② 1960~1970년대 : 경제 개발 5개년 계획 추진

③ 1980년대 : 3저 호황

④ 1990년대 : 경제 협력 개발 기구(OECD) 가입, 외환 위기(IMF사태, 1997)

⑤ 2000년대 : 외환 위기 극복, 첨단 산업 발달, 여러 나라와 자유무역협정(FTA) 체결

4. 통일을 위한 노력

1) **7 · 4 남북 공동 성명(1972)** : 자주 · 평화 · 민족적 대단결의 3대 통일 원칙에 합의

2) **노태우 정부** : 남북 유엔 동시 가입, 남북 기본 합의서 채택, 한반도 비핵화 공동 선언

3) **김대중 정부** : 대북 화해 협력 정책 실시, 제1차 남북 정상 회담과 6 · 15 남북 공동 선언, 금강산 관광 사업

4) **노무현 정부** : 제2차 남북 정상 회담과 10 · 4 남북 공동 선언 발표(2007, 평양)

07 도 덕

도덕1

1 자신과의 관계

1. 도덕적인 삶

1) 사람을 사람답게 만드는 것

① 사람이란 무엇인가?

㉠ 사람의 특성 : 도구적 존재, 문화적 존재, 이성적 존재, 사회적 존재, 도덕적 존재

㉡ 인간의 본성 : 성선설(맹자), 성악설(순자), 성무선악설(고자)

② 사람다운 사람이란?

㉠ 도덕적인 삶 : 무엇이 옳은지 그른지를 스스로 판단해 옳은 행동을 실천하고, 자신의 행동에 책임을 지는 삶

㉡ 더불어 사는 삶 : 더불어 사는 삶을 추구하면 삶의 행복을 누리는 사람다운 사람이 될 수 있음

2) 도덕

① 욕구와 당위

㉠ 욕구 : 무엇을 얻거나 무슨 일을 하고 싶어 하는 것

㉡ 당위 : 우리가 마땅히 해야 하거나 하지 말아야 할 것

② 도덕 : 사람으로서 마땅히 지켜야 할 도리이자 보편적 사회 규범

③ 양심 : 도덕적으로 옳은 것과 그른 것, 선한 것과 악한 것을 구별해 주는 마음의 작용

2. 도덕적 행동

1) 도덕적 사고와 행동

① 도덕적 행동을 하지 못하는 이유는?

㉠ 도덕적 사고 : 다양한 도덕적 문제들을 해결하기 위해 신중히 생각하고 판단하는 것

㉡ 도덕적 사고와 행동의 불일치 : 이기심, 도덕적 무관심, 용기 부족 등

② 도덕적 실천 의지

㉠ 도덕적 앎 : 도덕적 문제 상황에서 옳고 그름을 명확하게 판단할 수 있음

㉡ 도덕적 실천 동기 : 도덕적 행동을 위한 이유, 원인

㉢ 도덕적 실천 의지 : 주어진 상황에서 도덕적 행동을 하려는 굳은 마음가짐

2) 도덕적 추론과 비판적 사고

① 사실 판단, 가치 판단, 도덕 판단

㉠ 사실 판단 : 있는 그대로의 객관적인 사실을 말하는 것

㉡ 가치 판단 : 어떤 현상에 대해 주관적으로 평가하여 진술하는 것

㉢ 도덕 판단 : 어떤 사람의 인격이나 행위에 대해 도덕적인 관점에서 내리는 판단

② 도덕적 추론 : 어떤 도덕 판단에 대한 이유나 근거를 제시하면서 올바른 판단을 이끌어 내는 과정

③ 비판적 사고

㉠ 비판적 사고 : 도덕적 추론의 근거가 되는 사실 판단과 도덕 원리를 검토하는 것

㉡ 도덕 원리 검사 : 역할 교환 검사, 보편화 결과 검사

3) 도덕적 성찰 : 마음을 반성하고 살펴, 말과 행동에 잘못이나 부족함이 없는지 돌아보는 것

→ 일기쓰기, 좌우명 활용하기, 명상하기

3. 자아 정체성

1) 진정한 나를 찾아서

① 자아 정체성 : 자신의 목표, 성격, 이상, 역할, 가치관 등이 통합된 모습

② 자아 정체성의 구성 요소 : 소망, 능력, 의무

2) 나의 도덕적 신념

① 신념 : 스스로 옳다고 굳게 믿는 마음

② 도덕적 신념 : 도덕적으로 옳다고 여기는 생각에 대한 확고한 믿음과 그 믿음을 실현하려는 강한 의지

4. 삶의 목적

1) 가치의 의미와 바람직한 가치 추구

① 가치의 유형

㉠ 물질적 가치와 정신적 가치

물질적 가치	사물이나 물건이 지니는 가치 → 의복, 주택, 음식 등
정신적 가치	정신적 만족을 주는 가치 → 지적 가치, 도덕적 가치, 미적 가치, 종교적 가치 등

㉡ 도구적 가치와 본질적 가치

도구적 가치	다른 무엇을 위한 수단으로서 지니는 가치
본래적 가치	그 자체로 목적이 되는 가치

② 궁극적으로 추구해야 할 가치

㉠ 그 자체가 목적이 되는 가치를 추구해야 함

㉡ 만족감이 오래 지속되는 가치를 추구해야 함

㉢ 다른 사람과 나누어도 줄어들지 않는 가치를 추구해야 함

2) 나의 삶의 목적

① 삶의 목표 : 삶의 목적에 이르기 위한 현실적이고 구체적인 방법

② 삶의 목표와 가치 추구 : 삶의 목표는 본질적인 가치, 정신적인 가치를 추구해야 함

5. 행복한 삶

1) 진정한 행복

① 행복이란 무엇일까?

㉠ 행복 : 삶에서 즐거움과 만족을 느끼는 상태

㉡ 행복의 조건

- 객관적인 조건 : 건강, 의식주, 교육의 기회 등
- 주관적인 조건 : 정신적인 풍요로움이나 보람, 성취감 등

② 행복한 삶을 위한 노력

㉠ 도덕적인 삶이 바탕이 될 때 가능함

㉡ 자신의 삶에 만족하는 긍정적인 삶의 태도를 가져야 함

㉢ 사회 전체의 행복에 대해서도 관심을 가져야 함

2) 행복한 삶을 위한 좋은 습관의 필요성

① 좋은 습관은 왜 필요할까?

㉠ 습관 : 오랫동안 되풀이해 몸에 익은 채로 굳어진 개인적인 행동

㉡ 좋은 습관 : 절제, 관용, 온화함과 같은 좋은 성품을 길러 주는 습관

② 좋은 습관을 기르는 방법

㉠ 자신에게 필요한 행동이 무엇인지 깊이 생각하기

㉡ 자신에게 필요한 행동을 꾸준히 실천하기

㉢ 행복한 삶을 산 사람들의 습관 본받기

㉣ 실천 의지 강화하기

3) 정서적 건강과 사회적 건강

① 건강한 사람이란?

㉠ 건강한 삶 : 사람답게 잘 사는 것까지 포함하며, 행복한 삶을 사는 바탕이 됨

㉡ 정서적 건강 : 자신과 다른 사람의 정서를 이해하고, 상황에 맞게 자신의 정서를 조절할 수 있는 상태

② 사회적 건강 : 다른 사람과 원활하게 상호 작용함으로써 그들과 원만한 관계를 맺을 수 있는 상태

2 타인과의 관계

1. 가정윤리

1) 가족 사이의 도리

① 가족 간의 도리 : 자애, 효, 우애

② 가족 간 도리의 실천

㉠ 존중과 배려의 태도

㉡ 각자의 역할과 책임을 다함

㉢ 충분한 의사소통

2) 세대 간 대화와 소통

① 세대 차이 : 세대 간 경험의 차이로 인한 가치관과 사고 방식의 차이

② 세대 간 대화와 소통의 방법 : 경청과 공감, 존중과 배려, 솔직한 자세와 꾸준한 노력

2. 우정

1) 우정의 의미와 소중함

① 우정 : 친구 사이에 나누는 따뜻한 정과 믿음

② 우정의 중요성

㉠ 정서적 안정과 행복감 ㉡ 인격적 성장

㉢ 우정의 사회적 확대

2) 진정한 친구 맺는 방법

① 친구와의 갈등 원인 : 기본 예절 부족, 배려 부족

② 진정한 우정을 맺기 위한 바람직한 자세 : 존중, 믿음, 배려

3. 성 윤리

1) 성과 사랑의 의미

① 성과 사랑의 의미는 무엇일까?

㉠ 성의 의미 : 생물학적인 성(sex), 사회 · 문화적인 성(gender), 욕망으로서의 성(sexuality)

㉡ 사랑의 의미 : 어떤 사람이나 존재를 몹시 아끼고 귀중히 여기는 마음

② 청소년기의 바람직한 성 윤리

㉠ 성에 대해 올바르게 인식 : 양성평등, 성적 욕망의 조절

㉡ 성에 대한 분명한 의사표시와 책임감 있는 행동

㉢ 지나친 성적 호기심을 미래를 위한 다양한 활동으로 승화하려는 자세

㉣ 사회적 차원의 노력 : 올바른 성교육, 유해 환경 개선 등

2) 바람직한 이성 교제의 자세

① 서로를 있는 그대로 인정하고 서로의 결정을 존중하는 태도

② 구속하거나 순종하기보다 자신의 의사를 분명히 밝히고 책임지는 자세

③ 상대방을 성적 호기심의 대상으로 보지 않고 신체 접촉의 한계 분명히 인식

4. 이웃 생활

1) 다양한 이웃과 이웃의 소중함

① 전통 사회의 이웃

㉠ 가까운 곳에 함께 사는 사람, 신뢰와 우정이 매우 깊었음 → 이웃사촌

㉡ 상부상조의 전통
- 계 : 현실적인 이익과 친목을 위한 모임
- 두레 : 마을 단위의 공동 노동조직으로 함께 노동에 참여하고 품삯을 받음
- 품앗이 : 1대 1의 교환 노동 방식
- 향약 : 향촌의 자치규약

② 현대 사회의 이웃 : 세계화, 교통 및 정보 · 통신 기술의 발달 → 공간적 제약을 뛰어넘어 다양한 방법으로 이웃 관계를 맺음

2) 이웃과의 관계에서 필요한 도덕적 자세

① 바람직한 이웃 관계를 맺으려면?

㉠ 오늘날의 이웃 관계 : 이웃 간의 무관심, 이웃 간의 문제 발생

㉡ 이웃과의 관계에서 필요한 도덕적 자세 : 관심, 배려, 양보, 기본예절을 지킴

② 봉사활동을 통한 배려의 실천

㉠ 봉사 : 이웃에 대한 배려를 적극적으로 표현하고 실천하는 자세

㉡ 봉사의 특징 : 자발성, 무대가성, 지속성

3 사회 · 공동체와의 관계

1. 인간 존중

1) 인간 존엄성과 인권

① 인간 존엄성이 소중한 이유는 무엇일까?

㉠ 인간 존엄성 : 모든 인간은 존엄하므로 누구나 소중하게 대우받아야 함

㉡ 동 · 서양의 인간 존중 사상 : 인(仁), 자비, 홍익인간, 인내천 등

② 인권은 무엇이고, 왜 소중할까?

㉠ 인권의 의미 : 인간이 지니는 기본적인 권리이자 인간 존엄성을 보장하기 위한 권리

㉡ 인권의 특징 : 보편성, 천부성, 불가침성

2) 사회적 약자와 인권

① 사회적 약자가 겪는 어려움은 무엇일까?

㉠ 사회적 약자 : 정치적 · 경제적 · 사회적 · 문화적으로 소외되거나 불리한 위치에 있어 어려움을 겪는 사람들

㉡ 사회적 약자가 생기는 이유 : 편견과 차별, 경쟁적 사회 분위기

② 사회적 약자를 어떻게 대할 것인가?

㉠ 개인적 노력 : 역지사지, 인권 감수성, 공감과 배려

㉡ 사회적 노력

· 최소한의 생계를 유지하고 기본적인 문화생활을 누릴 수 있도록 지원함

· 능력을 발휘할 수 있도록 지원함

· 진학과 취업 등에서 기회, 혜택을 받을 수 있도록 배려하는 정책을 시행함

3) 양성 평등의 실천

① 성차별은 왜 문제일까?

㉠ 성차별 : 성별에 따라 부당하게 차별하는 것

㉡ 성차별의 문제점 : 개인의 자아실현이나 행복을 추구하기 어렵고, 인권이 추구하는 평등의 가치에 어긋남

② 양성평등을 어떻게 실천할까?

㉠ 양성평등 : 남성과 여성이 법적 · 사회적으로 성별에 따라 부당하게 차별받지 않는 것

㉡ 양성평등을 실현하기 위한 노력 : 성 역할에 대한 고정관점에서 벗어나기, 법률적 · 제도적 장치 마련

2. 문화 다양성

1) 다문화 사회의 모습은 어떠할까?

① 다문화 사회 : 다양한 문화가 공존하는 사회

② 다문화 사회의 도덕 문제

㉠ 문화적 차이로 인한 편견이 차별로 이어질 수 있음

㉡ 문화적 차이가 오해를 불러일으켜 갈등, 원활한 의사소통이 어려움

㉢ 각기 다른 가치관이나 정서 차이로 인한 충돌

2) 문화를 바라보는 태도

① 문화 상대주의 : 그 문화가 생기게 된 배경이나 원인을 그 사회의 관점에서 이해하려는 태도

② 자문화 중심주의 : 자신의 문화를 기준으로 다른 문화를 열등한 것으로 여기는 태도

③ 문화 사대주의 : 자신의 문화를 낮게 평가하고, 다른 문화를 우수한 것으로 여겨 그것을 동경하는 태도

3) 다문화 사회의 갈등

① 다문화 사회에서의 갈등 원인

㉠ 문화적 차이에 대한 이해 부족

㉡ 다른 문화에 대한 편견과 고정 관념

② 다문화 사회의 갈등을 어떻게 해결할 수 있을까?

㉠ 다문화 사회의 갈등 해결을 위한 조건 : 다름을 인정하고, 문화적 차이를 존중함

㉡ 문화 간의 갈등 해결에 필요한 도덕적 태도 : 관용, 역지사지와 배려

2. 문화 다양성

1) 다문화 사회의 모습은 어떠할까?

① 다문화 사회 : 다양한 문화가 공존하는 사회

② 다문화 사회의 도덕 문제

㉠ 문화적 차이로 인한 편견이 차별로 이어질 수 있음

㉡ 문화적 차이가 오해를 불러일으켜 갈등, 원활한 의사소통이 어려움

㉢ 각기 다른 가치관이나 정서 차이로 인한 충돌

2) 문화를 바라보는 태도

① 문화 상대주의 : 그 문화가 생기게 된 배경이나 원인을 그 사회의 관점에서 이해하려는 태도

② 자문화 중심주의 : 자신의 문화를 기준으로 다른 문화를 열등한 것으로 여기는 태도

③ 문화 사대주의 : 자신의 문화를 낮게 평가하고, 다른 문화를 우수한 것으로 여겨 그것을 동경하는 태도

3) 다문화 사회의 갈등

① 다문화 사회에서의 갈등 원인

㉠ 문화적 차이에 대한 이해 부족

㉡ 다른 문화에 대한 편견과 고정 관념

② 다문화 사회의 갈등을 어떻게 해결할 수 있을까?

㉠ 다문화 사회의 갈등 해결을 위한 조건 : 다름을 인정하고, 문화적 차이를 존중함

㉡ 문화 간의 갈등 해결에 필요한 도덕적 태도 : 관용, 역지사지와 배려

3. 세계 시민 윤리

1) 나는 세계 시민인가?

① 세계 시민이란?

㉠ 세계화 : 전 세계의 여러 나라가 정치, 경제, 문화 등 다양한 영역에서 서로 의존하고 세계가 하나로 연결되는 현상

㉡ 세계 시민 : 민족이나 국가와 같은 지역 공동체를 넘어 지구 공동체의 구성원으로 살아가는 사람

② 세계 시민이 되기 위한 도덕적 자세

㉠ 전 지구적 차원의 세계 시민 의식

㉡ 적극적인 자세

㉢ 개방적 자세

㉣ 보편적 예절 준수

2) 세계 시민이 직면한 도덕 문제

① 세계 시민이 직면한 도덕 문제

㉠ 경제 및 사회 정의의 훼손

㉡ 지구 환경 파괴

㉢ 문화 다양성의 훼손

㉣ 평화의 위협

② 도덕적 문제 해결을 위한 세계 시민의 자세

㉠ 자연을 정복의 대상이 아닌 조화와 공존의 대상으로 인식하기

㉡ 국가 간 격차, 기아와 빈곤 등을 해결하기 위한 공적 원조하기

㉢ 세계 평화를 위한 분쟁과 전쟁을 적극적으로 저지하고 예방하기

㉣ 문화적 다양성의 차이를 이해하고 존중하기

㉤ 적극적인 봉사 활동 등 실천적인 활동에 동참하기

도덕 2

1 타인과의 관계

1. 정보 통신 윤리

1) 정보화 시대에 발생하는 도덕 문제

① 정보화 : 사회의 모든 분야가 정보를 중심으로 움직이고 변화됨

② 정보화 시대의 도덕 문제 : 사생활 침해, 저작권 침해, 사이버 폭력, 해킹 · 바이러스 유포

2) 정보화 시대에 도덕적 책임

① 사이버 공간의 특징과 도덕적 책임의 필요성

㉠ 사이버 공간의 특징 : 익명성, 개방성, 자율성, 비대면성

㉡ 도덕적 책임의 필요성

· 익명성을 악용하여 무책임한 행동을 함

· 잘못된 정보의 개방과 공유로 인한 피해가 발생함

· 비대면성의 특성으로 현실 공간에서 하기 어려운 말이나 행동을 쉽게 함

② 정보화 시대에 요구되는 도덕적 자세 : 존중, 책임, 정의, 해악 금지의 원칙

3) 정보 · 통신 매체의 올바른 사용 태도

① 정보 · 통신 매체의 무분별한 사용 문제

㉠ 게임 중독이나 인터넷 중독

㉡ 현실 공간에서 타인과 소통할 기회가 줄어듦

② 정보 · 통신 매체의 올바른 사용 자세

㉠ 예절을 지키는 태도

㉡ 스스로 절제하는 태도

㉢ 다른 사람의 인격을 존중하며 책임감 있는 태도

2. 평화적 갈등 해결

1) 갈등은 왜 발생할까?

① 갈등의 의미와 유형

㉠ 갈등 : 어떤 선택을 하지 못하고 망설이거나 괴로워하는 마음 상태, 또는 개인이나 집단 사이에 목표나 이해관계가 달라 서로 대립하거나 충돌하는 것

㉡ 갈등의 유형 : 내적 갈등, 외적 갈등

② 갈등의 원인 : 이해관계나 가치관의 차이, 잘못된 의사 소통

2) 평화적 갈등 해결

① 갈등 상황에 대처하는 다양한 유형

㉠ 회피형 : 갈등을 외면하고 해결을 미루는 유형

㉡ 순응형 : 상대방의 요구를 그대로 받아들이는 유형

㉢ 공격형 : 갈등을 공격적으로 해결하는 유형

㉣ 협동형 : 서로 협력하여 갈등을 해결하는 유형

② 평화적 갈등 해결의 의의

㉠ 소통과 배려를 통해 가능하게 함

㉡ 서로 신뢰할 수 있는 토대를 마련함

㉢ 민주적 사회로 발전하는 데 이바지함

3) 평화적 갈등 해결 방법

① 갈등을 평화적으로 해결하는 데 필요한 태도 : 감정 조절, 역지사지, 대화와 협력

② 갈등을 평화적으로 해결하는 방법

㉠ 협상 : 다른 사람의 개입 없이 갈등의 당사자끼리 직접 대화해 갈등을 해결하는 방법

㉡ 조정과 중재 : 제 3자가 개입

3. 폭력의 문제

1) 폭력의 비도덕성

① 폭력 : 직 · 간접적인 방법으로 타인에게 물리적 · 정신적인 피해를 주는 행위

② 폭력이 비도덕적인 이유

㉠ 피해자에게 신체적 · 정신적으로 심각한 고통을 줌

㉡ 폭력의 악순환이 계속됨

㉢ 인간의 존엄성을 훼손함

㉣ 사회적으로 갈등을 심화함

2) 폭력의 대처 방안

① 폭력의 원인

㉠ 개인적 원인 : 자기 중심적 생각, 충동적이고 공격적인 사고 방식 등

㉡ 사회적 원인 : 대중 매체로 폭력을 자주 접해 폭력에 무감각해짐, 지나친 경쟁 위주의 사회 환경 등

② 폭력에 대처하는 방법

㉠ 폭력이 발생하면 주변 사람에게 알려 도움을 요청함

㉡ '나도 피해자가 될 수 있다.'라는 생각으로 폭력 상황을 방관하지 않음

㉢ 폭력을 용납하지 않는 사회 분위기를 조성함

2 사회 · 공동체와의 관계

1. 도덕적 시민

1) 정의로운 국가

① 국가의 기원과 역할

㉠ 국가의 기원

· 자연발생설(아리스토텔레스) : 인간의 자연적인 본성으로 국가가 형성됨

· 사회계약설(홉스, 로크, 루소) : 개인의 필요에 의해 계약을 맺어 국가가 형성됨

㉡ 국가의 구성 요소 : 국민, 영토, 주권(객관적 요소) + 연대의식(주관적 요소)

㉢ 국가의 역할 : 국민 보호, 질서 유지, 갈등 조정, 인간다운 삶 보장 등

② 국가 유형에 관한 견해

㉠ 소극적 국가관(야경 국가) : 국민 생활에 대한 국가의 개입을 최소화해야 함

㉡ 적극적 국가관(복지 국가) : 국가는 국민 생활에 적극 개입해야 함

2) 시민이 갖추어야 할 자질

① 성숙한 시민이 갖추어야 할 자질

㉠ 배려와 공감의 자세

㉡ 의사 결정 과정에 적극적으로 참여

㉢ 사익과 공익을 조화롭게 추구

② 바람직한 애국심

㉠ 분별력 있게 나라를 사랑하는 마음을 지녀야 함

㉡ 보편적 가치에 어긋나는 맹목적이고 배타적인 애국심 경계

㉢ 세계 인류의 평화와 행복을 바라는 애국심

3) 준법과 공익 증진

① 준법 : 공동의 규범인 법을 지키는 것

② 시민 불복종

㉠ 시민 불복종 : 기본권을 침해하는 국가의 권력 행사를 합법적인 방법으로 막을 수 없을 때 국민이 가지는 불복종의 권리

㉡ 시민 불복종의 조건 : 목적의 정당성, 비폭력성, 최후의 수단, 책임성

2. 사회 정의

1) 정의로운 사회를 추구하는 이유

① 사회 정의 : 사회를 구성하고 유지하는 공정한 원리이자 덕목

② 정의로운 사회의 조건

㉠ 모든 구성원의 기본적인 권리를 평등하게 보장해야 함

㉡ 구성원이 합의한 기준과 절차에 따라 몫을 분배해야 함

2) 공정한 경쟁의 조건

① 불공정한 경쟁의 문제점

㉠ 불공정한 수단과 방법을 사용하여 사회 구성원 간 신뢰와 협력이 불가능함

㉡ 승자와 패자 사이의 불평등이 심화되어 사회 전체의 갈등과 혼란이 조장됨

② 공정한 경쟁의 조건 : 경쟁 과정의 공정성, 경쟁 결과의 공정성

3) 부패의 원인과 예방

① 부패의 의미와 문제점

㉠ 부패 : 공정하지 못한 방법을 통해 자신의 이익을 추구하는 행위

㉡ 부패의 원인 : 개인의 이기심, 잘못된 사회 풍토, 비합리적 관행 등

㉢ 부패의 문제점 : 타인의 권리와 이익 침해, 사회 통합과 발전 방해, 국가 경쟁력 약화

② 부패 방지를 위한 노력 : 청렴, 법과 제도 마련

3. 북한 이해

1) 북한 주민들의 생활

① 북한 주민의 정치와 경제 생활

㉠ 북한 주민의 정치 생활 : 노동당 1당 독재

㉡ 북한 주민의 경제 생활 : 배급제, 생산 수단의 국유화, 사유 재산제 부정

② 북한 주민의 사회, 문화 생활

㉠ 북한 주민의 사회 생활 : 집단주의

㉡ 북한 주민의 문화 생활 : 체제 유지의 수단으로 이용

2) 북한 이탈 주민의 생활과 통일의 과제

① 북한 이탈 주민이 겪는 어려움 : 심리적, 경제적, 문화적 어려움을 겪고 있음

② 북한 이탈 주민들이 겪는 어려움을 통해 본 통일의 과제

㉠ 개인적 차원 : 서로 배려하고 수용하는 자세를 지녀야 함

㉡ 제도적 차원 : 법과 제도를 시대에 맞게 보완하여 북한 이탈 주민의 정착에 꼭 필요한 도움을 줄 수 있도록 해야 함

4. 통일 윤리 의식

1) 도덕적으로 바라본 통일의 필요성

① 평화의 의미

㉠ 소극적 평화 : 전쟁이나 분쟁과 같은 직접적인 폭력이 없는 상태

㉡ 적극적 평화 : 전쟁이나 분쟁이 없을 뿐만 아니라 문화적 · 구조적 폭력도 없는 상태

② 통일의 필요성

㉠ 인도주의적 문제 해결

㉡ 새로운 민족 공동체 건설

㉢ 전쟁의 위협 제거와 평화 실현

㉣ 경제적 발전과 번영

2) 통일 한국의 미래상

① 자주적인 민족 국가 : 정치 · 군사, 경제 · 문화적 측면에서 스스로의 목소리를 낼 수 있도록 국력이 신장된 국가

② 자유 민주주의 국가 : 국민의 자유와 권리가 보장되고, 민주적으로 정책이 결정되는 국가

③ 정의로운 복지 국가 : 경제적 격차로 인한 불평등을 완화하고 구성원 모두가 인간답게 살 수 있는 국가

④ 수준 높은 문화 국가 : 전통문화를 바탕으로 세계의 문화를 창조적으로 수용하고, 우리의 다양한 문화를 세계화시킬 수 있는 국가

⑤ 국제적 위상이 높아진 국가 : 세계평화와 인류 공동 번영에 이바지 하는 국가

3 자연 · 초월과의 관계

1. 자연관

1) 자연을 바라보는 관점

① 인간 중심주의적 자연관 : 자연을 인간의 이익을 위한 도구로 인식함

② 생태 중심주의적 자연관 : 자연을 본래적 가치를 지닌 존재로 인식함

2) 환경에 대한 가치관과 소비 생활

① 환경 문제의 심각성

㉠ 환경 문제의 원인 : 인간의 잘못된 가치관, 산업화 · 도시화에 따른 대량 생산과 대량 소비 등

㉡ 환경 문제의 영향 : 생태계 파괴, 인간의 생존 위협

㉢ 환경 문제 해결의 어려움 : 책임 소재의 불분명, 전지구적인 문제

② 환경 친화적 소비 생활

㉠ 환경 친화적 소비 생활의 의미 : 생태계가 지속될 수 있게 하는 소비 생활

㉡ 환경 친화적 소비 생활의 실천 사례

· 윤리적 소비 : 자신의 소비가 사회와 환경에 미치는 영향을 고려하는 소비

· 녹색 소비 : 환경에 미치는 영향을 최소화하는 소비

3) 환경 친화적 삶을 위한 실천 방안

① 개인적 차원 : 일회용품 사용하지 않기, 사용한 물건 재활용하기, 대중교통 이용하기, 가전제품 에너지 효율 확인하기 등

② 사회 · 제도적 차원 : 환경 영향 평가제도, 환경세 부과, 쓰레기 종량제, 기업에 환경 친화적인 물건을 만들도록 장려하기 등

③ 국제적 차원 : 환경 문제를 해결하기 위해 각종 국제 협약 체결하기

2. 과학과 윤리

1) 과학 기술과 인간의 삶

① 과학 기술의 발전에 따른 성과 : 풍요롭고 편리한 삶, 시 · 공간적 제약 극복, 건강 증진, 지식과 문화의 확산 등

② 과학 기술의 발전에 따른 문제점 : 비인간화, 환경문제, 생명의 존엄성 훼손, 불평등 심화 등

2) 과학 기술을 책임 있게 활용하는 자세

① 인간의 존엄성과 인권을 존중하는 자세

② 동식물의 생명과 생태계를 보전하는 자세

③ 미래 세대를 고려하는 자세

3. 삶의 소중함

1) 소중한 삶을 의미 있게 만들기 위해 필요한 태도

① 우리가 생명을 지니고 있는 존재라는 사실

② 나를 아껴 주는 사람들의 존재

③ 적극적이고 능동적인 자세

2) 죽음에 대한 올바른 이해

① 죽음 : 인간의 육체적 기능과 의식이 완전히 정지해 생명이 끊어지는 것

→ 보편성, 불가피성, 일회성

② 죽음을 대하는 태도

㉠ 자연스러운 과정으로 이해

㉡ 사고 예방을 위한 노력

㉢ 생명을 지키기 위해 노력

3) 삶을 의미 있게 살아가는 방법

① 의미 있는 삶의 모습

㉠ 스스로 선택하고 결정하며 행동하는 삶

㉡ 의미 있는 삶을 추구하기 위해 노력하는 삶

㉢ 타인을 소중히 여기고 배려하는 삶

② 의미 있는 삶을 위한 노력

㉠ 현재의 삶에 충실하기

㉡ 시련과 한계 극복하기

㉢ 주체적인 삶의 자세 기르기

㉣ 정신적 가치 추구하기

4. 마음의 평화

1) 고통에 올바르게 대처하는 자세

① 고통 : 몸과 마음이 느끼는 아픔과 괴로움

② 고통에 올바르게 대처하는 방법

㉠ 고통을 있는 그대로 바라보아야 함

㉡ 불필요한 욕심과 집착을 줄여야 함

㉢ 자신을 고통스럽게 하는 환경과 상황을 변화시키기 위해 노력하여야 함

㉣ 상황을 변화시키기 어렵다면 적극적인 자세로 고통을 마주하여야 함

㉤ 다른 사람의 고통에 관심을 가지고 내가 도울 수 있는 일을 찾아서 실천하여야 함

2) 마음의 평화와 나의 희망

① 마음의 평화 : 고통, 욕심, 분노, 질투 등의 감정이 잘 다스려져 평안하고 고요한 마음의 상태

② 마음의 평화를 위한 동서양의 실천 방법

㉠ 불교 : 참선

㉡ 유교 : 경과 신독

㉢ 도가 : 심재

㉣ 그리스도교 : 기도

③ 마음의 평화를 얻기 위한 방법

㉠ 지나친 욕심을 버리고 절제하는 자세

㉡ 자신의 모습을 있는 그대로 바라보고 긍정하는 자세

㉢ 다른 사람의 실수나 잘못을 용서하는 자세

④ 희망

㉠ 희망 : 아직 이루어지지 않은 무언가를 바라면서 더 나은 삶을 꿈꾸는 것

㉡ 희망의 필요성

· 어려움을 극복할 용기를 얻고 목표에 집중함으로써 문제를 해결할 수 있음

· 자신을 깊이 신뢰하고 더 큰 어려움에 도전할 수 있는 용기를 얻음

정답 및 해설

C·O·N·T·E·N·T·S

수학

01. ③	02. ②	03. ②	04. ④	05. ④
06. ②	07. ②	08. ①	09. ②	10. ②
11. ③	12. ②	13. ②	14. ②	15. ④
16. ③	17. ④	18. ④	19. ①	20. ①
21. ①	22. ②	23. ②	24. ②	25. ①
26. ①	27. ①	28. ②	29. ③	30. ①
31. ④	32. ③	33. ①	34. ②	35. ①
36. ②	37. ③	38. ②	39. ③	40. ③
41. ④	42. ③	43. ②	44. ④	45. ③
46. ①	47. ③	48. ②	49. ②	50. ③
51. ③	52. ③	53. ②	54. ③	55. ①
56. ①	57. ④	58. ①	59. ③	60. ②
61. ③	62. ③	63. ②	64. ④	65. ③
66. ④	67. ④	68. ④	69. ④	70. ④
71. ①	72. ①	73. ②	74. ④	75. ③
76. ③	77. ③	78. ①	79. ③	80. ②
81. ④	82. ③	83. ④	84. ④	85. ④
86. ①	87. ③	88. ②	89. ③	90. ③
91. ①	92. ④	93. ④	94. ②	95. ③
96. ②	97. ①	98. ②	99. ①	100. ④
101. ①	102. ④	103. ④	104. ①	105. ②
106. ③				

1. $18 = 2 \times 3^2$이므로 $2^2 \times 3^2$은 약수가 될 수가 없다.

2. $24 = 2^3 \times 3$이다.

3. 10의 약수는 1, 2, 5, 10이고, 12의 약수는 1, 2, 3, 4, 6이므로 최대공약수는 2이다.

4. 3의 배수는 3, 6, 9, …이고, 6의 배수는 6, 12, 18, …이므로 최소공배수는 6이다.

5. $(-7) + (-3) = -10$

6. $(+2) - (+12) = -10$

7. $(-6) \times (+2) = -12$

8. $(-10) \div 5 = -2$

9. $|-4| = 4$

10. 점 $A(-5)$, 점 $D(2)$이므로 $(-5) + 2 = -3$

11. $-3,\ 0,\ 5$ 총 3개다.

12. 두 번째로 큰 수 : 1, 가장 작은 수 : -3
따라서 $1 + (-3) = -2$

13. 정수가 아닌 유리수는 0.3, $\frac{1}{2}$ 두 개이다.

14. 분모의 소인수가 2 또는 5 이어야 한다.
$\frac{1}{12} = \frac{1}{2^2 \times 3}$이므로 유한소수가 아니다.

15. $\frac{1}{18} = \frac{1}{2 \times 3^2}$이므로 유한소수가 아니다.

17. 1.012121212… 의 순환마디는 12가 반복되고 있다.

18. 10의 제곱근은 $\pm\sqrt{10}$ 이다.

19. $\sqrt{(-3)^2} = \sqrt{9} = \sqrt{3^2} = 3$

20. $\sqrt{5} + 2\sqrt{5} = 3\sqrt{5}$

21. $\sqrt{5} - \sqrt{2}$, $\sqrt{4} + \sqrt{2}$는 루트 안의 수가 다르므로 계산할 수 없다. ④ $\sqrt{12} \div \sqrt{6} = \sqrt{2}$ 이다.

22. $\sqrt{12} = \sqrt{2^2 \times 3} = 2\sqrt{3}$

23. $2\sqrt{2} = \sqrt{4} \times \sqrt{2} = \sqrt{8}$

24. $\frac{1}{\sqrt{3}} = \frac{1}{\sqrt{3}} \times \frac{\sqrt{3}}{\sqrt{3}} = \frac{\sqrt{3}}{3}$

25. $(x + 3) + (x - 1) = 2x + 2$

26. $(x+1)-(x+2)=-1$

27. $(x+5)^2=x^2+10x+25$

28. $(x-2)^2=x^2-4x+4$

29. $(x+3)(x-3)=x^2-9$

30. $(x+1)(x+6)=x^2+7x+6$

31. $x^2+3x=x(x+3)$

32. $x^2-1=(x+1)(x-1)$

33. $x^2+2x+1=(x+1)^2$

34. $x^2-5x+6=(x-2)(x-3)$

35. $x^2\times x^3=x^{2+3}=x^5$

36. $x^8\div x^2=x^{8-2}=x^6$

37. $(x^2)^3=x^{2\times3}=x^6$

38. $x^2\times x^3\div x^5=x^{2+3-5}=x^0=1$

39. $x=3$일 때, $2\times3+3=9$

40. $x=2,\ y=3$일 때, $2+2\times3=8$

41. $x+1=5$에서 $x=5-1=4$

42. $2x+1=9$에서 $2x=9-1=8$ 따라서 $x=4$

43. $3x-1=x+3$에서
$3x-x=3+1$, $2x=4$이므로 $x=2$

44. 해가 $x=1$이라는 의미는 $x=1$을 대입했을 때, 등호가 성립하는 식을 말한다. 따라서 ④ $x+1=2$가 옳다.

45. $\begin{cases}x+y=4\\x-y=6\end{cases}$에서 두 식을 더하면 $2x=10$이며, $x=5$이다. 이 값을 $x+y=4$에 대입하면 $y=-1$

46. $\begin{cases}x+y=8\\x=y+2\end{cases}$에서 $x=y+2$를 $x+y=8$에 대입하면 $2y+2=8$이 되고, $y=3$이다. 이 값을 $x=y+2$에 대입하면 $x=5$

47. $\begin{cases}x+3y=9\\x-3y=-3\end{cases}$에서 두 식을 더하면 $2x=6$이고, $x=3$이다. 이 값을 $x+3y=9$에 대입하면 $y=2$

48. 두 직선의 교점의 좌표가 연립방정식의 해이다. 따라서 B이다.

49. $2x+4>0$에서 $2x>-4$이므로 $x>-2$

50. 부등식의 성질에서 양변에 음수를 곱하거나 나누면 부등호의 방향은 바뀐다.

51. 수직선의 해는 $x>1$이므로 ③ $7x>3+4x$를 풀면 $7x-4x>3$이다. 따라서 $x>1$

52. $x^2+2x-8=0$에서 $(x+4)(x-2)=0$이고 $x=-4$ 또는 $x=2$이다.

53. $(x+2)(x+4)=0$에서 두 근은 $x=-2$ 또는 $x=-4$이므로 두 근의 합은 $-2+(-4)=-6$ 이다.

54. $x^2+2x+10=0$ 두 근의 곱인
$mn=\dfrac{10}{1}=10$

55. $(x+3)(x-2)=0$에서 두 근은 $x=-3$ 또는 $x=2$이다. 따라서 한 근이 2라 했으므로 다른 한 근은 -3이다.

56. 3사분면의 좌표는 x좌표와 y좌표가 모두 음수이다.

57. 점 P는 4사분면에 위치해있고, 좌표평면을 그대로 읽어보면 $(1,\ -2)$이다.

58. 좌표평면에서 좌표 $(1,\ 2)$는 점 A이다.

59. $y = ax$에서 $x = 2, y = 6$을 대입하면 $6 = 2a$이고, $a = 3$

60. $y = ax$의 꼴이 정비례이므로 보기 ② $\dfrac{y}{x} = 3$에서 양변에 x를 곱하면 $y = 3x$

61. y의 값이 6배 커지므로 $y = 6x$이다.
따라서 $a = 6$

62. 기울기가 3이고 y절편이 2인 일차함수 식은
$y = 3x + 2$

63. y축과 만나는 점의 좌표가 2이므로 $a = 2$

64. 두 점 $(-1,\ 0)$, $(0,\ 2)$를 지나는 직선의 기울기는 $\dfrac{2-0}{0-(-1)} = 2$ 이다. 따라서 $y = 2x + b$에서 두 점 중 한 점 $(0,\ 2)$를 대입하면 $2 = 0 + b$이고, 직선의 방정식은 $y = 2x + 2$ 이다.

65. ① 위로 볼록이다. ② 원점을 지나지 않는다.
④ 축의 방정식은 $x = 0$ 이다.

66. ① 위로 볼록이다. ② 원점을 지나지 않는다.
③ 꼭짓점의 좌표는 $(-1,\ 3)$이다.

67. $6 + 5 + A + 2 + 1 = 20$이어야 하므로
$A = 6$

68. 표에서 6시간 이상 8시간 미만인 계급의 도수는 6과 7이므로 $6 + 7 = 13$

69. 도수가 가장 작은 수는 2이고, 그때 계급은 90 이상~100미만이다. 따라서 계급값은 계급의 중앙값이므로 $\dfrac{90+100}{2} = 95$

70. 간식은 빵과 음료수 모두를 의미하므로 빵 4가지, 음료수 3가지를 동시에 선택하는 경우의 수는 곱의 법칙이다. 따라서 $4 \times 3 = 12$

71. 1부터 5까지 적힌 구슬 중에서 홀수의 구슬이 나올 확률은 $\dfrac{3}{5}$

72. 주사위 한 개당 1부터 6까지의 자연수가 적혀있다. 5의 약수는 1과 5이므로 5의 약수가 나올 확률은 $\dfrac{2}{6} = \dfrac{1}{3}$

73. 전체의 경우의 수는 남자 4명, 여자 5명 총 9명이다. 따라서 여자가 대표가 될 확률은 $\dfrac{5}{9}$

74. 4회 치른 평균점수가 70점이면 총점은 $4 \times 70 = 280$점이다. 따라서 $65 + x + 60 + 80 = 280$이므로 $x = 75$이다.

75. 자료의 중앙값은 자료를 작은 수부터 나열했을 때, 정 가운데에 오는 수이다. 따라서 2, 3, 4, 4, 4, 5, 10에서 중앙값은 4이다.

76. 최빈값은 가장 많이 나온 값을 의미하므로 4이다.

77. 최빈값은 가장 많이 나온 값이므로 95이다.

78. 양의 상관관계는 정비례함수의 그래프 모습이다.

79. 원점에서 대각선으로 그었을 때, 대각선 아래에 위치한 점들이 가로선에 해당하는 과목의 점수가 더 높은 학생이다.

80. $60° + 90° + x = 180°$이므로 $x = 30°$

81. $x + 35° = 90°$이므로 $x = 55°$

82. 평행한 모서리는 서로 마주보는 모서리에 진행 방향으로 연장선을 그었을 때, 영원히 만나지 않는 것을 의미한다.

83. 꼭짓점의 개수는 4개, 모서리의 개수는 6개다. 따라서 $v + e = 10$

84. 각 F와 각 C는 서로 대응각이다. 따라서 $90° + 40° + \angle C = 180°$이므로 $\angle C$는 $50°$이고 $\angle F$도 $50°$이다.

85. 직선 l과 직선 m은 서로 평행하므로 직선 m의 예각은 $60°$로서 같다. 따라서 각 x는 작은 삼각형의 외각이므로 외각은 이웃하지 않는 두 내각의 합과 같으므로 $x = 60° + 35° = 95°$

86. 각 x는 삼각형 ABC의 외각이다. 따라서 $x = 80° + 40° = 120°$ 이다.

87. 이등변 삼각형은 두 변의 길이가 같으며 그 밑각의 크기가 같은 삼각형이다. 각 A가 $50°$이므로 나머지 두 각의 합을 2로 나누면 각각의 각이 나온다.
$\frac{130°}{2} = 65°$

88. 삼각형의 외심이란 삼각형의 각 꼭짓점 A, B, C가 원의 둘레와 만나는 세 점이다. 외심의 성질에 의해 $x + 20° + 40° = 90°$ 이다.
따라서 $x = 30°$

89. 삼각형의 내심은 삼각형 ABC 내부에 원이 각 변들에 접하게 있는 도형이다. 삼각형 IBC에서 나머지 한 각은 $30°$이고, 내심의 성질에 의해 각 x와 $30°$는 같다. 따라서 $x = 30°$

90. 평행사변형은 이웃하는 각의 크기의 합은 언제나 $180°$이므로 $x = 100°$

91. $\angle B$와 $\angle x$는 서로 동위각이다. 따라서 평행사변형에서 이웃하는 두 각의 크기의 합은 $180°$이므로 $\angle x$는 $70°$

92. 평행사변형은 마주보는 두 변의 길이가 서로 같다. 따라서 $x = 8$, $y = 5$이므로 $x + y = 13$

93. 사각형의 네 내각의 크기의 합은 $360°$이다.
$90° + 130° + 60° + x = 360°$,
따라서 $x = 80°$

94. 닮음비가 1 : 2이면, 넓이의 비는 $1^2 : 2^2$이므로 4배이다.

95. 닮음비가 12 : 4이므로 삼각형 ABC의 각 대응변이 삼각형 DEF의 3배이다. 따라서 모든 대응변의 길이는 3배이다.

96. 삼각형의 중점 연결이다. 삼각형의 밑변은 중점 연결한 길이의 2배이다.

97. $\overline{AB}^2 = 3^2 + 4^2$ 이므로 $\overline{AB} = 5$

98. 직사각형의 대각선의 길이는 직각삼각형의 빗변의 길이와 같다. 따라서
$10^2 = 8^2 + x^2$이고 $100 - 64 = x^2$이므로 $x = 6$이다.

99. 중심각의 크기가 4배이므로 호의 길이도 4배이다.

100. 외점 P에서 두 접점까지의 거리는 항상 같다.

101. 원주각의 크기는 항상 같다.

102. 원의 중심에서 두 현까지의 거리가 같으므로 두 현의 길이도 같다.

103. 원의 할선에서 $\overline{AP} \times \overline{PB} = \overline{CP} \times \overline{PD}$이므로 $2x = 4 \times 4$, 따라서 $x = 8$

104. $\frac{5}{13}$

105. $\frac{8}{10} = \frac{4}{5}$

106. $\frac{\sqrt{3}}{1} = \sqrt{3}$

영 어

01. 필수어휘

01. ③ 02. ① 03. ③ 04. ④

02. 문법

01. ④ 02. ① 03. ③ 04. ② 05. ④

06. ③ 07. ② 08. ③

09. ① I enjoy singing.

② They decided to get married.

③ Alex wanted to go fishing last weekend.

④ I don't mind living with four roommates.

합격길라잡이

인쇄일	|	2023년 6월 12일
발행일	|	2023년 6월 19일
펴낸곳	|	(주)이타임라이프
지은이	|	편집부
주소	|	서울시 영등포구 경인로77가길 16 부곡빌딩 401호(문래동2가)
등록번호	|	2022.12.22 제 2022-000150호
ISBN	|	979-11-93182-00-0 13370

핵심 총정리

"시험 전 총정리가 필요한 이 시점! 모든 내용이 한눈에"

- 단 한권에 담아낸 완벽학습 솔루션
- 출제경향을 반영한 핵심요약정리

합격길라잡이

"개념 4주 다이어트, 교재도 다이어트한다!"

- 요점만 정리되어 있는 교재로 단기간 시험범위 완전정복!
- 합격길라잡이 한권이면 합격은 기본!

기출문제집

"시험장에 있는 이 기분! 기출문제로 시험문제 유형 파악하기"

- 기출을 보면 답이 보인다
- 차원이 다른 상세한 기출문제풀이 해설

예상문제

"오랜기간 노하우로 만들어낸 신들린 입시고수들의 예상문제"

- 출제 경향과 빈도를 분석한 예상문제와 정확한 해설
- 시험에 나올 문제만 예상해서 풀이한다

한양 시그니처 관리형 시스템

#정서케어 #학습케어 #생활케어

관리형 입시학원의 탄생

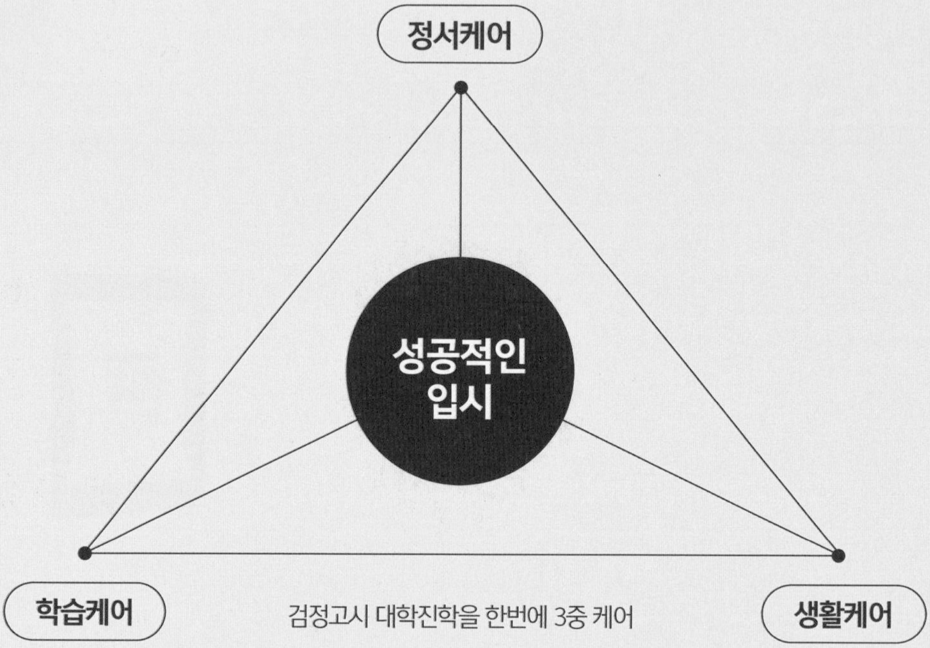

검정고시 대학진학을 한번에 3중 케어

정서케어

- 3대1 멘토링
  (입시담임, 학습담임, 상담교사)
- MBTI (성격유형검사)
- 심리안정 프로그램
  (아이스브레이크, 마인드 코칭)
- 대학탐방을 통한 동기부여

학습케어

- 1:1 입시상담
- 수준별 수업제공
- 전략과목 및 취약과목 분석
- 성적 분석 리포트 제공
- 학습플래너 관리
- 정기 모의고사 진행
- 기출문제 & 해설강의

생활케어

- 출결점검 및 조퇴, 결석 체크
- 자습공간 제공
- 쉬는 시간 및 자습실
  분위기 관리
- 학원 생활 관련 불편사항
  해소 및 학습 관련 고민 상담

HANYANG ACADEMY

한양 프로그램 한눈에 보기

· 검정고시반 중·고졸 검정고시 수업으로 한번에 합격!

기초개념	기본이론	핵심정리	핵심요약	파이널
개념 익히기	과목별 기본서로 기본 다지기	핵심 총정리로 출제 유형 분석 경향 파악	요약정리 중요내용 체크	실전 모의고사 예상문제 기출문제 완성

· 고득점관리반 검정고시 합격은 기본 고득점은 필수!

기초개념	기본이론	심화이론	핵심정리	핵심요약	파이널
전범위 개념익히기	과목별 기본서로 기본 다지기	만점 전략서로 만점대비	핵심 총정리로 출제 유형 분석 경향 파악	요약정리 중요내용 체크 오류범위 보완	실전 모의고사 예상문제 기출문제 완성

· 대학진학반 고졸과 대학입시를 한번에!

기초학습	기본학습	심화학습/검정고시 대비	핵심요약	문제풀이, 총정리
기초학습과정 습득 학생별 인강 부교재 설정	진단평가 및 개별학습 피드백 수업방향 및 난이도 조절 상담	모의평가 결과 진단 및 상담 4월 검정고시 대비 집중수업	자기주도 과정 및 부교재 재설정 4월 검정고시 성적에 따른 재시험 및 수시컨설팅 준비	전형별 입시진행 연계교재 완성도 평가

· 수능집중반 정시준비도 전략적으로 준비한다!

기초학습	기본학습	심화학습	핵심요약	문제풀이, 총정리
기초학습과정 습득 학생별 인강 부교재 설정	진단평가 및 개별학습 피드백 수업방향 및 난이도 조절 상담	모의고사 결과진단 및 상담 / EBS 연계 교재 설정 / 학생별 학습성취 사항 평가	자기주도 과정 및 부교재 재설정 학생별 개별지도 방향 점검	전형별 입시진행 연계교재 완성도 평가

D-DAY를 위한 신의 한수
검정고시생 대학진학 입시 전문
검정고시 합격은 기본!
대학진학은 필수!
입시 전문가의 컨설팅으로 성적을 뛰어넘는 결과를 만나보세요!
HANYANG ACADEMY
YouTube
HANYANG
ACADEMY

MK감자유학

Valuable education content provider

We're Experts

우리는 최상의 유학 컨텐츠를 지속적으로 제공하기 위해 정기 상담자 워크샵, 해외 워크샵, 해외 학교 탐방, 웨비나 미팅, 유학 세미나를 진행합니다.

이를 통해 국가별 가장 빠른 유학트렌드 업데이트, 서로의 전문성을 발전시키며 다양한 고객의 니즈에 가장 적합한 유학솔루션을 제공하기 위해 최선을 다합니다.

KEY STATISTICS

30년+
전통교육그룹

Educational

감자유학은 교육전문그룹인 매경아이씨에서 만든 유학부문 브랜드입니다. 국내 교육 컨텐츠 개발 노하우를 통해 최상의 해외 교육 기회를 제공합니다.

17개
국내최다센터

The Largest

감자유학은 전국 어디에서도 최상의 해외유학 상담을 제공할 수 있도록 국내 유학 업계 최다 상담 센터를 운영하고 있습니다.

15년
평균상담경력

Specialist

전 상담자는 평균 15년이상의 풍부한 유학 컨설팅 노하우를 가진 전문가 입니다. 이를 기반으로 감자유학만의 차별화된 유학 컨설팅 서비스를 제공합니다.

24개국
해외네트워크

Global Network

미국, 캐나다, 영국, 아일랜드, 호주, 뉴질랜드, 필리핀, 말레이시아 등 감자유학 해외 네트워크를 통해 발빠른 현지 정보 업데이트와 안정적인 현지 정착 서비스를 제공합니다.

2,600+
해외교육기관

Oversea Instituitions

고객에게 최상의 유학 솔루션을 제공하기 위해서는 다양하고 세분화된 해외 교육기관의 프로그램이 필수 입니다. 2천개가 넘는 교육기관을 통해 맞춤 유학 서비스를 제공합니다.

2020
대한민국 교육 산업
유학 부문 대상

2012 / 2015
대한민국 대표
우수기업 1위

2014 / 2015
대한민국 서비스
만족대상 1위